知识产权实务丛书

专利许可的基本原理与实务操作

主　编　李晓秋
副主编　赵伯桥

国防工业出版社
·北京·

内 容 简 介

本书主要依据我国《专利法》《合同法》《专利法实施细则》以及有关司法解释和TRIPs协定等国际条约，结合国内外专利许可制度的实践经验，从理论和实务操作层面系统阐述了专利许可的基本知识、典型形式、业务操作流程、实施许可合同的基本条款、常见的法律风险及其防范、纠纷的解决方式及其特殊类型的专利许可、专利许可中的相关文件参考范本和重点法律法规。

为了方便读者阅读，本书中加入了二维码链接，利用智能手机的扫一扫功能，可即刻呈现资源链接的相关内容。

本书是一本有关专利许可的指南和手册，可以为研究专利许可的学者、从事专利许可的行政管理人员、企业经营管理人员、律师、专利代理人等法律工作者，以及专利许可工作的从业者、爱好者提供参考和阅读。

图书在版编目（CIP）数据

专利许可的基本原理与实务操作/李晓秋主编．—北京：国防工业出版社，2018.11
（知识产权实务丛书）
ISBN 978-7-118-11722-6

Ⅰ．①专…　Ⅱ．①李…　Ⅲ．①专利-合同-研究　Ⅳ．①D913.404

中国版本图书馆 CIP 数据核字（2018）第 263265 号

※

*国防工业出版社*出版发行
（北京市海淀区紫竹院南路23号　邮政编码100048）
三河市腾飞印务有限公司印刷
新华书店经售

*

开本 710×1000　1/16　印张 21　字数 326 千字
2018年11月第1版第1次印刷　印数 1—3000 册　定价 82.00 元

（本书如有印装错误，我社负责调换）

国防书店：（010）88540777　　　发行邮购：（010）88540776
发行传真：（010）88540755　　　发行业务：（010）88540717

《知识产权实务丛书》编委会

主　任：陶鑫良　大连理工大学知识产权学院院长，教授、博士生导师
副主任：王岚涛　国家知识产权局人事司司长
　　　　袁　杰　原重庆市知识产权局局长
编委成员（按首字母顺序）：
　　　　陈纪纲　原重庆市知识产权局副局长
　　　　段淑华　珠海智专专利商标代理有限公司执行合伙人
　　　　郭　禾　中国人民大学知识产权学院副院长，教授、博士生导师
　　　　贺高红　大连理工大学盘锦校区管委会副主任，长江学者特聘教授、博士生导师
　　　　黄　晖　万慧达知识产权代理有限公司高级合伙人
　　　　黄良才　阿里巴巴集团法务部高级法律专家
　　　　黄玉烨　中南财经政法大学知识产权学院副院长，教授、博士生导师
　　　　李富山　深圳峰创智诚科技有限公司副总裁
　　　　齐爱民　重庆大学法学院教授、博士生导师
　　　　任　萍　重庆西南商标事务所有限公司董事长
　　　　单晓光　同济大学法学院院长，教授、博士生导师
　　　　沈剑锋　原深圳峰创智诚科技有限公司副总裁
　　　　苏　平　重庆理工大学重庆知识产权学院院长、教授
　　　　孙海龙　重庆市第四中级人民法院院长，教授、博士生导师
　　　　王海波　工业和信息化部电子知识产权中心副主任

王活涛　深圳峰创智诚科技有限公司 CEO
薛　丹　国家知识产权局人事司副司长
姚　坤　国家工商行政管理总局商标审查协作中心副主任
杨　立　北京轻创知识产权代理有限公司总经理
曾学东　重庆市知识产权局副局长
张　平　北京大学知识产权学院常务副院长，教授、博士生导师
赵　杰　比亚迪股份有限公司知识产权高级经理
郑友德　华中科技大学法学院教授、博士生导师
朱雪忠　同济大学知识产权学院院长，教授、博士生导师
朱谢群　深圳大学法学院教授

总主编：袁　杰

副总主编：苏　平　薛　丹

编务办公室主任：胡海容　高小景　颜　冲

编务成员：黄光辉　穆丽丽　何培育　王烈琦
　　　　　　张　婷　覃　伟　邓　洁　郭　亮

《知识产权实务丛书》总序

中国知识产权制度的百年史，是一个从"逼我所用"到"为我所用"的法律变迁史，也是一个从被动移植到主动创制的政策发展史。从清朝末年到民国政府的50年时间里，我国知识产权制度始终处于"被动性接受"状态。自中华人民共和国成立以来，长达30年间则处于"法律虚无主义"阶段，知识产权尚无法律形式可言；至20世纪80年代以来，中国开始了知识产权立法进程，在极短的时间内创建了比较完整的知识产权法律体系。然而，这一时期的知识产权立法既有对外开放政策的内在驱使，同时也有外来经济和政治压力的影响，因此具有被动的特点和一定的功利色彩。进入新千年后，特别是《国家知识产权战略纲要》颁布实施以来，中国知识产权制度建设进入了战略主动期，即根据自身发展需要，通过知识产权制度创新去推动和保障知识创新，从而实现了由"逼我所用"到"为我所用"的制度跨越。

当前，我国经济发展进入新常态，实施创新驱动发展战略成为时代主题，创新已经成为引领发展的第一动力。知识产权制度既是创新活动激励之法，也是产业发展促进之法。可以认为，创新驱动发展战略的核心内容就是要实施国家知识产权战略，助推创新发展。中共中央《关于全面深化改革若干重大问题的决定》强调"加强知识产权运用和保护"，表明了影响我国当前创新发展的两大关键节点，也指出了未来知识产权战略实施的重要攻坚难点。这即是说，知识产权的有效运用，是创新发展的基本路径；知识产权的有力保护，是创新发展的基本保障。经济发展的新常态带来知识产权事业的新常态，知识产权学人要认识新常态、适应新常态、引领新常态。

伴随着中国知识产权事业的进步，我国的知识产权研究在三十余年间也经历了起步、发展到逐步繁荣的阶段。知识产权学者在知识产权的基础理论、制度规范和法律应用等方面积累了丰硕的研究成果，这也为我国知识产权的制度完善和战略实施提供了足够的理论支撑。然而，知识产权是一门实践性很强的学科。因此，知识产权问题的研究不应仅仅满足于学理研究，而且要坚持问题导向，回应现实需求，注重应用研究。我国的知识产权应用研究相对薄弱，知识产权文化普及还缺乏新的抓手，这显然不能满足当前知识产权事业发展的需要。我们十分欣喜地看到，在国家知识产权局人事司的支持下，重庆市知识产权局、国家知识产权培训（重庆）基地、重庆理工大学重庆知识产权学院组织编纂了《知识产权实务丛书》，可谓恰逢其时，正应其需。该丛书具有以下几个特点：一是以知识产权实务操作为核心，理论联系实际，并重在实践和具体操作，因而非常契合加强知识产权运用和保护的战略需求；二是编写人员采用"混搭"的方式，既有从事知识产权理论研究和教学的高校教师，也有具备丰富实践经验的律师、知识产权代理人、企业知识产权管理人员和专利审查员等实务专家；三是丛书既涉及知识产权申请、保护、分析、运营以及风险管理等具有普遍适用性的主题，同时也有晶型药物等特定领域的研究成果；四是从案例出发，以案说法，以事喻理，以经验示范，使所述内容颇具可读性。因此，这是一套适合知识产权从业者阅读的专业书籍，更是适合普通公民了解知识产权知识、运用知识产权制度的科普性读物，它使知识产权走下"神坛"，为公众所能知、能用。这对于普及知识产权文化，增强知识产权意识有所裨益。

值此丛书出版之际，谨以此文为序。

吴汉东[1]

2015年11月30日于武汉

---

[1] 本序作者为教育部社会科学委员会法学学部委员、国家知识产权战略专家、中南财经政法大学文澜资深教授、知识产权研究中心主任。

前　言

在知识经济时代，专利技术已经成为推动科技发展和世界经济增长的重要动力。如何充分发挥专利价值，推动科技成果真正转化为现实生产力，越来越受到个人、企业和世界各国的重视。专利许可是权利人行使专利权、实现专利价值最有效的方式之一。它不仅有利于专利权主体获得财产收益和竞争优势，提升市场主体的创新积极性，也有利于促进专利技术的传播，推动一国经济发展，还有利于为专利技术使用者节省研发费用，降低经营风险，促进资源的合理配置和有效利用。当前，专利许可已成为我国推进实施国家知识产权战略、创新驱动战略和建设创新型国家以及知识产权强国的重要内容和迫切需要，具有时代意义和现实价值。从整体上看，我国专利许可的运用和管理水平还有待进一步提高。要推动专利许可工作的开展，提升专利许可能力，以高价值专利激活创新链，首先需要加强对专利许可知识的宣传和教育。为此，本书遵循党的十九大报告提出的"倡导创新文化，强化知识产权创造、保护、运用"要求，根据国内外学术界对专利许可的最新研究成果和立法、司法、行政执法的最新实践写成，不仅注重解析专利许可的基本原理，而且重视专利许可的实务操作，旨在为专利许可的相关主体和广大读者理解专利许可的基本知识和实际运用提供一些帮助。

本书由重庆大学法学院李晓秋教授担任主编，负责本书的申报、总体策划、统稿、修改以及参考文献的编写；由国防知识产权局赵伯桥担任副主编，协助主编完成前述工作。各章写作分工如下：曹博（重庆大学法学院），第1章；沈剑锋（深圳峰创智诚科技有限公司），第2章；陈谊（重庆市科学技术委员会），第3章；李慧敏（深圳峰创智诚科技有限公司），第4章；李晓秋（重庆大学法学院），第5章；胡相龙（重庆市第二中级人民法院/中南财经政法大学法学院），第6章；邓洁（重庆理工大学知识产权学院），第7章；刘媛（重庆大学法学院），第 8 章。

本书受到重庆大学中央高校基本科研业务费专项项目（人文社会科学类项目）"专利运营的法律风险防控机制研究"（项目批准标号：106112016 CDJSK 08 XK19）资助。另外，作者借此一隅，一并向提及和没有提及的人致谢：在本书策划和撰写过程中给予大力支持的重庆理工大学知识产权学院院长苏平教授和副院长胡海容副教授；参加本书选题评审的专家评议组成员，包括国家知识产权局人事司副司长薛丹、大连理工大学原副校长卢中昌教授、大连理工大学知识产权学院院长陶鑫良教授、深圳大学法学院朱谢群教授、重庆市知识产权局原局长袁杰、重庆市知识产权局原局长、现重庆市科学技术研究院纪委书记曾学东、深圳峰创智诚科技有限公司副总裁李富山；国防工业出版社的孙严冰副总编和穆丽丽编辑及其同事；协助统稿和校稿的博士研究生孙卿轩同学和硕士研究生孙炜同学。

囿于作者们的认识能力和研究水平，书中谬误在所难免，恳请读者不吝批评指正，以期改进。

李晓秋
2018 年 8 月

目 录

第1章 初识专利许可 … 1

1.1 专利许可的概念 … 1
- 1.1.1 专利许可的由来 … 1
- 1.1.2 专利许可的含义 … 4
- 1.1.3 专利许可与其他概念的区别 … 6

1.2 专利许可的基本原则 … 10
- 1.2.1 合同自由原则 … 11
- 1.2.2 利益平衡原则 … 13
- 1.2.3 公共政策原则 … 15

1.3 专利许可的重要意义 … 18
- 1.3.1 保障累积性创新的实现 … 19
- 1.3.2 提升技术传播的效率 … 22
- 1.3.3 实现专利法的激励功能 … 25

1.4 国内外专利许可的发展 … 27
- 1.4.1 国外专利许可的发展 … 27
- 1.4.2 我国专利许可的发展现状 … 32

1.5 典型案例及分析 … 34

第2章 专利许可的典型形式 … 37

2.1 专利普通许可 … 38
- 2.1.1 专利普通许可的概念 … 38
- 2.1.2 专利普通许可的性质 … 39
- 2.1.3 专利普通许可的积极效果 … 41

  2.1.4 专利普通许可的消极效果 …………………………………… 42
 2.2 **专利独占许可** ……………………………………………………… 43
  2.2.1 专利独占许可的概念 …………………………………………… 43
  2.2.2 独占许可使用人的权利与义务 ………………………………… 45
  2.2.3 独占许可与反垄断的关系 ……………………………………… 46
  2.2.4 实务中的独占许可的类型及其商业影响 ……………………… 48
  2.2.5 独占许可对前沿技术专利的影响 ……………………………… 49
 2.3 **专利排他许可** ……………………………………………………… 49
  2.3.1 专利排他许可的概念 …………………………………………… 49
  2.3.2 专利排他许可的特点 …………………………………………… 50
  2.3.3 专利排他许可的诉权构建 ……………………………………… 50
 2.4 **专利交叉许可** ……………………………………………………… 52
  2.4.1 专利交叉许可的概念 …………………………………………… 53
  2.4.2 专利交叉许可的性质 …………………………………………… 53
  2.4.3 专利交叉许可的分类 …………………………………………… 54
  2.4.4 专利交叉许可与相关概念辨析 ………………………………… 55
  2.4.5 专利交叉许可的积极效果 ……………………………………… 56
  2.4.6 专利交叉许可的消极效果 ……………………………………… 57
 2.5 **专利分许可** ………………………………………………………… 58
  2.5.1 专利分许可的概念 ……………………………………………… 58
  2.5.2 专利分许可的特点 ……………………………………………… 59
  2.5.3 专利分许可的意义 ……………………………………………… 60
 2.6 **典型案例及分析** …………………………………………………… 60
  2.6.1 专利普通许可典型案例及分析 ………………………………… 60
  2.6.2 专利独占许可典型案例及分析 ………………………………… 64
  2.6.3 专利排他许可典型案例及分析 ………………………………… 68
  2.6.4 专利交叉许可典型案例及分析 ………………………………… 74
  2.6.5 专利分许可典型案例及分析 …………………………………… 78

第3章 专利许可的业务操作流程 ……………………………………… 82
 3.1 **专利许可标的的选择** ……………………………………………… 82

3.1.1　专利许可标的的概念及类型 ·················· 82
　　3.1.2　专利许可标的的种类 ························· 83
　　3.1.3　专利许可标的组合 ··························· 90
3.2　专利许可标的的价值评估 ·························· 91
　　3.2.1　专利许可标的价值评估在专利许可中的作用 ···· 91
　　3.2.2　专利价值评估 ································ 92
　　3.2.3　专利许可费的计算 ··························· 98
3.3　专利许可协议签订前准备 ························· 101
　　3.3.1　专利许可的相关文书的准备 ·················· 101
　　3.3.2　其他应当注意的事项 ························· 103
3.4　专利许可的备案 ································· 105
　　3.4.1　专利许可备案的概述 ························· 105
　　3.4.2　备案的程序 ································· 106
　　3.4.3　备案手续的法律性质 ························· 110
　　3.4.4　如何查询专利实施许可合同的备案 ············ 111
3.5　专利价值评估案例 ······························· 114

第4章　专利实施许可合同 ···························· 120

4.1　专利实施许可合同的基本条款 ···················· 121
　　4.1.1　"鉴于"条款 ································· 121
　　4.1.2　名词和术语 ································· 122
　　4.1.3　专利许可的范围和方式 ······················· 123
　　4.1.4　专利的技术内容 ····························· 124
　　4.1.5　技术资料的交付 ····························· 125
　　4.1.6　专利的许可使用费、支付方式及支付时间 ······ 126
　　4.1.7　验收的标准及方法 ··························· 128
　　4.1.8　对技术秘密等的保密事项 ····················· 128
　　4.1.9　技术服务与培训 ····························· 129
　　4.1.10　后续改进技术的权利归属与共享 ·············· 129
　　4.1.11　权利人的保证 ······························ 130
　　4.1.12　违约及索赔 ································ 131

4.1.13 专利权被宣告无效的处理 ·················· 132
4.1.14 合同的生效、变更和终止 ·················· 133
4.1.15 其他约定 ······························ 134

4.2 专利实施许可合同的成立和生效 ··················· 135
4.2.1 专利实施许可合同成立的条件 ················ 135
4.2.2 专利实施许可合同生效的条件 ················ 136

4.3 专利实施许可合同的履行 ······················ 137
4.3.1 合同履行初期的主要权利义务 ················ 137
4.3.2 合同履行过程中的主要权利义务 ··············· 138

4.4 专利实施许可合同的无效及法律责任 ················ 139
4.4.1 有关合同无效的法律规定 ··················· 139
4.4.2 导致专利实施许可合同无效的主要情形 ············ 139
4.4.3 合同无效的法律责任 ····················· 141

4.5 专利实施许可合同的违约行为及其法律责任 ············· 141
4.5.1 专利实施许可合同的违约行为 ················ 142
4.5.2 违约的法律责任 ······················· 142

4.6 典型案例及其分析 ·························· 144
4.6.1 胡彪诉苏勇发明专利实施许可合同纠纷案 ·········· 145
4.6.2 其他专利实施许可合同纠纷案 ················ 148

第5章 专利许可中常见的法律风险及其防范 150

5.1 专利许可中的专利权主体资格风险 ·················· 151
5.1.1 专利许可中的专利权主体 ··················· 151
5.1.2 专利许可中专利权主体资格风险的产生原因 ········· 153
5.1.3 专利许可中专利权主体资格风险的具体表现形式 ······· 153
5.1.4 专利许可中专利权主体资格风险的法律后果 ········· 155

5.2 专利许可中的专利权效力风险 ····················· 156
5.2.1 专利许可中的专利权概述 ··················· 156
5.2.2 专利许可中的专利权效力风险的产生原因 ··········· 161
5.2.3 专利许可中的专利权效力风险的具体表现形式 ········ 161
5.2.4 专利许可中的专利权效力风险的法律后果 ··········· 164

5.3 专利许可费风险 ... 165
5.3.1 专利许可费的基本含义 ... 165
5.3.2 专利许可费风险的产生原因 ... 165
5.3.3 专利许可费风险的表现形式 ... 166
5.3.4 专利许可费风险的法律后果 ... 168

5.4 专利许可中专利权滥用风险 ... 168
5.4.1 专利许可中专利权滥用的内涵 ... 168
5.4.2 专利许可中专利权滥用风险的产生原因 ... 169
5.4.3 专利许可中专利权滥用风险的表现形式 ... 169
5.4.4 专利许可中专利权滥用的法律后果 ... 170

5.5 专利许可中的专利侵权风险 ... 171
5.5.1 专利侵权的基本内涵 ... 171
5.5.2 专利许可中专利侵权风险的产生原因 ... 171
5.5.3 专利许可中专利侵权风险的具体表现形式 ... 172
5.5.4 专利许可中专利侵权风险的法律后果 ... 173

5.6 专利许可中常见的其他风险 ... 173
5.6.1 专利平行进口风险 ... 173
5.6.2 专利许可合同条款不清的法律风险 ... 175
5.6.3 专利许可中合同未经备案的法律风险 ... 177

5.7 专利许可中常见法律风险的防范 ... 179
5.7.1 法律制度层面 ... 180
5.7.2 专利许可合同内容设计层面 ... 181
5.7.3 专利许可合同管理层面 ... 183
5.7.4 加强对专利许可合同的行政管理与执法 ... 189

5.8 典型案例及分析 ... 191
5.8.1 何国辉与许建设、段成房、段保胜实用新型专利技术实施许可合同纠纷案 ... 191
5.8.2 华为诉IDC公司标准必要专利使用费纠纷案 ... 194
5.8.3 珠海汇贤有限公司诉南京希科集团有限公司专利侵权纠纷案 ... 196

第6章 专利许可纠纷的解决方式 ························ 199

6.1 专利许可纠纷的协商解决 ························ 200
6.1.1 协商的概念及其特征 ························ 200
6.1.2 专利许可纠纷协商解决的基础 ···················· 201
6.1.3 专利许可纠纷协商解决的利弊 ···················· 203

6.2 专利许可纠纷的行政调处 ························ 203
6.2.1 管理专利工作的部门及职责 ····················· 203
6.2.2 专利许可纠纷行政调处的基本原则 ·················· 204
6.2.3 专利许可纠纷行政调处的程序 ···················· 205

6.3 专利许可纠纷的诉讼解决 ························ 208
6.3.1 专利许可诉讼案件的管辖权 ····················· 209
6.3.2 专利许可纠纷诉讼的原则 ······················ 215
6.3.3 专利许可纠纷诉讼的程序 ······················ 216

6.4 专利许可纠纷的仲裁裁决可能性 ····················· 220
6.4.1 仲裁概念及其特征 ························· 220
6.4.2 专利许可纠纷仲裁裁决的基础 ···················· 221
6.4.3 专利许可纠纷仲裁裁决的原则 ···················· 223
6.4.4 专利许可纠纷仲裁裁决的程序 ···················· 223

6.5 典型案例及分析 ···························· 226
6.5.1 杨春琴与宿迁力引实业有限公司、江苏固丰管桩集团有限公司实用新型专利实施许可合同纠纷案 ············ 226
6.5.2 重庆瑜欣平瑞电子有限公司与公某发明专利实施许可合同纠纷案 ·························· 228
6.5.3 高通股份有限公司与珠海市魅族科技有限公司专利许可纠纷案 ····························· 232
6.5.4 湖南省长沙市岳麓区人民法院在全国首推的专利纠纷行政调解协议司法确认 ···················· 234
6.5.5 湘北威尔曼制药股份有限公司与海南康芝药业股份有限公司专利实施许可合同纠纷案 ··············· 235

第7章 特殊类型的专利许可 ·· 239

7.1 国防专利 ·· 239
7.1.1 国防专利概述 ··· 239
7.1.2 国防专利许可合同的签订 ································· 244
7.1.3 国防专利许可合同纠纷处理 ······························ 246

7.2 标准必要专利的许可 ·· 248
7.2.1 标准必要专利概述 ··· 248
7.2.2 标准必要专利形成过程 ··································· 248
7.2.3 标准必要专利许可模式 ··································· 249
7.2.4 标准必要专利许可的一般原则 ·························· 251
7.2.5 标准必要专利许可费的确定 ····························· 252
7.2.6 标准必要专利许可合同纠纷处理方式 ················· 258

7.3 专利强制许可 ·· 260
7.3.1 专利强制许可的定义 ······································ 260
7.3.2 专利强制许可的理由 ······································ 260
7.3.3 专利强制许可的程序 ······································ 262
7.3.4 强制许可使用费的确定 ··································· 263
7.3.5 专利强制许可的限制 ······································ 264
7.3.6 专利强制许可纠纷的救济 ································ 264

7.4 指定许可 ·· 265
7.4.1 指定许可的概念 ·· 265
7.4.2 指定许可的类型 ·· 265
7.4.3 指定许可的条件 ·· 266
7.4.4 指定许可的限制 ·· 267
7.4.5 指定许可的救济 ·· 267

7.5 典型案例及分析 ··· 268
7.5.1 华为公司诉IDC公司标准必要专利许可费率纠纷案 ··· 268
7.5.2 国外专利实施许可纠纷案 ································ 271

第8章 专利许可中的相关文件参考范本和重点法律法规 ··········· 276

8.1 专利许可标的的尽职调查文本 ································ 276

8.2 专利许可合同文本 ... 279
8.2.1 专利实施许可合同 ... 279
8.2.2 专利申请技术实施许可合同 ... 288
8.2.3 其他注意事项 ... 290
8.3 专利许可合同备案文本 ... 291
8.3.1 备案程序 ... 292
8.3.2 备案文本 ... 293
8.4 专利许可合同违约起诉状文本 ... 296
8.5 专利许可相关的重点法律法规 ... 297
8.5.1 《中华人民共和国民法总则》(节选) ... 297
8.5.2 《中华人民共和国专利法》(节选) ... 298
8.5.3 《中华人民共和国专利法实施细则》(节选) ... 301
8.5.4 《专利实施许可合同备案办法》(全文) ... 303
8.5.5 《中华人民共和国合同法》(节选) ... 306
8.5.6 《专利审查指南》(节选) ... 306
8.5.7 《最高人民法院关于审理技术合同纠纷案件适用法律若干问题的解释》(2004)(节选) ... 307
8.5.8 《最高人民法院关于审理侵犯专利权纠纷案件应用法律若干问题的解释二》(2016)(节选) ... 309
8.5.9 《最高人民法院关于审理专利纠纷案件适用法律问题的若干规定》(2015修正)(节选) ... 309
8.5.10 《中华人民共和国技术进出口管理条例》(节选) ... 310
8.5.11 《技术进出口合同登记管理办法》(节选) ... 311
8.6 典型案例及分析 ... 312
8.6.1 大洋公司诉黄河公司专利实施许可合同纠纷案 ... 312
8.6.2 王兴华、王振中、吕文富、梅明宇与黑龙江无线电一厂专利实施许可合同纠纷案 ... 315

参考文献 ... 318

第1章 初识专利许可

1.1 专利许可的概念

1.1.1 专利许可的由来

专利制度虽属于舶来品,但专利一词却系汉语固有表达,源于《国语》:"(西周大夫)芮良夫曰:'夫荣公好专利而不知大难……今王学专利,其可乎?匹夫专利,犹谓之盗,王而行之,其归鲜矣'。"[1] 若顾名思义,则难免得出独专其利的意思,似乎更多地与利益的独占密切相关,以至于在20世纪80年代末专利进入我国的初期,不少人将"专利"与技术秘密划上了等号。[2]

然而,专利一词虽在汉语中早已存在,但却属于在翻译英文概念时借用的词汇,未必能够传达原有语词的精确含义,其对应的英语单词为"Patent"。根据美国学者的考证,该词出自拉丁文 Patere,意思是"摆出来的衣服挂钩",而英文"Patent"一词具有公开给人看、敞开受公众审查的东西这一含义。[3] 在中世纪的英国,国王经常通过一种被称为 Letters Patent 的文件,对臣民加封官爵、颁布大赦及赐予包括技术垄断权在内的各种特权。[4] "Letters" 意为文件,"Patent" 意为打开,"Letters Patent" 便具有了"可以公开的文件"这一内涵,这种文件上加盖有国王玉玺,人人均可打开阅读。可见,此时的"Patent"的主要含义为公开,与汉语固有词汇"专利"的固有内涵大相径庭。后来,随着封建特权逐渐向私权的演进,伴随着文艺复兴、重商主义、工业革命在英国乃至

---

[1] 《国语·周语》。
[2] 参见张玉敏主编:《专利法》,厦门:厦门大学出版社,2017年版,第2页。
[3] 参见 [美] P. D. 罗森堡:《专利法基础》,郑成思,译,北京:对外贸易出版社,1982年版,第5页。
[4] 参见张玉敏主编:《知识产权法学》,北京:法律出版社,2011年版,第188页。

整个欧洲的勃兴,"Patent"在保留"公开"这一内涵的同时,又被赋予了"独享""首创"等含义。

不难发现,"Patent"具有公开和独享的双重含义,而汉语固有词语"专利"则仅具有独享一层意思,因而用"专利"指称"Patent"多少有些词不达意。为此,即便前任世界知识产权组织总干事鲍旭格博士建议中国在汉语中找一个与"Patent"相当,既有"独占"又有"公开"含义的词来代替"专利",以免引起人们对专利制度的误解。[①] 但由于汉语世界及其背后的社会生活中并没有对应的事物,最初引进"Patent"这一概念并将之翻译为"专利"多少有些巧合与无奈,寻找语义层面完全对应的概念指称也显得无的放矢,只能作罢。随着专利制度在我国的建立和普及,至少在专业人士的眼中,对"专利"包含的"公开"和"独占"的双重含义已没有疑问,而普通大众要明晰这一内涵确实尚需时日,这种情况在法律世界也不鲜见,对于进入国人视线仅30余年的专利权乃至知识产权来说也无法苛求更多,一些词汇在生活世界和法律世界之间具有的隔阂和差异是必然存在的客观现象。

从"专利"这一词语出发,其在专业层面实质上具有"独占"和"公开"的双重含义。"独占"意味着对于某一项技术方案或设计方案,只能有一项法律上的专利权,权利人对这一专利在法定期限内享有独占性权利,这是一种具有现代产权意义的制度设计,一方面是对创造事实的确认,是对脑力劳动产生的事物确定权利归属,起到定分止争的效用;另一方面具有激励创造的用意,鼓励社会公众积极投身技术创新活动之中,使其脑力劳动得到合理回报。专利申请、审查、无效宣告等制度都是为了保障这种独占的公正性和客观性以及公示性。与此同时,"公开"则是通过专利文献的强制公开实现的,对专利申请人而言,就相关的发明提出专利申请,即意味着同意将相应的技术方案公之于众,换取法定期限内的独占权利。这种公开实际上相当于设置了一个具有公共属性的技术数据库,后续研究者在既有专利文献之中进行检索,将避免重复研究,极大地提升技术研发工作的效率。事实上可以发现,"公开"和"独占"只是专利表现于外的特征,专利制度本身的价值和宗旨在包含了这种特征的同时又具有其他更为丰富的内涵。

---

① 参见郑成思:《知识产权法通论》,北京:法律出版社,1986年版,第1页。

在具有现代产权意义的专利制度产生之前，人们对技术之上附着的利益一直都在积极追求，希望能够获得具有确定性的支配状态，宗教戒律、家族规则、行业规范、技术秘密都是曾经采用过的形式，而其中最普遍的形式当是技术秘密。然而，技术秘密虽是具体的，但是未被披露，社会无从查知，而产权之于某物的意义在于其所有人可以全权使用或享有该标的或允许他人全权使用或享有。"技术秘密的情况不满足这一条件的特殊含义，因为即使其所有人采取了保密措施，但若意外或因他人蓄意采取社会认可的'公平'行为披露，法律将不提供补偿。"[①]

与之相反，专利具体而公开，并且法律可以为之提供稳定的补偿和保护，这就决定了专利在与技术秘密的比对中能够占据优势。因而，在产权配置的较量中，专利胜出了，在很大程度上取代了技术秘密，成为当前对新技术进行保护的最重要的法律形式。然而，这种描述更接近于对专利制度优越性的事后评价，或者说仅仅阐释了专利制度产生的原因之一。事实上，专利制度本身还具有一个显著的公共政策价值，即"以激励技术创新作为制度构建的基点，通过与市场的结合实现利益，并作为新的技术投资进入技术开发领域，形成源源不断的创新技术生长链条"。[②] 这种激励创新的价值需要有更多的技术投入使用，通过技术的普及和利用，实现技术的进步和更新换代，促进专利价值的最大化。

为了实现新技术的利用和推广，以合同形式对专利实施进行许可成为一种自然而然的选择，专利权人允许他人实施其专利技术，一方面获取许可费收益，收获经济利益，另一方面专利产品的制造和生产以及销售的范围得以扩展，技术得以传播。同时，在社会经济发展过程中，专利许可本身又成为技术创新环节中必不可少的一个环节，技术进步的速度在当下空前加快，技术的更新周期已不能用年为单位来形容。每一种新技术都极有可能包含了许多先期技术，而每一种新技术，又同时成为后一阶段众多创新的不可逾越的起点，成为新的先期技术，累积性创新已经成为当下技术创新的主流模式，没有专利许可，这种创新也无从谈起。此外，很多产品的技术分工越来越精细、越来越密集，而不同技术之上的专利集群现象日益突出，同一行业内的诸多技术掌握在不同的主

[①] [美] Paul A. David："知识产权制度和熊猫的拇指——经济理论和历史中的专利、版权和商业秘密"，谷彦芳，译，载《科技与法律》1998年第4期，第65页。
[②] 康添雄："专利法的公共政策研究"，西南政法大学2011年博士论文，第196页。

体手中，如果不借助于专利许可，产品的生产甚至都无从开展。

不难看出，专利许可内生于专利制度本身，外化为专利许可合同，与专利"独占"和"公开"的特性一脉相承，均是为了实现专利制度激励创新、促进技术传播和利用的价值功能。

1.1.2 专利许可的含义

专利许可是专利实施许可的简称。我国《专利法》第12条规定："任何单位或者个人实施他人专利的，应当与专利权人订立实施许可合同，向专利权人支付专利使用费。被许可人无权允许合同以外的任何单位或者个人实施该专利。"由本条规定可见，实施者与专利权人订立实施专利的书面许可合同，是获得专利权人许可的通常条件，也是认定是否获得专利权人许可的基本依据。专利实施许可是专利权人享有的专利权权能之一，是其对专利权的一种处分行为，通过订立专利实施许可合同，专利权人与被许可人往往能够实现相应的利益交换：就专利权人而言，虽部分放弃了其独占权利，却换回了被许可人支付的专利许可费用，不但有望收回其研发新技术的投入，还可能获得更多的经济收益；被许可人一方虽然为获得许可付出了一定的经济代价，却换取了实施专利的权利，不但使其实施行为获得可靠的法律保障，而且可能通过实施专利获得更多的经济利益。专利权在本质上属于民事权利，因此专利权人可以允许被许可人在专利权的整个有效期限内以及在专利权效力所及的全部地域内从事各种类型的专利实施行为，即制造、使用、许诺销售、销售、进口专利产品，使用专利方法，以及使用、许诺销售、销售、进口依照专利方法直接获得的产品。当然，专利权人也可以对被许可人的实施行为加以限制，如限定实施行为的类型、限定实施行为的地域范围、限定实施行为的时间长度。

显然，专利许可是通过合同实现的，因而在本质上是一种双方民事法律行为，是许可人（专利权人）与被许可人通过意思表示设立民事法律关系的行为，该行为基于合同双方的意思表示一致而成立，在行为人具有相应民事行为能力，意思表示真实且不违反法律、行政法规的强制性规定，不违背公序良俗的情况下，专利许可合同有效。可见，通过专利实施许可合同而实现的专利许可在本质上是一种平等的民事主体之间依照自己的利益需求，通过自愿协商，以合意的形式追求自身利益最大化的民事法律行为。应当说，建立在这种理论假设之上的专利许可是专利权人行使其专利权的一种合法形式,从表面上看只关乎专利权人与被许可人的利益,是双方自由合意、处分其民事权利的行为。从专利权人的角度看,是否许可、怎样许可都是其一己之私事,甚至其是否实施相关专利、怎样实施专利都与他人无关。这本身也是建立了几百年之久的专利制度制造出的强大的专利垄断权的应有之义。

既然专利权人具有这种实施许可的自由,那么专利权人凭什么可以进行许可?答案似乎不言自明,甚至这一问题本身就显得多此一举。然而,作为一种民事法律行为,专利权人处分的权利内容究竟在性质层面如何认定依然大有裨益。权利性质上而言,专利权属于支配权、绝对权,与物权具有极其相似之处,然而,在支配权和绝对权的实现方面,二者又存在重大差别,由于专利权的客体是技术方案或设计方案,并非物理意义上的存在,必须借助于载体而呈现,而物权的客体是有体物,具有真实的物理外观。因而物权支配性的实现主要通过占有,而专利权的客体事实上根本无法占有,专利申请被公开之后,任何人都有可能实施专利文献中所描述的专利技术。

因此,专利权的支配性必须借助于法律的强制力。这种强制力最终体现为专利权的法律救济,发生侵权行为后,专利权人可以自力救济,与侵权人商谈赔偿事宜,在商谈不成时,可以提起民事诉讼,而专利行政部门可以基于当事人的请求也可以自主实施专利行政查处行为,责令侵权人承担相应的行政责任,并居中调解,促成当事人之间就损害赔偿问题达成和解,在假冒专利的情况下,行为人甚至可能承担刑事责任。正是具有这样完整的救济体系,专利权人才能够享有这种支配权和绝对权,并藉此实施专利许可。

也可以理解为,被许可人之所以不能擅自实施专利权人的技术方案或设计方案,原因就在于专利权背后的支配权和绝对权性质以及保障此种权利实现的法律强制力。这也是专利权与技术秘密的最大区别,当有人通过反向工程的方式破解了技术秘密之后,对其实施这一技术方案的行为,技术秘密的所有人根本没有任何理由加以禁止,也无法寻求法律上的救济。而专利权则不同,只要专利权尚处于有效期内,任何未经专利权人允许的实施行为,只要落入相应专利权的保护范围,即属于侵权行为,将受到法律的否定性评价。基于这种担忧,无论寻求许可的目的是什么,如果要得到法律的肯定性评价,实施专利技术的主体必须通过与专利权人的磋商,达成许可合同,并按照许可合同的约定实施相应的专利技术。

因此，专利许可即专利实施许可的简称，是指专利权人许可他人在一定时间和一定地域范围内以特定方式实施其技术方案或设计方案的民事法律行为。

1.1.3 专利许可与其他概念的区别

专利权作为一种财产权，对此大抵是没有争议的，而法律规范的财产关系，主要包含两个层次：一是财产归属秩序，使各个财产均归属于特定的权利主体；二是所谓的财产流转秩序，使归属于一定主体之财产，得经由权利主体的自由意思完成其流转。按照财产形成过程的不同，实际上大致可以区分为体力财产与智力财产[①]，前者基于体力劳动而产生，后者通过脑力劳动而产生，前者主要借助于具有物理外观的自然物或人造物实现，后者则通过人类的智力体现为无法寻找物理外观的智力成果。在体力财产的世界中，财产归属通过物权法的所有权制度实现，财产流转则借助债法与用益物权和担保物权制度实现。对于专利这种智力财产，其财产归属通过专利申请、专利审查以及专利无效宣告等制度实现，而财产流转与物权的规则具有一定的相关性，同时又存在特殊之处，专利许可是专利这一智力财产流转的形式之一，与相关概念之间容易产生混淆，有必要进行一番区分。

1. 专利许可与专利权转让

专利权的主体发生变更，即专利权的移转，这与物权的主体变更没有区别。专利权转让是专利权移转的方式之一，这区别于专利权基于法定事由而发生的移转，例如专利权人去世时，专利权若依然处于有效期之内，则可以作为遗产被遗赠或继承；另外当专利权人为法人时，法人终止之后，也会发生专利权的移转。而专利权的转让指的是专利权人和其他主体之间通过订立专利权转让合同实现专利权移转的民事法律行为，其法律行为的内容即变更专利权主体的意思表示达成一致。

在这里同样要注意区分专利权的转让与专利申请权的转让以及转让申请专利的权利之间的区别。专利申请权的转让指的是在提交专利申请之后，还在获

[①] 这一区分借鉴了孙新强教授的概括，根据他的梳理，在英文中，"Intellectual Property" 本义为 "智力财产"，指由人的智力劳动所创造的财产，以区别于传统的 "Physical Property"（体力财产）。参见孙新强："知识产权——民法学之殇"，载《人大法律评论》，2016年第2辑，第180页。

得专利授权之前进行的转让，相当于是对一种预期利益的让与，由于专利申请权的转让，"受让人不仅获得转让人的私权利，而且获得转让人的行政法上的地位，可以继续推动专利授予程序并能请求授予专利"。① 当然，专利申请权的转让对于受让人来说存在一定风险，因为专利权可能因为未能通过专利审查而无法授予，这种风险的处置只能由双方通过合同进行约定。此外，转让申请专利的权利指的是相应发明未完成或已经完成且发明人尚未提出专利申请的情况下，发明人将其申请专利的权利进行让与的行为。对于受让人来说，此时受让所得的专利申请权是否能够获得专利授权同样存在诸多不确定因素，且此时进行的让与纯粹属于双方的私人事宜，因而尚未提出申请，也不存在向主管机关申请登记的情形。

此外，由于专利权的让与无法像动产那样进行现实的交付，所以为了达到公示公信的效果，使得社会主体能够查知专利权人发生变动的事实，保障交易安全，专利权的转让需要订立书面合同并进行登记。我国《专利法》采纳的是专利权让与登记生效的规定："转让专利申请权或者专利权的，当事人应当订立书面合同，并向国务院专利行政部门登记，由国务院专利行政部门予以公告。专利申请权或者专利权的转让自登记之日起生效。"② 在这里依然要注意专利权转让与专利权移转的区分，前者为负担行为，后者为处分行为，负担行为作为一种合同，自双方签订合同时发生效力，而后者则需要满足登记的要件才能生效。未办理登记不影响转让合同的效力，受让人可以依据合同请求转让人履行登记手续或承担违约责任。

专利权转让与专利许可的区别也就较为清晰了：前者发生了专利权主体的变更，后者并未发生主体的变更；前者需要采纳书面合同的形式要件并经过登记才能发生权利移转的效力，后者并无此种形式要求，专利权人享有相当的行为自由③；前者对于潜在的交易安全产生的影响更大，对其公示公信方面的要求也就更高，以实现对善意第三人的保护，后者对潜在的交易安全也有影响，但

---

① 范长军：《德国专利法研究》，北京：科学出版社，2010年版，第145页。
② 《专利法》第10条第3款。
③ 我国专利法曾要求专利实施许可合同应当采用书面形式，但2008年第三次修订之后取消了这一要求。据立法机关解释，一方面是为了回应实践中认可口头形式或其他形式许可合同的需要，另一方面也是为承认默示许可奠定法律基础，对保证专利制度的正常运作，防止专利权滥用具有重要意义。参见国家知识产权局条约法规司：《<专利法>第三次修改导读》，北京：知识产权出版社，2009年版，第41页。

2. 专利许可与专利权质押

有学者如此概括专利权质押:"专利权质押是指为了担保债权的实现,由债务人或者第三人将其专利权设定质权,在债务人不履行债务时,债权人依法就该设质专利权的价值优先受偿的担保物权。其中,为担保债务履行而以专利权设质的人为出质人,享有质权的债权人为质权人。"[①] 这种说法直接将专利权质押总结为一种担保物权,似乎不尽妥当,事实上专利权质押属于我国担保法中明确规定的权利质押的一种,并不是一种担保物权。按照民法的基本理念,作为质权的标的,需要具备财产权性、适质性和可让与性三大要件。[②] 显然专利权具备这样的条件,对专利权质押更确切的界定应当是以专利权为标的设定质权从而对债权进行担保的一项法律制度。

在有体物的情形下,质押往往需要转移占有,即将质押的标的物由所有人移转给质押权人,但由于专利权的客体没有确定的物理外观,对专利权设定质押无法转移对客体的占有。而一项专利权设定了质押,则相当于在权利之上设定了负担,对于潜在的专利权转让的交易会产生影响,故依然需要一定的公示手段使相对人能够查知专利权设定质押的情形。《担保法》第79条对此有明确规定:"以依法可以转让的商标专用权、专利权、著作权中的财产权出质的,出质人与质权人应当订立书面合同,并向其管理部门办理出质登记。质押合同自登记之日起生效。"虽然该条规定将登记作为质押合同的生效要件,存在着混淆负担行为与处分行为的嫌疑,但在现行法未做修正的前提下,依然应当认定该条规定为专利权质押的设定规定了殊为严格的形式要求:签订书面合同并办理登记。

就书面合同而论,国家知识产权局制定的《专利权质押登记办法》列明了专利权质押合同应当具备的一般条款:当事人的姓名或者名称、地址;被担保债权的种类和数额;债务人履行债务的期限;专利权项数以及每项专利权的名称、专利号、申请日、授权公告日;质押担保的范围;质押期间专利权年费的缴纳;质押期间专利权的转让、实施许可;质押期间专利权被宣告无效或者专

[①] 杜蓓蕾,吴寒青:《专利权质押制度的现状及完善》,载《中国专利与商标》,2009年第2期,第54页。

[②] 参见史尚宽:《物权法论》,北京:中国政法大学出版社,2000年版,第390-392页。

利权归属发生变更时的处理；实现质权时，相关技术资料的交付。① 对于办理登记而言，主要是为了方便交易相对人及时知晓专利权设定质押的情形，保障交易安全。

基于前述认识，专利权质押与专利许可的区别也得以明确：前者属于对专利权设定质权，其目的在于对债务进行担保，后者属于专利实施权的许可，属于对专利权的积极行使，并非为了担保债务；前者需要履行遵循严格的形式要件，否则不能发生效力，后者在形式要件方面的要求则相对较低；前者之中专利权人既可以为自己的债务质押专利权，也可以为担保他人债务的履行进行质押，后者则均为专利权人为自身利益行使权利的行为。

3. 专利许可与租赁合同

按照《合同法》的规定，租赁合同是出租人将租赁物交付承租人使用、收益，承租人支付租金的合同。租赁合同的内容一般包括租赁物的名称、数量、用途、租赁期限、租金及其支付期限和方式、租赁物维修等条款。② 从专利许可与租赁合同的形式及目的上来看，具有不少相似之处。

专利许可允许他人在一定时间、一定地域范围内实施其专利权，即依照专利权所指向的技术方案或设计方案生产某种产品或使用某种方法，而租赁合同则允许他人在一定时间内占有租赁物，实现租赁物的使用价值。二者都属于权利人行使自身权利的行为，不同之处则在于专利许可的标的不能占有，因而也就不存在对标的物移转占有的情形，而租赁合同的标的物必须移转占有至承租人处，否则无法发挥租赁所欲实现的法律效果。这是专利权与物权在权利客体层面存在的根本区别所导致的结果。

这种现象同时意味着专利权的客体具有可共享性，即不同主体在同一时间可以实施相同的专利技术而彼此不受影响，且不会对这种技术本身造成任何损伤。而对于物权的客体而言，是无法被共享的，即便是在当下共享经济的情况下，以共享单车为例，虽然放置于城市的公共街道，任何人在满足相应条件的情况下均可以解锁使用，但在某个人使用特定共享单车的时间段内，其他人是不能共享的，仅能由使用人作为承租人独占这一单车。

---

① 参见《专利权质押登记办法》第9条、第10条。
② 参见《合同法》第212条、第213条。

正是这种区别决定了专利许可的形式较之于租赁更为多样化，而对于被许可人利益的保护则更多依赖于许可合同的约定及法律的强制力，这与承租人通过占有即可以最大化自己的利益保护存在着较大区别。因而，许可合同设定的被许可人与许可人之间权利义务配置的差别，决定了许可费的高低，对于独占许可合同，许可人自己在许可合同约定的时间和范围内亦不得实施相应的专利技术，这在实质层面最接近租赁合同的样态，而排他许可与普通许可则与租赁合同之间存在较大的差别。此外，专利许可的客体是无形的技术方案或设计方案，其在产品中所占价值比重也较难衡量，这与租赁合同标的物具有更加清晰和容易参照的市场价值具有较大的差别，因而更多依赖于相关行业和技术标准以及市场地位确定许可使用费。值得关注的是，在专利许可的特殊情形中，特别是标准专利的许可与租赁合同中的房屋租赁都更多涉及公共利益问题，会有公共政策的考量与介入，在许可费用、租赁费用以及许可条件、租赁期限等问题中会存在国家公权力进行干预和控制的情形。

1.2　专利许可的基本原则

以上对专利许可的由来及定义的阐述基本上明确了专利许可的内涵，即专利权人许可他人在一定时间和一定地域范围内以特定方式实施其技术方案或设计方案的民事法律行为。不言而喻的是，专利许可是一种以合同为表征的民事法律行为，同时属于专利法调整的事项范围之内，并且应当与专利法的公共政策属性相关联。事实上，作为一项民事权利，专利许可应当遵循的原则依然包括民法中确定的诚实信用、意思自治等原则，但这并非专利许可特有，故将其作为专利许可的基本原则再次强调，虽然并不大碍，但也不具有规范意义和实际价值。因而，专利许可的基本原则应当既能够反映专利许可的基本性质，又能体现专利权自身特点对专利许可产生的影响，同时兼顾到专利法自身的政策属性。有鉴于此，基于专利许可民事法律行为的基本定性、专利权的逻辑基础、专利法的价值功能，将专利许可的基本原则概括为合同自由、利益平衡、公共政策，这三个原则之间具有互补的功效，专利许可中的具体制度安排应当与这些原则相一致，在解释专利许可的合同条款和法律规定时也应当受到这些基本原则的约束。

1.2.1 合同自由原则

专利许可是通过合同实现的,在我国《合同法》之中,专利许可事实上是一种特定类型的有名合同,属于"技术合同"的一种。《合同法》第322条规定:"技术合同是当事人就技术开发、转让、咨询或者服务订立的确立相互之间权利和义务的合同。"按照这一定义,专利许可合同又进一步被归入"技术转让合同"之中:"技术转让合同包括专利权转让、专利申请权转让、技术秘密转让、专利实施许可合同。"[①] 显然,该条将专利实施许可也涵盖在"技术转让"的范畴之内,从概念内涵的角度来看并不精确。但既然《合同法》中已经作此规定,不妨从目的解释的角度,对技术转让作更加广义的理解。

对于合同自由原则,民法学者认为其包括以下内容:"①缔约自由,即当事人可以自由决定是否与他人缔结合同;②选择相对人自由,即当事人可以决定与何人缔结合同;③合同内容的自由,即双方当事人可以自由决定合同的内容;④合同方式的自由,即当事人选择合同形式的自由。"[②]

合同自由被认为是市场经济及亚当·斯密所倡导的古典自由主义思想的产物,在经济领域主张自由放任,反映在法律层面即是合同自由原则。当然,随着时代的发展与经济思想和理念的不断更新和丰富,合同自由原则受到了新的挑战,格式合同的大量使用,消费者及劳动者等弱者需要特别保护,不公平合同条款需要规制,使得严格意义上的合同自由事实上只存在于缔约实力相当的当事人之间,在交涉能力不平等的场合,合同自由成为单方的合同自由,需要进行规制。[③] 因而,合同自由事实上一直都是有限制的自由,王泽鉴先生就认为,在某种意义上,一部合同自由的历史,就是合同如何受到限制,经由醇化,而促进实践合同正义的记录。[④]

我国《合同法》第4条也明确规定了合同自由原则:"当事人依法享有自愿订立合同的权利,任何单位和个人不得非法干预。"这一规定自然对专利许可合同具有适用的价值和意义。具体而言,专利许可合同的当事人享有缔约自由,

---

① 《合同法》第342条第1款。
② 韩世远:《合同法总论》,北京:法律出版社,2011年版,第37页。
③ 参见韩世远:《合同法总论》,北京:法律出版社,2011年版,第38页。
④ 参见王泽鉴:《债法原理》(第1册),北京:中国政法大学出版社,2001年版,第74页。

专利权人可以自由决定是否与他人缔结专利许可合同，意欲实施专利技术的民事主体也可以自主决定是否寻求这种专利许可；此外，专利许可合同当事人也具有选择相对人的自由，对专利权人而言，与谁签订许可合同完全由其自由决定。当然，在现实中，由于特定专利技术掌握在特定专利权人的手中，事实上选择相对人的自由是受到限制的，但这依然在合同自由的范畴之内；专利权人与被许可人之间也可以自由决定合同的内容，专利许可的形式呈现多样化形态，只要是专利权人与被许可人能够设想到的许可模式，均可以通过专利许可合同条款的设置实现；另外，专利许可的合同形式也可以由当事人自由决定，法律并未对其采用何种形式进行限定。

在我国，事实上对专利许可进行规范的法律条文也主要体现在《合同法》之中，比较法上对专利许可的法律规范也体现了这种特点，根据学者的归纳，在美国等少数国家，许可合同纯粹属于合同法解决的问题；在法国、德国和日本等多数国家，知识产权相关的法律规范只是原则性地规定了许可合同的一般问题，具体问题在民法、商法或合同法的具体条款中进行规范。[1] 这充分说明了专利许可合同本质上的法律属性，故虽然专利申请需要经过专利行政机关的审查且专利文献要向全社会公开，但专利权的私权属性决定了合同自由原则依然需要在专利许可领域首先强调。

较之于受到物权保护的有体物，专利权客体具有相当的特殊性，如无法占有但可以共享的特点。此外，专利权也具有法定的时间性，在到期之后自动进入公有领域，无法再享有独占权，故《合同法》第 344 条在有关专利许可合同的规定中体现了这些特点，如"专利实施许可合同只在该专利权的存续期间内有效。专利权有效期限届满或者专利权被宣布无效的，专利权人不得就该专利与他人订立专利实施许可合同"，该条体现出专利权的法定时间性特点和可能被宣告无效的状态，但这由专利权自身特点所决定，对于理性的合同当事人而言也是当然选择，不能认为是对合同自由原则的限制。此外，在《合同法》中还有一些条款，本身也属于专利许可之中当事人一般情况下均会明确约定的条款，进行明确列举可能主要是起到指导作用而非规范作用。例如，"专利实施许可合同的让与人应当按照约定许可受让人实施专利，交付实施专利有关的技术资料，

---

[1] 参见陈志刚等：《比较专利法》，兰州：兰州大学出版社，1993 年版，第 156 页。

提供必要的技术指导"(《合同法》第345条)。以及"专利实施许可合同的受让人应当按照约定实施专利,不得许可约定以外的第三人实施该专利;并按照约定支付使用费"(《合同法》第346条)。这两条规定体现了专利许可之中与技术有关内容的特殊性,事实上也在合同自由的范畴之内。

因此,综合来看,我国《专利法》及《合同法》有关规定充分体现了专利许可中的合同自由原则。

1.2.2 利益平衡原则

专利许可从本质上而言属于一种合同,但这种合同缔结的前提依然是专利权的有效存续,因而专利许可相关的制度之中必然要体现专利权的特点。专利具有独占与公开的双层含义是理解专利及专利权的出发点。这种特性体现在法律制度原则层面即是一种利益平衡的考量,最重要的是专利权人与以专利技术的实施者为代表的社会公众之间的利益平衡。因此,在专利许可中另一个重要原则即是专利许可的许可人(专利权人)与被许可人之间的利益平衡。

专利制度建立在理性人的基本假设和激励创造的前提上,对个人利益的追求是专利制度发挥价值和功能的动力。而公益和私益是相通联的,要想产生更大的社会公益,就必须以更大的私益进行刺激。可见,在专利制度预设的价值设定中,虽以保护私人利益为起点,但最终仍能够实现社会公共利益。然而,这种阐述往往失之抽象,在现实情况中,专利权人与社会公益之间极有可能存在利益冲突的情形。专利权人的利益取向非常明确,即是要从专利产品或专利方法中获取最大化的垄断利益,专利权范围越广、保护强度越大就越符合其利益需求;而对社会公众来说,能够接近、掌握更多的技术信息,廉价甚至无偿地使用更多专利产品、专利技术,专利权的保护范围越窄、保护强度越小越能符合其利益需求。[①]

为了平衡这两种利益,需要专利法作出相应的制度安排。有学者指出考察专利制度选择两个主要指标即体现了这种思路:"其一,从个人权利的角度,专利制度的设立能否全面有效地保护专利权人的利益,使得在这种制度环境下他

---

① 参见马海生:《专利许可的原则:公平、合理、无歧视许可研究》,北京:法律出版社,2010年版,第17页。

们的聪明才智得到回报，从而鼓励创新；其二，从社会利益的角度，专利制度是否对科技进步和创新的传播及应用提供了一个畅通的渠道，使之能提高企业的生产率，进而促进一个国家产品总量和人均值的增长。"① 可见，专利技术传播的效果在很大程度上具有更为重大的社会经济意义并成为衡量专利制度价值功能的试金石。

具体到专利许可的情形中，利益平衡主要体现在专利权人和被许可人之间的利益平衡，而被许可人的利益事实上很大程度上代表了社会公众利益，并且在诸多情形下被许可人可能在专利许可中处于相对弱势地位，需要投入更大的注意力。

在具体的专利许可之中，一方面要维护专利权人的合理利益，另一方面也要对被许可人的合理利益进行保护。专利权人利益的维护是为了实现专利法的激励功能，保障其基于许可能够获得相应的经济收益，增强其实施专利技术的重要性，从而促进专利技术的传播和应用；被许可人利益的维护主要是为了对其实施专利技术的行为确定较为合理的对价，使其能够通过实施专利技术的行为获得经济回报，增进技术传播的效果。

在专利许可合同缔结的过程中，专利权人将其独占的专利实施权让渡一部分给被许可人，并基于自身利益的合理考量，对许可实施的期间、地域等事项进行约束，设定相应的条件，条件不同的情况下，专利权人获取的利益回报自然也不同，而专利权人通过对许可条件的设定，索取合理的对价，这就是利益平衡之中维护专利权人利益的内涵。对于被许可人来说，其实施专利技术也是希望能够获取相应的经济利益，这种经济利益需要超过其付出的专利许可使用费的对价，才能够达到预期效果，也才能够达到激励被许可人并促进专利技术传播的功能。然而，被许可人在实施专利技术并将其投入商业活动中能否获取超出专利许可费的经济收益受到诸多因素的影响，具备不少风险因素，这些因素对于被许可人来讲在订立许可合同时应该考虑在内，属于其对商业风险自行负担的结果，不应该苛责专利权人。

在专利许可的情形中，依然会出现一些不在商业风险范畴内的利益失衡情况，这种情况需要法律进行调整和规范，使之回复到利益平衡的状态。例如，

---

① 刘筠筠：《专利制度的合理选择与利益分享的法律经济学思考》，载《北方论丛》2005年第2期，第150页。

专利权人可能将专利实施的许可费用确定的过高或设定过于苛刻的许可条件，而被许可人即便意识到这种不公平的情形，基于种种考量，依然不得不接受这种许可条件和许可费用，则属于利益失衡的状态，被许可人能够基于《合同法》的相关规定主张变更或撤销许可合同，甚至主张许可合同无效，从而保障自身利益。

1.2.3　公共政策原则

专利许可属于民事法律行为，但又受到专利权特点的限定，需要利益平衡原则进行调整，与此同时又与专利权客体，也就是技术方案或设计方案自身的发展状况具有密切关系。事实上，在目前的创新环境之下，专利许可已经成为产品生产不可缺少的环节，任何一个较为复杂的产品都涉及诸多技术的使用，而不同技术之上已经遍布专利并且由不同的主体享有专利权，要进行生产和创新必须通过专利许可进行。在许多行业之中，一些基础性的技术已经成为生产相应产品的必要技术，而这些基础性技术依然申请了专利保护，虽然专利权具有法定期限，但基础性专利一直处在不断更新之中，使得生产者无法绕开这些专利技术，如果其行为要得到法律的正面评价，则只能借助于专利许可，这就是技术标准化下的专利许可。

在现代社会生产模式之下，社会分工已经高度专业化，产品更趋系统化，不同产品之间要求实现相互兼容、互通互用，以降低生产成本，减少消费者搜索、选择的成本，并最终提高技术改进的效率，这就有必要确定一种统一的技术规范，从而保障重复性的技术事项在一定范围内得到统一。正如格式合同的产生是基于降低交易成本、节约社会资源的目的一样，技术标准也同样是在这种背景下产生的。

国际标准化组织（ISO）与国际电工委员会（IEC）联合发布的第2号指南《标准化与相关活动的基本术语及其规定（1991年第6版）》是这样定义标准的："标准是由一个公认的机构制定和批准的文件。它对活动或活动的结果规定了规则、准则或特定值，供共同和反复使用，以实现在预定领域内最佳秩序和效益。"这一定义被公认为最具权威性与科学性。而具体到技术标准，可以将其理解为"一种或一系列具有一定强制性要求或指导性功能，内容含有细节性技术要求和有关技术方案的文件，其目的是让相关的产品或服务达到一定的安全要求或进入市场的要求"①。这就意味着凡是未达到技术标准所规定的技术水平，即是不合格的生产技术；如果未达到技术标准，可以寻求标准体系的技术许可，从而获得相应技术。

技术标准通常可分为三种。一是法定标准（De jure standard），它是由诸如政府、超国家实体（如欧盟）、政府授权的组织等公共组织制定的技术要求或规范，在某些情况下，特定的产品或方法必须满足并强迫企业采用。二是事实标准（De facto standard），它是指一种产品或技术规范因为成功的市场经营而为消费者广泛接受，从而演化为技术标准。典型的代表就是微软公司的 Windows 操作系统和 Intel 公司的微处理器，美国学者称之为"WINTEL"事实标准。三是公司等私人组织出于标准化工作或标准许可的目的，合作认同某种技术规范为技术标准或行业规范。而这种制定标准的私人组织通常被称为标准化组织（Standard-Setting Organizations，SSO）。

近年来，SSO 制定的技术标准得到了快速发展，在蓬勃发展的新兴技术领域，SSO 的标准化行为产生了深远的法律影响。因此，一般而言，技术标准往往指称的就是 SSO 制定的技术标准。

从技术的标准化过程来看，其目的就是要实现在生产和市场中适用特定技术规范的普遍性和统一性，而相应的技术规范必须能够以最小成本推广使用，从而追求市场上的产品和服务都符合标准化的技术规范的要求，最终实现市场中技术的一致性。

因此，以技术标准力图实现的目标及其所昭示的功能来看，技术标准的最大特点就是其公益色彩，亦即相应的技术标准必须在降低生产成本的同时，促进技术进步，并保障消费者和行业竞争者的利益。可以说，技术标准在本质上应当被定义为一种社会公共资源。

专利技术与技术标准一旦结合，就意味着在实施技术标准的同时也实施专利技术，也就是说要实施技术标准，必须首先获得相关专利权人的授权许可。这样一来，专利的垄断性借助于技术标准的强制性被大大加强。

当然，各国法律以及相关的国际条约都已经确认了专利权人对其专利技术的垄断权，同时对专利权行使的限制做出了明确规定。但是按照现行的法律和

---

① 马海生：《专利许可的原则——公平、合理、无歧视许可研究》，北京：法律出版社，2010 年版，第 9 页。

国际条约，专利技术被纳入技术标准之中并不能成为限制专利权的理由。也就是说，不能据此推定他人可以自由实施技术标准中的专利技术，除非专利权人承诺授权他人自由实施被纳入技术标准中的相关技术，但是没有任何理由表明专利权人会主动放弃行使自己的专利权。

正是因为缺乏相应的法律规制，技术标准与专利的结合带来了诸多影响。

首先，将专利技术纳入技术标准中将会使专利权人拥有显著的市场力量。因为技术标准具有行业规范的性质，如果要进入相关行业，必须实施相应技术标准，因而就需要获得技术标准专利权人的许可。一般而言，专利许可协议的达成是专利权人与被许可人双方协商的事项，不需要进行外部干预，但在技术标准中纳入专利技术将改变双方的谈判地位，由于技术标准专利权人存在拒绝许可的可能，在这种许可谈判中，申请许可的一方几乎没有任何讨价还价的余地，这就使得其只能任专利权人宰割，这种情况下即使双方能够达成许可协议，也常常会有失公平，而专利权人藉此获得的专利许可使用费很有可能大大超出了回报其发明所需的费用。

其次，将专利技术纳入技术标准中极有可能扰乱市场竞争秩序。在专利与技术标准实现结合之前，相关技术领域或行业并不存在强制性的技术规范或者说相应的技术标准没有纳入专利技术，因而从业者具有很大的选择余地。但是当专利与技术标准结合之后，相关技术领域的从业者或潜在从业者的选择余地明显减少，在技术标准面前，"要么接受，要么走开"的理念看似公平合理，实际上却人为地为市场竞争设置了更多的障碍，使得市场竞争者的地位出现了严重失衡，被技术标准吸收的相关专利技术的权利人极有可能借助于标准实施的强制力向力图进入相关行业的竞争对手索取高额的专利使用费，甚至直接拒绝向竞争对手许可实施专利技术，从而使其因无法执行技术标准而直接被排除在市场之外。

最后，将专利技术纳入技术标准之中最为严重的一个影响是会限制新的更好的技术扩散和传播，进而阻碍创新。技术标准的制定往往是多方协商、不断妥协的结果，这体现出制定技术标准的慎重，但同时也意味着一旦达成技术标准，想要进行更新和改变也就非常困难。当专利技术被纳入技术标准之后，相关的技术标准专利权人必然不愿意其专利技术从技术标准中剔除，新的技术想要成为新的技术标准就非常困难。而就专利权的保护期而言，以我国为例，发明专利的保护期为20年，实用新型专利的保护期为10年，被纳入技术标准的专利技术通常都处于相关技术领域的前沿，其保护期往往还很长，专利权人借助技术标准的强制性收取不菲的许可使用费，将会大大减损同业竞争者进行技术创新的动力，而拒绝许可的行为在将竞争对手排挤在市场之外的同时也使得技术创新阻力重重。更新更好的技术不能得到实施、扩散和传播，技术创新也就更加困难。

由此可见，技术标准本身对于降低生产成本、增进产品和服务的兼容、便利消费者选择都具有积极意义，而其最终目的也是为了促进技术进步。同时技术标准和专利的结合也是技术发展的必由之路，是技术标准化过程本身不可避免的必然趋势。但是二者的结合却增强了纳入技术标准专利权的垄断性，从而使得基于技术标准的专利许可成为专利权人攫取利益的工具，同时也使被许可人的利益受到损害，最终影响了新技术的传播和扩散，阻碍了创新，违背了专利法鼓励创新的立法宗旨。

正是基于这种现实，在长期的商业实践中，公平、合理、无歧视（FRAND）专利许可被认为能够为标准化中的专利权人和标准使用者所接受，可以平衡相关当事人之间的利益，进而作为规范技术标准中专利许可行为的基本原则在标准化组织的知识产权政策中被广泛应用。[①] 这种情况下也就确定了技术标准化下专利许可的基本原则——公平、合理、无歧视，这种原则事实上正是专利许可之中公共政策的体现。

1.3 专利许可的重要意义

专利许可在专利法实现其宗旨的过程中扮演了重要角色。现代经济技术背景之下，产品生产和技术创新越来越精细化、具体化，在很多"复杂产品部门"中，每一种新技术都可能包含了许多拥有专利权的先期技术。每一种新技术又都关联着进一步的创新，可以说，技术发展已经进入到累积创新的时代。同时，每一种产品或完整的技术方案都可能包含大量拥有专利权的技术，并且这些专利权往往属于不同的权利主体，专利许可实施已经越来越成为专利实施的主要

---

① 参见马海生：《专利许可的原则——公平、合理、无歧视许可研究》，北京：法律出版社，2010年版，第9页。

方式。因此，如果没有专利许可，如果不依赖于专利许可，专利的实施就困难重重，专利法刺激创新的宗旨也就无从实现。因此，专利许可具有如下重要意义。

1.3.1 保障累积性创新的实现

两百多年前，美国总统林肯评价专利制度"是在发现、新产品和有用的事物中的天才之火添加了利益的柴薪"。这句话肯定了专利制度激励创新的作用，也强调了发明创造很大程度上依赖于个人迸发的灵感。毫无疑问，在专利制度诞生之前及诞生之后的很长一段时间内，技术创新都处在这种个人英雄主义的时代。

造成这一时期技术创新相对依赖个人灵感的原因可以简单地概括为以下三个方面。

第一，技术的人身依附性。在很长一段时间内，技术并不像现在一样被当然地视为外在于人的身体和意志而具有独立性。恰恰相反，相当长的时间内，很多人认为技术是一种本性，作为人的主观意志，和人身不可分。正是在这种认识的支撑下，一些特定的人被认为先天地具有使用、传承技术的资格，例如中国民间大量的秘方、绝活都采取了"世代单传""传男不传女""传长不传幼"的传承方式。此外，技术需要学习才能获得，而学习是有成本的，人只有在食物相对充裕而又有时间的情况下，才能从模仿他人以及总结自己的经验中学习并获得技术，这就决定了技术往往成为贵族、僧侣、哲人在兴趣、爱好和智力上的娱乐。因此，技术的获取和传承就具有很大的局限性，技术创新更多地依赖于这一类掌握技术的人在其自身的学习、模仿中积累经验、迸发灵感。

第二，创新活动的孤立性。不可否认，这一时期的技术仍然显得比较粗糙，技术进步的速度也较为缓慢，许多技术都是相对孤立、非连续性的创新，大多不依靠其他技术，而且许多发明创造也不会在较短的时间内成为其他技术创新的先期技术。技术创新活动相对而言较为封闭，缺乏足够的交流，而这就决定了那种闭门造车式的技术创新模式成为可能。在这种情况下诞生的许多发明家仅仅依靠自己掌握的技术知识，在实验室内、技术图纸之上就能完成大量发明创造，伽利略、达芬奇、爱迪生都是其中杰出的代表。此外，在这种更多地依赖个人聪明才智就能实现创新的年代，发明创造的主题大多是一些较为简单的技术。当然，这种情况是和社会发展的整体历史背景相一致的，在工业化没有大范围普及之前，农耕经济是常态，社会竞争更多体现为体力上的竞争，而技术长期以来只能起到辅助性的作用，没有得到足够的重视，创新活动也就受到冷落。

第三，技术创新以经验为基础。林毅夫认为："在前现代时期，技术的发明基本上源于实践经验……中国早期在技术上独领风骚，其原因在于，在以经验为基础的技术发明过程中，人口规模是技术发明率的主要决定因素。"[①] 事实上，以经验为基础的技术创新时期，许多发明创造都是经验摸索和不断试错的产物，而个人的意志与耐心往往决定了最终是否能够完成发明创造，瓦特发明蒸汽机和珍妮发明纺纱机的过程就是例证。

可见，技术本身的人身依附性决定了技术传承的局限性，沟通不畅、交流不足使得创新活动被孤立，因此，技术创新活动只能依赖于积累了丰富经验的特定人群中偶尔燃烧的天才之火。

西方著名科技史学家道马斯有这样的论断："中世纪以前人类的技术进步可用千年做单位来计算；而在中世纪晚期的西方，这种进步便可用世纪来计算了；紧接着，半个世纪、1/4世纪又可作为技术进步的阶段；到了17世纪末至18世纪初，十年便可以用作衡量技术进步的时间单位了。"[②] 当前技术进步的速度更是空前加快，技术的更新周期已不能用年为单位来形容。每一种新技术都极有可能包含了许多先期技术，而每一种新技术，又同时成为后一阶段众多创新的不可逾越的起点，成为新的先期技术。可以毫不夸张地说，技术创新已经步入了累积性创新的时代。

与技术创新的个人英雄主义时代相比，累积性创新成为新技术条件下的创新模式，是多种因素综合作用的结果。

一是技术实现独立。技术的人身依附性逐渐减弱，并最终成为独立于主体之外的客体，是与人类的现代化进程相一致的。启蒙思想凸现了人的主体性，人人平等的理念得到传播，同时人类已经在大体上解决了食物的满足，开始走

---

① 林毅夫：《制度、技术与中国农业发展》，上海：上海三联书店、上海人民出版社，1994年版，第257页。

② M. Daumas ed., A History of Technology and Invention: Progress Through the Ages, vol.2, The first Stages of Mechanization 1450-1725, English edition, translated by E. B. Hennessy, John Maurray, London, 1980, p1-2.

向商品交换，技术不再能够被贵族、僧侣、哲人等阶层所垄断，相对独立的职业分工开始出现，尽管专门的技术提供者依然不是非常普遍，但兼具商人与技术人员身份的人已然越来越多。此外，财产权的观念开始盛行，在这一背景之下，普天之下凡是能为人类所掌控的一切事物都开始被努力纳入财产权的范畴，技术就这样实现了与主体的分离。而与主体分离的技术被越来越多的人掌握，大大加快了技术发展的速度。

二是创新活动走向开放。这一时期的技术已经向精细化发展，技术进步的速度非常迅猛，许多技术都是复合性、连续性的创新，必须依靠其他技术，许多发明创造会在较短的时间内成为其他技术创新的先期技术。技术创新活动已经走向开放，各种主动与被动的技术交流无处不在，而这就决定了那种闭门造车式的技术创新模式已不可能，如果不进行分工合作，难以想象会有新的发明创造产生。在这个时代，发明创造的主题大多都是相当复杂的技术难题，而很多发明都是有意识的"命题作文"。在工业化大范围普及之后，技术的重要性逐渐得到凸显，技术发展水平已经成为核心竞争力，技术创新已经得到足够的重视，创新活动被广为关注。这种背景之下，个人在技术发展中的力量已经大为弱化，技术创新成为一种工业化的流水线作业，个人灵感只是不停运转的创新机器中微不足道的某个螺丝钉。

三是科学实验成为技术创新的基础。15、16世纪的欧洲发生了科学革命，在这之后，科学理论和以科学理论为基础的科学实验成为技术创新的主要机制。很多重要的科学定律都是在这一时期被发现和阐述的，技术创新的主要场所也从田间地头、手工作坊转向了装备精良的实验室，技术创新更加学院化，要完成一项发明创造，首先必须在科学理论方面实现论证，同时还要进行海量的检索，避免不必要的重复发明。而那种单纯凭借实践经验的积累来实现创新的方式已经极为少见，这同时也意味着创新的困难越来越大，创新的幅度越来越小，创新成为一种金字塔式的技术积累。

在科学理论取得强势地位的情况下，技术创新成为一种更具专业化的活动，而技术取得独立性之后，激起了人们对其财产化的欲望，技术创新受到前所未有的重视，创新活动的开放性大为增强，伴随着技术革新速度的加快和国际交流的频繁，累积性创新已然成为新技术条件下的主流创新模式。

在现代经济、技术背景下，许可他人实施专利技术越来越成为专利实施的主要形态。更为重要的是，累积性创新已经成为当前主流的技术创新模式，这种创新模式之下所形成的专利技术成果如果要付诸实施，只能依赖于专利许可，专利许可在技术创新的过程中所扮演的角色已经空前重要。

1.3.2 提升技术传播的效率

曾世雄先生有言："权利乃制度设计之产物，系一抽象概念。往上必系扣于主体，往下必垫之以生活资源。"[1] 就专利权来说，支撑它的生活资源正是发明创造活动在生活中如何展开的相关情况，或者更明确地说就是技术创新的具体模式，在技术创新模式发生重大变化的前提下，专利许可对于技术传播效率的提升也具有重大意义。

如前所述，技术创新的模式已经发展为累积性创新。而累积性创新实际上是一个在专利制度之下特有的概念，它是指实践中的每一种新技术，都可能包含了许多拥有专利权的先期技术，而每一种新技术，又都是下一阶段众多创新的起点，成为其他许多新技术方案中所包含的先期技术，因此，每一种新的技术方案，每一种新的产品，都会包含大量的拥有专利权的技术，并且这些专利权由众多的不同企业或个人拥有。

可见，累积性创新是专利制度语境之下的产物，但专利制度诞生之时面对的生活资源更多的是简单的、偶然的创新，在很长一段时间内，技术创新能够在没有在先专利技术束缚的情况下自由开展，实现创新的资源往往都来自技术知识的公共领域。当专利制度确立并逐步发展之后，几乎每个行业的技术领域都开始出现一张由专利织就的网络，这张网络逐步挤占技术公共知识的生存空间，其本质是隔绝创新的，大量的先期专利成为实现创新不可逾越的屏障。

具体而言，当某一创新主体在技术上实现一分一毫的突破，取得微不足道的进步并希望实施相应技术方案时，就会发现一张巨大的专利网，纷繁复杂的专利文献、数量庞大的专利权、为数众多的专利权人就在背后虎视眈眈，要冲破或者绕过这张无形之网几乎不可能。既然要在专利制度的框架内进行技术创新，就必须遵守专利制度这种架构形成的游戏规则。这样一来，每当要付诸实施一项新技术时，就会四处碰壁。不能实施的技术无异于一纸空文，长此以往，

---

[1] 曾世雄：《民法总则之现在与未来》，北京：中国政法大学出版社，2001年版，第59页。

技术创新也必然成为空谈。

在这种情况下，专利非但没有像其自身标榜的那样鼓励创新，反而阻碍了创新，为发明创造活动设置了重重障碍。如果说专利制度的诞生是为了给发明者提供合法的垄断从而产生足够的信息以刺激创新的话，那么如今这种过多的合法垄断则使可供使用的信息越来越少，进而阻碍了创新。技术创新模式本身也从之前的开放逐渐走向封闭。

而大量"从属专利"的情形出现，更加剧了这一现象。所谓"从属专利"，是指在原有发明创造的基础之上进行改进从而获得的新的发明创造成果。如果原有发明创造本身也获得了专利权并仍然在专利保护期之内，改进发明创造获得专利之后，其实施就有赖于原有发明创造专利权人的许可。[①] 顾名思义，"从属专利"意味着该专利与原专利之间存在着从属关系，如果从属专利权人未经许可实施其专利，就会侵犯原专利权。

"从属专利"的出现是两方面原因共同作用的结果。一方面的原因就是技术创新模式的不断发展，而另一方面的原因则是专利权保护范围的确定方法。

就技术创新模式的发展而言，在高新技术日益发展，技术更新的速度空前加快的背景之下，技术创新已经越来越依赖于积累。在专利制度建立并逐渐稳定运行之后，每一名技术创新者在作出一件意欲申请专利的创新之前，都要检索与其创新相关的具体领域之内的现有技术，从而避免无谓的重复劳动，而经过这样的检索往往就能发现，很多依然在专利保护期之内的发明创造是实现相应创新不可逾越的屏障，因此相应的创新就只能是在已经拥有专利权的发明创造基础上的改进。

相对而言，专利权保护范围的确定方法，是出现"从属专利"的根本原因。专利权所保护的对象是技术方案，与物权客体的有形性不同，技术方案是无形的，这就决定了对其保护范围的确定需要从法律上确定一个标准，从而在不剥夺公众自由利用现有技术的同时还能使公众明确自身行为的限度。世界各国在不断的专利实践中，逐步确定了通过权利说明书中的必要技术特征来确定专利权保护范围的方法：凡是一项权利要求中已经记载的技术特征，都是该权利要求保护的技术方案应当包含的技术特征；凡是一项权利要求中没有记载的技术

[①] 王迁：《知识产权法教程》，北京：中国人民大学出版社，2010年版，第369页。

特征，都是该权利要求保护的技术方案可有可无的技术特征。在判断是否构成侵犯专利权的行为时，被控侵权行为只要包含了一项权利要求中记载的全部技术特征，就可以认定落入了该权利要求的保护范围，至于除此之外是否还包含其他技术特征，不影响这一结论的得出①。

不难发现，在后做出的改进发明如果要申请专利，其权利要求书中必然记载了相应的在先专利的某项权利要求书中的全部技术特征，同时又增加了另外的技术特征。这就决定了这种改进发明的实施如果得不到原专利权人的许可，就会侵犯原有专利权，也就是说改进发明的实施必然会同时实施原专利，正是在这个意义上，在后做出的改进发明申请获得的专利被称为"从属专利"。

可见，从属专利的权利人自己并没有实施其专利的权利，而发明创造需要实施才能实现其价值，因此从属专利是一种不完整的专利权，必须依赖于许可才能实施，这样，从属专利的命运实际上并未掌握在专利权人手中。从属专利是对原有专利做出的改进，就其权利要求书而言，这种改进体现在与原专利相比具有新的技术特征，正是新的技术特征使得在后专利要求保护的技术方案与在先专利相应的权利要求保护的技术方案相比不仅具备新颖性，也完全可能具备创造性，因而才符合授予专利权的条件。可以说，从属专利相比于原专利是一种创新，但是从属专利的权利人对其专利权的实施首先要获得在先专利的许可。然而，在先专利的专利权人基于其经济利益上的考量，担心从属专利的实施有可能替代其专利，使其专利的效益降低，因此极有可能不愿意许可其专利。

如果听任在先专利权人拒绝许可的行为，显然不利于技术创新，不利于新技术的推广应用，因此从属专利的强制许可应运而生。在符合规定条件的情况下给予强制许可，授权在后专利的专利权人实施在先专利，使从属专利得以实施，进而起到促进创新的作用。可以说，针对从属专利的强制许可，如果能够得到很好的实施，不但能够使从属专利这种特殊的专利技术得到实施，而且可以进一步激励创新，有助于实现专利法的立法宗旨。

综合看来，在累积性创新的背景下，从属专利的大量出现是一个不争的事实，通过从属专利强制许可制度的实施以及大量专利许可在现实中的应用，将极大地促进从属专利的实施，进而提升技术传播的效率。

---

① 尹新天：《中国专利法详解》，北京：知识产权出版社，2011年版，第530页。

1.3.3 实现专利法的激励功能

专利法是在激励论的基本预设下展开的，专利许可在当前的创新链条中已然扮演着不可或缺的角色。为此，有必要重新回溯专利制度的发展历程，厘清激励创新在专利法中的价值归宿及专利许可对激励功能可能产生的增益效应。

专利制度的萌芽与给人类文明带来剧变的产业革命具有密切关系，工业革命极大地提高了生产力，使得财富积累的速度空前加快，资本家的实力空前膨胀。"当资本的力量在经济生活中起着主导作用时，资本便会寻求一切可与自身结合并产生利益的对象"[1]，此时，方兴未艾的专利当仁不让地成为资本新的宠儿。于是，继英国之后，美国（1790）、法国（1791）、荷兰（1817）、德国（1877）、日本（1885）都先后颁布了自己的专利法。

有了法律的护佑，资本家开始竞相追逐专利权，并借由这种合法的垄断权获得了可观的利润回报，继而在一定程度上刺激了创新。然而，此时的欧洲社会已经历了自由资本主义时期，自由贸易的呼声逐渐高涨，对那些没有取得专利权或者手中专利权不足的资本家而言，专利显然成为阻碍其扩大财富的绊脚石，简而言之，破坏了原本应该自由竞争的国内、国际贸易。于是，这些资本家打着反垄断的旗号，公然抵制专利制度。

在英国，几乎所有的制造业经营者都反对阻碍商品交易的专利制度；在法国，更有人提出"专利制度反对论"，倡导优秀的发明本身就应该被模仿；在荷兰，1869年国会甚至通过决议直接废除了1809年制定的专利法。在德国和瑞士，也发生了关于专利制度存废的激烈论战。而在第一次世界大战爆发之后，各国基于其国家利益的考量，均不同程度地调整了其专利制度，使得专利权的保护被严重削弱。进入20世纪之后，很多国家颁布了新的专利法或对专利法进行了重大修改，专利制度在世界范围内逐步确立。第二次世界大战之后，随着经济全球化的逐步深入，国际合作和国际贸易愈发频繁，技术与资本的结合愈加紧密，技术转化为资本的速度也空前加快，一系列国际条约的缔结，使得专利制度的地位更加牢固，而抵制专利的论调也偃旗息鼓。

在学者们的描述中专利制度是技术方案产权化的不二选择，但是专利被推

---

[1] 李琛："关于'中国古代因何无版权'研究的几点反思"，载《法学家》2010年第1期，第56页。

向立法的高度并最终作为一种实践了数百年的制度则着实归功于资本。专利制度的产生与欧洲经济的近代化相伴相生，而近代的生产方式与古代的最大不同在于其并非单纯的重复再生产，而是扩大再生产，这就需要有意识地引入、推广新技术，从而提高劳动生产率，而随着这种生产方式的推广和应用，技术逐步成为生产环节中不可或缺的重要因素，而任何产业要素都需要界定其产权，从而确定清晰的交易前提。就这样，在资本的驱动下，技术之上附着的产业利益得到了统一，并产生了强大的权利要求，而实际上已经开始萌芽的专利制度显示出了其固有的优势，偶然而又必然地成为了资本的最佳选择。

与其他所有的制度一样，专利制度也需要理论解释，需要支撑它的理论基础。而在关于专利制度的阐释中，激励论成为主流观点，根据这一论断，激励创新是专利制度的最终目的，是其正当性根据，也是专利法概念系统的逻辑基础，专利制度所有的细节都架构在这一基础之上。然而，在哲学家看来，"事实上我们除了使用语法——逻辑概念系统，还使用着另一套概念系统，可称为价值性概念系统"[①]。在阐释专利制度时，实际上我们使用的正是价值性的概念系统，激励创新被人们有意识地放置于专利制度价值金字塔的顶端。

专利权激励创造是激励论倡导者的基本观点，"利益刺激技术进步从而提升效率"是他们遵循的论证逻辑。依赖专利制度，资本家和发明家实现了良性协作，通过资本换取发明，进而获取利益。此外，激励论者也强调市场机制是保证专利制度实现促进创新功能的一大保障。

激励论强调的一个论证前提是专利制度能够解决技术开发投资不足的问题。但经济学界经过对这一问题的深入研究发现：发达国家的直接投资与东道国知识产权保护制度及保护水平没有明显的相关关系。这就意味着建立严格的知识产权保护制度并非吸引国际投资的必要条件，而专利权也并非总是能够吸引资本。这就否定了激励论最重要的论证前提，而缺失了这样的前提，更多关于专利制度激励创新的论证注定只能是空中楼阁。

如前所述，专利制度是资本驱动下的产物，而关于专利正当性的论证显然是专利制度产生之后才逐渐展开的，在诸多阐释专利制度的理论中，激励论并非尽善尽美，它同其他所谓发展国家经济论、自然权利学说、契约学说等一样，

[①] 赵汀阳：《一个或所有问题》，南昌：江西教育出版社，1998年版，第60页。

都存在致命的缺陷。但激励论最大的优势在于其对专利权的阐释既迎合了资本家，又给予发明者适当的位置，而在其论证之下，专利制度成为了一个可以实现良性循环的系统，此外，激励论也契合了当前逐渐形成的知识产权促进科技发展的整体认知。

因此，并不是激励创新缔造了专利制度，而是专利制度需要标榜自身具有激励创新的价值和功能。可以说，激励创新是被人们有意识地界定为专利制度要实现的最重要的价值目标，事实上，激励创新也俨然作为一种开宗明义的立法宗旨，堂而皇之地进入了各国专利法的具体条文之中。因此，再去争论激励论是否恰当地阐释了专利法及专利制度已经没有意义，重要的是激励创新已经成为专利法最好的价值归宿，而专利制度的具体组成部分必须与这一价值相统一。

综合看来，专利制度具有激励创造的价值预设，而专利许可已然成为当下创造链条中至关重要的一个环节，对于专利许可的有效应用和适当规制将更有助于实现专利法的激励功能。

1.4 国内外专利许可的发展

在了解专利许可的概念、原则和价值功能之后，有必要对专利许可在国内外的发展历程进行简要梳理，从而明晰我国专利许可在当前的社会经济环境下能够扮演的重要角色以及存在哪些需要改进的问题。

1.4.1 国外专利许可的发展

事实上，在专利制度出现之前，技术许可的同类事物就早已在社会生活中普遍出现了。按照功能主义的观点，其发挥的功能与专利许可事实上是相当的。只不过在没有专利制度之前，技术的许可往往具有极大的风险，技术的人身依附性太高，很多技术许可只能寄希望于被许可人的道德品性，如果其违背技术许可的约定，将技术泄露给他人甚至公之于众，技术发明者往往无法提出诉求，即便基于契约提出违约之诉求，也面临着对技术所有无法证明的风险和技术本身的权利主张无法落实的困境。也正因如此，在缺失专利制度的情况下，技术许可虽然存在，但并不繁荣，在技术传播方面起到的效果也着实有限，彼时的技术传播可能更多基于国家政府层面对某项已经不再作为技术秘密进行保护的技术进行公开推广的尝试。

正是在专利制度发展之后,确认了技术的权利身份,才能够让专利权人获得法律保障,具有了通过专利许可谋取利益的动力,进而间接对社会公共利益产生助益。专利制度起源于工业革命时期的欧洲社会,英国更是其中典型代表。在专利制度的发展过程中,对专利许可的立法及司法规制主要体现在对滥用专利权利进行许可使用并可能侵害被许可人权益进而妨害社会公共的行为进行规范。

例如,英国于1623年就制定了《垄断法》,规定政府对专利技术授予独占性垄断权,该法律是最早的专利法。该法虽从名称上直接使用"垄断法"字样,但随着时间的推移,英国的重商主义和自由贸易思潮占据主流地位,成为世界上最为彻底的国际自由贸易的倡导者。于是,在19世纪,英国就开始制定诸多反对行业垄断和制止不正当竞争的法律,并逐渐开始关注专利许可中可能存在影响自由贸易并导致行业垄断的行为并尝试对之进行有效规制。1956年英国制定了《限制性贸易惯例法》,1973年又制定了《公平交易法》,并设置了公平交易局,下设公平交易办公室,1998年的《英国竞争法》开始真正对公平交易进行维护并明确将专利许可的事项纳入其中。按照《英国竞争法》的规定,禁止企业之间签订影响交易的协议,不允许企业发生阻止、限制或扭曲竞争的行为和做法,专利技术转让、专利技术许可合同行为也不例外。商业协议禁止包括协同限制或者控制生产、瓜分市场或供应渠道等行为。企业一旦违反规定,将会被处以高达企业年营业额10%的罚款;涉嫌犯罪的个人将会面临最高5年的监禁,并有可能被处以相应罚款,且这一罚款在数额上没有上限。

美国于1790年制定了《专利法》,其内容主要参考了英国1623年的《垄断法》,1793年美国对该法进行了修改。美国专利法对于其国内的专利申请、专利授权都起到了极大的促进作用,进而逐渐带动了专利权转让、专利许可技术传播事项的发展,技术贸易得到了极大的繁荣。对于专利许可的规则,在美国最初是通过交易惯例实现的,这与自由贸易、合同自治和商贸活动的竞争原则是一致的,也是一种从商事规范角度对知识产权法律规则进行认识的重要思路。这些惯例是在合同当事人从事技术许可贸易时自发产生的,许多规则事实上还早于专利制度,并且具有相当的历史积淀。

可见，美国对于专利许可的规制最初并不是通过成文法和制定法来实现的。但是，专利许可与有形货物交易、甚至服务贸易之间都存在极大的区别，由于专利权人往往处于强势地位，为了获取高额利润，常常会不合理地滥用专利权，设置诸多限制性条款，使得被许可人处于不利地位，从而造成垄断和限制竞争等不利影响和后果，甚至导致合同纠纷。为此，美国在其商业贸易法内制定了相关的反垄断法案，对民事主体之间原本应当自由处分的合意行为进行适当干预，专利技术贸易、专利技术许可合同贸易也属于这些反垄断法案的调整范围。

1890年，美国制定了《谢尔曼（Sherman）法案》，该法案构成美国商业贸易法的1~7条。法案规定，对商业贸易产生限制竞争作用的合同和兼并行为属于违法行为，应当承担相应的专利权滥用的法律后果。1914年，美国制定了《克莱顿法案》，它构成了现行美国商业贸易法的15~27条，该法案规定："通过获取股份、资产来限制竞争或者在任何商业领域中建立垄断的行为是非法行为。"[1] 制定于1914年的美国的《联邦贸易委员会法案》规定，任何影响商业的不正当竞争行为以及欺骗性行为是非法行为。1936年美国通过的《鲁宾逊·帕特曼法案》是对《克莱顿法案》中有关价格歧视条款适用范围的扩大，并对相应的合同行为进行规制作出了更加详尽的列举。除上述制定法外，美国还通过判例来调整包括技术贸易合同中滥用专利权的行为。例如，在Motion Picture Co. v Universal Film Manufacturing Co.一案中，专利技术的受让方认为，电影放映机的专利权人无权要求其以购买在该放映机上使用的电影拷贝技术，作为专利技术合同贸易的条件。美国联邦最高法院支持了受让方的请求，认为这种商业性限制是无效的，因为电影拷贝不是该发明的一部分。法院担心的是，专利权人通过搭售，会将专利的独占垄断权延伸到与该项专利技术不相关的非专利产品上。此案例为专利权滥用的最早判例，法官的裁决也成为后来审判知识产权滥用的先例和法理基础。

到20世纪90年代，美国在司法实践中又进一步发展出判断合同是否限制限制竞争的二元判断规则，即"本身违法原则"和"合理原则"。

所谓"本身违法（rule of per se）原则"是指，某些合同条款本身就具有明显的限制竞争的性质。一旦发现这种行为法官即可判定为非法，而无需合同当

---

[1] 参见尹新天：《TRIPS协议与制止知识产权的滥用》，载《科技与法律》2000年第2期，第41页。

事人提出证据来证明这种做法是不合理的或对市场有不利影响的。很显然,"本身违法原则"是针对包括技术贸易合同在内的商贸行为严重违反了反垄断法而创立的,法官在适用这一原则时无须进行复杂的效力认定即可进行裁决,从而简化了对这类案件的审理,提高了诉讼效率,减少了诉讼成本,有利于尽快地制裁那些严重限制竞争和阻碍自由贸易的违法合同行为。

所谓"合理原则（rule of reason）"指某些商业贸易合同虽然含有一些限制竞争条款,但法院认为,对这些条款的适用只要没有超出商业意义上合理的限度,不会削弱或消灭市场上的自由竞争,就不属于触犯反托拉斯法的行为。[①] 按照这一原则,审理案件的法官需要对合同当事人的行为进行具体的分析,"合理原则"便于法官对合同中订立的限制竞争条款是否属于限制性行为的判定。由于在效力认定上法官对此类条款进行了"合理"与"不合理"的区分,从而减少了一味地认定限制竞争无效的情况发生。但在审判实践中,这一原则的不确定性、模糊性,又给法官造成了适用上的较多困惑。由于对具体案件在适用这一原则时的理解不同,法官有更宽泛的自由裁量权,从而较容易产生同案异判的现象。

从20世纪60年代到本世纪初,由于跨国、国际技术合同贸易的日益频繁,相关合同之中限制竞争条款的种类和数量也大幅度增加。为了有效控制这类条款给国际自由贸易所造成的影响,1957年欧共体最先创造了三基色的认定标准。所谓三基色的认定标准,又称有色条款标准,是指欧共体的竞争法将包括技术许可合同限制竞争条款在内的限制竞争行为分为三类,其中白色条款为合理性条款,灰色条款为调和参酌条款,黑色为严重限制竞争的条款。

欧共体的竞争法主要由建立欧共体的罗马条约第85条和第86条构成,前者即罗马条约第85条包括三款条文,其中第85条（1）规定,两个或者两个以上实体之间订立的协议,或者实体协会作出的决定,如果其目的或者其效果是制止、限制或者扭曲共同市场内的竞争,从而影响成员国之间的贸易的,则必须予以禁止。1957年欧共体竞争法对管制限制竞争条款的贡献有以下几点:①它首次用文本的形式系统地列举了限制竞争条款的种种表现形式;②它将各种商业合同行为中的限制竞争的样态分成三大类,多出了灰色条款这一大类,从而

[①] 普遍认为美国最高联邦法院在1911年的新泽西美孚石油公司案中首次采用了"合理原则"。

更加精细地区分了不同法律效力的限制竞争条款,减少了"本身违法"案件的数量,减少了无效条款、无效合同的认定,并且最终促进了技术许可合同交易;③欧共体竞争法的三基色条款的认定标准是一种事先调整方法,没有限制竞争、或者限制竞争达不到一定程度的技术许可证合同贸易都可以获得"批准豁免",从而避免了诉讼和讼累,这无疑是一种立法的进步;④欧共体竞争法第一次以经济共同体的形式制定了区域竞争法,超越了以前各国国内竞争法的立法范围,为多边国际公约的缔结与适用提供了经验和基础。但欧共体竞争法的缺陷是,尚没有专门将专利技术许可合同的限制竞争条款从不正当竞争、限制竞争、垄断行为的种种样态中剥离出来,所依据的立法理念仍然是竞争准则,没有考虑到发展中国家的发展准则。

另外,以欧共体为例,专门针对专利许可出台了不少调整和规范专利许可行为的法律规范。

1996年欧共体的240/96号文件,其名称为《欧共体技术转让批准豁免条例》(Technology Transfer Block Exemption Regulation,下称《条例》)。该条例对以前过于严苛处理国际贸易限制竞争条款的反垄断措施进行了柔性调整,其调整的依据是两份调研报告。

1993年,欧共体的欧洲委员会发布了一份名称为《增长、竞争能力和雇用》的白皮书,该白皮书提请人们注意,在雇用、出口市场的份额、研究开发和创新方面,欧洲的竞争地位相对于美国和日本来说受到了削弱。白皮书警告说,过分严格地实施反垄断原则,会使欧洲的公司企业在全球贸易中处于一种不利的地位。

1994年,欧洲委员会在另一份文件中指出,欧洲有必要采取措施促进科学技术的研究开发工作,并为公司企业之间,特别是中小公司企业之间的技术转让提供便利条件。

在此背景下,欧洲委员会于1996年4月1日颁布了新的有关技术转让许可合同的批准豁免文件,扩大了原先的"白色清单"的范围,同时缩小了"黑色清单"的范围。这一动向与1995年美国司法部颁布的IP指南是一致的。条例用列举的方式在第1条"白色清单"指出在专利许可合同、技术秘密许可合同或者涉及两者的许可合同中规定有些义务不属于《罗马条约》第85条第(1)项禁止的范围。二是1993年Trips协议对限制竞争条款的专门立法。这反映在

Trips 协议的第 7 条、第 8 条，尤其是在著名的第 40 条中。协议第 40 条第 1 款揭示了知识产权合同贸易之限制竞争条款的功能与潜在的影响："各成员同意，一些限制竞争的有关知识产权的许可活动或条件可对贸易产生不利影响，并会妨碍技术的转让和传播。"该协议第 40 条的第 2 款规定："本协定的任何规定均不得阻止各成员在其立法中明确规定在特定情况下可构成对知识产权的滥用并对相关市场中的竞争产生不利影响的许可活动或条件。如以上所规定的，一成员在与本协定其他规定相一致的条件下，可按照该成员的有关法律法规，采取适当的措施以防止或控制此类活动，包括诸如排他性返授条件、阻止对许可效力提出质疑的条件和强制性一揽子许可等。"其中有关三项许可条件，就专门指的是专利许可合同典型的三项限制竞争条款。

Trips 协议第 40 条的第 1、2 款是专门针对专利许可合同"限商条款"的控制规则，表明国际社会在制止专利权许可滥用方面取得了一致的共识。

1.4.2 我国专利许可的发展现状

我国 1984 年颁布专利法，1992 年、2000 年、2008 年先后进行了三次修订，我国专利制度逐渐获得发展，专利许可也随着专利申请数量和授权数量的不断提升获得了较大的发展。

但是，中国社会科学院发布的《法治蓝皮书（2017）》中的事实和数据显示，通过对七千多家企业研发项目平均投入的调查发现，企业研发经费投入在 100 万元以下的占绝大多数（67%），投入 500 万元以上企业仅占 4.1%。而对企业的专利研发周期调查发现，企业研发周期 1 年及以下的占 23.2%，1～2 年的占 44.1%，合计占 67.3%；而真正愿意在 3 年以上进行长期研发的占 6.2%。这说明绝大多数企业不愿花费太长周期从事研发活动。蓝皮书指出，技术创新决定了企业的核心竞争力，技术创新虽需要资金投入，但也会产生巨额回报，企业不愿意投入更多经费在技术创新领域是需要进行反思和改善的问题。

中国发明专利申请量一直保持稳步增长态势，根据 2015 年国家知识产权局公布的数据，2015 年中国知识产权局共受理发明专利申请 110.2 万件，同比增长 18.7%，连续 5 年居世界首位。如果仅仅从专利申请数量来看，中国企业的创新能力似乎应是位居"世界首位"的，然而从申请专利的质量来看，事实并非如此，无论是在日用消费品抑或是高科技产品领域，中国企业的创新能力和供给能力与国际同行相比都还存在一定差距。中国企业的创新能力与持续增长的专利申请数量不成正比。然而，法治蓝皮书披露，企业申请的大量专利并没有真正用于提升产品质量。根据我国专利法规定，发明专利保护期限为20年，实用新型和外观设计专利保护年限为10年。然而，在绝大多数情况下，专利权人都会中途放弃专利。《2014年度中国有效专利年度报告》显示，国内发明专利平均维持年限3.8年，实用新型专利为3.5年，外观设计专利为3.2年；而真正达到最长维持年限的发明仅占0.02%，实用新型仅占1.1%，外观设计仅占0.5%。上述数据表明，中国绝大多数申请的专利没有真正投入使用。此外，专利许可实施率也能够反映专利实际使用情况。2012—2014年，全国共授予国内专利2787707件，签订专利许可合同仅为56067件，仅占授权专利比例2%。该数据也反映出绝大多数的专利没有真正投入使用。

此外，强制许可制度在我国也时常落空。我国1984年制定的第一部《专利法》就明确规定了从属专利的强制许可制度，在之后数次修订《专利法》的过程中也一直保留从属专利强制许可的规定。然而自1985年4月1日起施行《专利法》以来，迄今尚未给予任何一项实施从属专利的强制许可。这种情况就不得不引人深思，既然从属专利如今已经大量出现，其实施必须获得在先专利的许可，而在先专利权人基于种种考虑，往往极有可能拒绝进行这种许可，那么从属专利的强制许可就应当有适用的空间。然而，现实的情况却是自《专利法》施行以来的20多年，没有出现一例从属专利的强制许可。将目光投向其他国家，同样可以发现授予实施的从属专利强制许可也是凤毛麟角。从属专利的强制实施很少被授予，有两个可能的原因：一个原因是获得这种强制许可的条件很苛刻；另一个原因就是从属专利的权利人与在先专利的权利人达成了许可协议。如果从属专利的权利人可以很容易地与在先专利权人达成许可协议，自然不需要强制许可，但如果从属专利的权利人不能很合理地获得在先专利权人的许可，那么只能寄希望于强制许可，但是如果强制许可的获得非常困难甚至于不可能，从属专利的权利人就只能寻求在先专利权人的许可，哪怕相应许可协议的条件非常苛刻。

可见，在从属专利的情况下，强制许可与在先专利权人的自愿许可成为了相互影响的不确定因素，而这种不确定带给从属专利权利人的是更多的困惑和无奈，既然获得在先专利的许可代价太高，以至于许可费与可能依赖从属专利获得的收益不相上下，而强制许可的获得又几无可能，从属专利也只能被放弃。如果这种情况持续下去，毫无疑问，研究相应在先专利并试图进行改进的努力就会缺乏足够的动力，那么技术创新的步伐也会减缓，专利法鼓励创新的立法宗旨自然也会在这一环节受到影响。

因此，综合看来，我国专利许可从实证数据方面显示出不够繁荣的情况，与我国技术发展的现实情况以及专利制度存在的缺陷具有较大关系，与企业对专利运营的重视程度不够及相关行政管理和服务资源的配套不足都有关联。为此，有必要通过专利行政部门制定更多引导措施，促进专利许可的落实和发展，推进技术传播和进步，实现专利许可应有的价值功能。

1.5 典型案例及分析

典型案例：唐伯飞诉上海罗美洗手液有限公司专利许可使用费纠纷案[①]

1) 案情简介

原告唐伯飞诉称：其发明的洗手液及其制备方法于1989年6月7日被授予发明专利权，现该专利仍在法定保护期内。1992年5月5日，原被告签订了"关于罗美洗手液专利提成协议"，约定：原告同意被告使用其专利生产销售罗美洗手液，原告从营业额中提成8%。1998年4月，原告离开被告后，被告仍然使用原告的专利技术，却不再支付应付的专利许可使用费。原告多次催讨，被告无任何答复，其行为已构成违约，且继续履行协议已不必要，遂要求判令终止履行专利提成协议，判令被告支付专利许可使用费人民币26.7万余元，并由被告承担本案诉讼费。

被告罗美公司辩称：其与原告签订的专利许可提成协议是独占实施许可，原告在被告公司任职期间成立蓝飞公司从事与被告公司相同的专利产品已构成违约，故被告终止了与原告所签的协议的履行。因原告单独成立公司生产、销售与被告相同的专利产品，被告从1998年5月始，已不再使用原告的专利方法。但在产品外包装上一直使用原告的专利号至1999年3月止。故被告不再向原告支付专利许可使用费。

---

① 参见上海市中级人民法院（1998）沪二中知初字第68号，上海市高级人民法院（1999）沪高知终字第34号。

法院经审理认为：原、被告双方签订的专利提成协议，只约定该专利不得向外转让，并未明确约定转让方自己不得在已经许可受让方实施专利的范围内实施该专利，故该协议应属排他实施许可合同。最高人民法院《关于正确处理科技纠纷案件的若干问题的意见》规定，排他实施许可合同的转让方不具备实施其专利技术的条件，与另一单位合作实施该项专利技术，或者通过技术入股联营实施该专利技术，可视为转让方自己实施该项专利技术，不按违约处理，但转让方就同一专利技术与多个单位合作实施或入股联营的，应按违约处理。对于原告唐伯飞与其妻子、儿子共同成立的蓝飞公司、罗美供销公司以及蓝飞公司委托汇红厂加工的行为，是否可视为转让方自己实施该专利技术的行为，法院认为，蓝飞公司与罗美供销公司的企业性质均为私营企业，有关公司的出资情况均来源于唐伯飞个人，故两公司应视为唐伯飞自己成立的企业。汇红厂的加工行为，因其最终产品的销售权是由蓝飞公司行使，故应视为蓝飞公司自己实施专利的行为。综上，唐伯飞作为排他实施许可合同的转让方，其自己实施专利的行为并未超出法律规定和合同约定的范围。至于本案被告提出唐伯飞在被告公司任职期间成立蓝飞公司从事与被告公司相同的专利产品系违反被告公司章程的行为，因公司章程调整的系公司内部行为，与本案的合同纠纷是两个不同的法律关系，故不属本案处理范围。被告称其于1998年5月开始，已不再使用原告的专利配方，故不应再支付原告专利许可使用费，从被告提供的书面配方材料看，不能证明被告自1998年5月起已不再使用原告的专利配方，从原告提供的证明被告在1999年3月止仍使用原告的专利号的有关产品实物看，也无法鉴定出被告自1998年5月始至1999年3月止所使用的是什么产品配方。因被告客观上无法提供可供鉴定的产品实物，且被告自己也陈述其在产品外包装上使用原告专利号直至1999年3月止。鉴于上述情况，法院推定被告自1998年5月至1999年3月，仍使用原告的专利配方，应向原告支付专利许可使用费。因原、被告双方客观上已无再继续履行该协议的可能，故原、被告双方签订的专利提成协议应终止履行。

2) 法院裁决

上海市第二中级人民法院一审裁决中的意见：①原告唐伯飞与被告罗美公司于1992年5月5日签订的专利提成协议终止履行；②被告罗美公司支付原告唐伯飞专利提成费244139元。本案诉讼费人民币6516元，由原告负担559元，被告负担 5957 元。

一审判决后，被告罗美公司不服，提出上诉，理由是：原审判决被告支付原告专利提成费人民币 244139 元，与事实不符。按专利提成费历来的分配办法：先由原告之女唐颂平提取 5%，余下的 95% 中，原告唐伯飞提取 60%，所以，唐伯飞与唐颂平二人共得专利提成费应是 151366.46 元，故请求二审法院予以改判。

上海市高级人民法院二审认为，上诉人提供的有关专利提成费分配方案的证据涉及被上诉人与其他人的财产关系，与本案并无关联性。故判决驳回上诉，维持原判。

3）简要评析

原被告间签订的专利许可使用合同的性质。

专利实施许可合同可采取普通实施许可、排他实施许可、独占实施许可等形式。独占实施许可合同是指许可方与被许可方之间约定的由被许可方在一定的地域范围和时间期限内，对许可方的专利拥有独占使用权的协议，被许可方是该专利的唯一许可使用者，任何第三方以及许可方（专利权人）本身均不得在该地区和期限内使用该项专利。而排他实施许可合同是指许可方与被许可方约定的只许可被许可方在一定的地区内独家使用该项专利，而不能许可其他任何人使用该项专利，但专利权人自己仍保留使用该项专利的权利的协议。本案中原告唐伯飞在与被告签订的协议中，只约定该协议不得向外转让，并未明确约定转让方自己不得在已经许可受让方实施专利的范围内实施该专利，故该协议只能认定为排他实施许可合同。严格区分这两种合同，是认定本案原、被告之间专利提成协议的性质以及判决的关键，专利许可是基于专利许可合同而确定的一种双方民事法律行为，这种民事法律行为的权利义务需要合同双方在合同文本中进行明确，如果没有明确许可的性质和类型，则需要借助合同条款以及缔结合同过程中的其他因素，通过法律解释，结合相关法律法规司法解释的规定确定许可行为的性质，从而作为判断相关行为是否涉及违约的重要依据。

第 2 章 专利许可的典型形式

专利实施许可是许可证贸易的一种重要形式，它是以专利使用权为标的，通过签订许可合同，专利权人许可他人实施其获得的发明专利创造，即可以制造、使用、销售专利产品或者使用专利方法，他人向专利权人支付一定金额的使用费，但这一般并不涉及专利发明创造所有权的转移。实际上这是一种专利技术交易，即专利许可证贸易。在贸易活动中最常用的专利利用方式是发放许可证，许可证通常都是以合同的形式来表现的。

从前文对专利许可的介绍可知，获得专利实施许可是非专利权人合法实施专利技术的主要途径之一。而根据我国《专利法》第12条规定："任何单位或者个人实施他人专利的，应当与专利权人订立实施许可合同，向专利权人支付专利使用费。被许可人无权允许合同以外的任何单位或者个人实施该专利。"由本条规定可见，实施许可合同对于认定非专利权人合法实施专利技术具有重要作用。

根据我国国家知识产权局颁布的《专利实施许可合同备案办法》第9条第3款规定，当事人提交的专利实施许可合同应当包括实施许可的种类和期限。其中对于实施许可种类的定义可参见国家知识产权局制定的《专利实施许可合同签订指南》第2条"专利许可的方式与范围的描述"，其将专利许可的方式分为独占许可、排他许可、普通许可、交叉许可和分许可等五类典型形式。不同类型的许可反映的发明创造专利所有权与使用权分离的程度不同，所索取的技术使用报酬也有所不同。

本章将对如上五类典型形式进行介绍，并通过对典型案例进行分析，以加深对专利许可典型形式的理解。对于专利许可的选择，实践中主要是根据技术的性能，潜在市场贸易以及当事人的意图来进行的。

2.1 专利普通许可

专利普通许可即专利权普通实施许可,是一种典型的非独占许可,与排他实施许可相比,普通实施许可的被许可人对专利客体有更弱的垄断权,被许可人通常仅需向许可人缴纳低于排他许可的许可使用费,因此,普通实施许可是较为常见的专利实施许可方式之一。

2.1.1 专利普通许可的概念

专利普通许可是指许可人允许被许可人在规定的地域内使用在合同中指定的专利技术,同时自己仍保留在该地域内使用该项技术及再与他人就同类技术签订许可合同的权利。普通许可的专利权人可以就同一专利技术不受限制地多次转让给不同的被许可人(普通实施权人),或者同时向几个被许可人转让同一专利技术的使用权,同时自己仍然有权继续使用这一专利技术[1]。

根据我国国家知识产权局制定的《专利实施许可合同签订指南》第1条"名词和术语"中对普通实施许可的解释:"普通实施许可——指许可方许可被许可方在合同约定的期限、地区、技术领域内实施该专利技术的同时,许可方保留实施该专利技术的权利,并可以继续许可被许可方以外的任何单位或个人实施该专利技术。"也可以看出,被许可方仅有在合同规定范围内实施该专利的权利,至于许可方自己是否实施该专利,以及许可方是否还许可第三方实施专利,被许可方均无权过问。这也是普通许可被许可人缴纳的许可使用费远低于排他许可的原因。

专利普通许可合同是专利实施许可合同的一种,当事人双方约定转让方将专利技术许可受让方在一定范围内实施,同时保留在该范围内对该专利技术的使用与转让的权利。专利普通实施许可合同的特征是:技术的使用权转让给受让方后,转让方仍保有使用这一专利技术的权利,同时不排斥其继续以同样条件在同一区域转让给他人实施。按照这一合同,专利权人允许被许可人在一定的期限和地域范围内使用其专利,被许可人按照约定的数额支付给专利权人使

---

[1] 杨巧兰:《浅谈我国的专利实施许可制度》,载《中央政法管理干部学院学报》,1996年第5期,第8页。

用费。该合同并不限制专利权人自己在同一时间和地域范围内使用该专利，也不禁止专利权人在同一时间和地域范围内将其专利许可给第三人使用。

基于上述对普通实施许可的解释，与独占许可、排他许可、分许可及交叉许可等形式相比，普通实施许可具有如下特点：

（1）许可方具有实施权，与独占实施许可不同的是普通实施许可的许可人具有实施该专利技术的权利。

（2）许可方具有再许可权，专利权人仍有自己使用该发明、实用新型或外观设计专利的权利，并且有权将此发明创造专利再次许可他人使用。

（3）可有多个被许可人，专利权人可以在同一地域内，将某项专利的使用权同时许可给多个被许可人使用。

由于普通实施许可具有上述特点，因此，在司法实践中存在一些困境，由于普通许可被许可人数量较多，使支付许可使用费的主体较多，相较于独占许可和排他许可，如果侵权只发生在被许可人许可使用的地域范围，普通许可专利权人则更有可能不主动追究侵权人的责任。这种情况造成，专利普通实施权人支付了专利许可费用，而且为专利实施投入了大量的资金、人力、物力，如果专利权人不提起诉讼，那么普通实施权人没有相应的权利提起诉讼，将会面临有权利无救济的尴尬境地。这会严重影响专利普通实施权人的积极性，而且不利于专利技术的产业化发展。

2.1.2　专利普通许可的性质

专利普通许可即专利权人实施专利普通许可权的过程，对专利普通许可性质的研究，则需要对专利普通许可权的法律性质进行研究。对专利普通许可权法律性质的明确，一方面有利于清楚明确区分许可人和被许可人之间的权利边界，推动专利技术转化的同时，促进投资人的投资积极性；另一方面有利于专利许可实践中关于专利普通许可权的转让、第三方侵权时被许可人的诉权等难题的解决。

在我国，部分学者认为专利普通许可权是债权，运用物权法的基本原则对专利普通许可权为债权的理由进行分析，其主要有以下几点：

（1）专利普通许可权人的诉权可以通过合同约定的方式产生，而不是通过法律的直接规定产生，这不符合物权法定原则。

（2）在权利设置方面，被许可人所获专利普通许可权违反一物一权原则，不具有排他效力。一物一权原则是指在同一物上不能并存内容相同的两个物权。把这种物权法的原则运用到专利普通许可合同中，可以说一个专利上只能设定一个专利普通许可权。只有专利普通许可权符合了上述原则，它才有可能是一种物权。但是，专利普通许可权是指在规定的地域、时间内，专利权人允许被许可人实施在专利普通许可合同中约定的专利技术，同时在该地域、时间内，专利权人保留实施该项专利技术及再与第三方就同一专利技术签订普通许可合同的权利。专利权人可以不受限制地把同一专利技术多次转让给不同的被许可人，或者同时向不同的被许可人转让同一专利技术的实施权，自己仍然有权继续实施该专利技术。从以上专利普通许可权的定义可以得出，两个或多个内容完全相同的专利普通许可权可以同时存在同一专利之上，因此，专利普通许可权的设定方式不符合物权法的一物一权原则，其显然不可能是物权性质的权利。

（3）被许可人通过专利普通许可合同取得了专利普通许可权，首先专利普通许可权是一种合同债权，只有经过法定化后，合同债权才可以上升为用益物权（如土地承包经营权）或债权物权化。从上文第一点的分析可以知道，专利普通许可权的内容并未完全法定化，只是存在一些合同上的规定，那么，一个基于合同产生的未被法定化为用益物权或物权化的债权也只能是一个债权。

（4）如果专利普通许可权是一种物权性质的权利，就会在实践中产生很多难题。例如，如果专利普通许可权是一种物权性质的权利，那么被许可人肯定具有独立的诉讼主体资格，可以单独向法院提起维权诉讼，在这种情况下，专利侵权案件的损害赔偿分配问题将无法得到解决。因为在同一个专利权上可能存在两个以上的普通被许可人，其中一个普通被许可人提起维权诉讼，无法确定其应获得怎样的赔偿。在该案审结后，如果其他普通被许可人也提起维权诉讼，损害赔偿问题就会更加复杂，同时将会造成累诉现象的发生。

通过专利普通许可合同，被许可人获得了专利普通许可权，首先它是一种合同债权，在引入物权法定原则对这种合同债权考查过程中发现，这种合同债权未被法定化为物权，其权利设定不符合物权法定原则的规定；在引入一物一权原则对这种合同债权考查过程中发现，在同一专利权上，可以设定多个内容相同的合同债权，其权利设定不符合一物一权原则的规定。因此，专利普通许可权是一种合同债权①。

2.1.3 专利普通许可的积极效果

专利实施许可作为专利制度的生机和活力所在，同时也是许可贸易制度的重要内容。因此，基于以上所述专利普通实施许可的特点，专利普通实施许可与其他许可形式相比，具有如下积极效果。

1. 专利权人具有实施权，鼓励专利许可

由于专利普通实施许可赋予专利权人（许可人）专利技术实施权及再许可权，使得专利权人在实施专利普通实施许可后仍具有较大的权利，同时专利权人可通过专利普通实施许可获得被许可人支付的专利使用费，即专利权人在保证自有利益（专利技术实施权及再许可权）的情况下可以获得额外收益，使得专利普通实施许可具有鼓励专利权人积极自愿地转让专利技术的积极效果。

2. 同时许可给多个被许可人，满足生产需求

普通实施许可的专利权人可以将同一专利技术不受限制地多次许可不同的被许可人，或者同时向几个被许可人就同一专利技术的使用权签订专利实施许可合同，约定他们之间实施专利的地域范围，同时自己仍然有权继续使用这一专利技术。因而同一专利技术可能在相同的时间，不同的地域范围内有多个普通实施权人平行使用，使得专利技术可以得到相较于其他实施许可形式更为广泛的推广应用，所以普通实施许可下对于专利权人的限制比较少，实施权人只获得了专利的实施权，排他性较弱。因此普通实施许可可以更大限度地满足专利技术生产实践的需要。

例如，在具有广阔的市场容量时，对使用范围大的发明创造，以选择普通许可为好。因为市场广阔，一家独占不了，多几家竞争也不会使价格下跌。而且，这样的市场对专利产品有着固定的、大量的需求，促使新技术的经济效益和社会效益可以迅速得到实现。

3. 许可费率较低，降低被许可人实施成本

根据我国《专利法》第12条规定："任何单位或者个人实施他人专利的，应当与专利权人订立实施许可合同，向专利权人支付专利使用费。被许可人无

---

① 李显锋、彭夫：《论专利普通许可权的法律性质》，载《广西大学学报（哲学社会科学版）》2016年第3期，第63页。

权允许合同以外的任何单位或者个人实施该专利。"可以看出,任何单位或者个人实施他人专利的都应当向专利权人支付专利使用费。

而普通实施许可的专利使用费与排他许可及独占许可等形式的专利使用费有所不同。由于独占实施许可合同的专利权人本身在合同约定的范围内失去了实施权和许可权,自己没有权利实施该专利,同时也不能再将专利技术许可第三方实施该专利,所以独占实施许可实施权人享受的专利权利范围最广,因而独占实施许可合同支付的使用费必然是最高的。普通实施许可下实施权人与专利权人还有专利权人再次许可的第三方专利实施权人具有平行的专利实施权,因而其在市场中所占的份额并不大,也没有形成专利产品的垄断,支付的专利实施费用就比较少。①

因此,较低的许可费率可以有效地降低被许可人的专利技术实施成本,使得被许可人可以以更低的价格获得专利技术实施的权利。例如,在国际许可贸易中,东欧国家在技术引进中经常采用这种许可形式。过去几年,我国在技术引进业务中主要也是使用这种许可形式。

2.1.4 专利普通许可的消极效果

同时将同一专利技术转让给多方难免会使同一范围的竞争加剧,从而相对减弱或降低普通许可的竞争能力。尤其在专利权人基于获利的目的而过多地与他人盲目订立普通许可合同的情况下,很有可能导致同类产品的生产量大大地超过社会的需求量,造成社会产品的积压滞销,最终成为阻碍生产发展的因素。除上述专利普通许可所带来的市场影响外,专利普通许可还可能带来如下消极效果。

1. 阻碍专利技术的传播与实施

由于专利权是一种排它性的独占权,因而是一种受保护的法律意义上的垄断,如果权利人不正当地行使这种垄断权,则会对发明创造成果的传播与实施造成障碍,不仅不能使智力资源合理分配,还会阻碍技术成果的推广。

2. 被许可人经营受限

专利权人在许可他人使用时,常常附以反竞争性的限制性条款,如搭售条

---

① 参见赵东方主编:《专利普通实施权人诉讼权利保护》,上海:华东政法大学出版社,2013年版,第3页。

款、不质疑条款、单方独家回授条款等，使得被许可人的经营自由受到限制，使其无法充分地释放竞争潜能，尤其像不竞争条款，价格限制等条款，在绝大多数场合都会产生限制被许可人自由竞争的后果。

3. 限制其他经营者竞争自由

专利普通许可还会影响其他经营者的竞争自由，使其无法进入某一市场，或无法凭借竞争实力扩大其业务。例如，一揽子许可和指定技术来源会限制其他经营者与许可人之间的技术竞争，搭售条款会使其他经营者丧失本来可能通过竞争来争取的交易机会。

4. 妨碍资源的自由流动和竞争

专利普通许可合同中地区限制或有此类效果的条款，可能会导致市场的人为分割，妨碍资源的自由流动和更大范围的自由竞争；最后，上述限制都会直接或间接损害消费者的利益，限制他们的选择自由。[①]

2.2 专利独占许可

2.2.1 专利独占许可的概念

1. 什么是独占许可

专利独占许可是基于专利独占许可合同的专利许可形式，独占许可合同（exclusive licence contract）是指在合同中约定出让方给予受让方在一定的地区内有使用某种技术制造和销售相关产品的独占权的许可合同。

该种合同规定的地区，必须是出让方和受让方经过协商一致同意的。这种地区可以是一个国家或几个国家，也可以是一个特定的区域，例如日本、欧盟国家或东南亚地区等。独占许可合同一经签订，在合同有效期内，出让方不得在合同规定的地区内向第三者出售同一种技术的许可，出让方自身也不得在这一地区内使用该项技术制造和销售产品。受让方不仅有权针对该项技术在这一地区内与第三方签订从属许可合同，而且有权对该地区内侵权人起诉。

独占许可合同中转让的可以是专利技术，也可以是专有技术，还可以是商

---

① 杨阿丽：《浅谈专利实施许可对竞争的双重作用》，载《福建政法管理干部学院学报》，2007年第3期，第94页。

标的使用权。这种许可合同实际上就是出让方和受让方双方划分该项技术或商标在一定市场上的势力范围的协议。例如,在约定地区内如有客户要向出让方订购该项产品,出让方也无权销售,必须将客户的订单转给受让方,让受让方销售,也就是说,出让方已将自己在这个地区的销售市场转让给了受让方。与此相对,独占许可的许可费远远高于普通许可的。根据国际许可证贸易工作协会(LES)公布的资料表明,独占许可合同的特许权使用费一般要比普通许可合同高66%~100%,日本许可证贸易工作者分会也对独占许可合同和普遍许可合同的提成率进行了专门研究,认为独占许可合同的提成率一般要比普遍许可合同高20%~50%。独占许可合同的形式在日本、美国和西欧地区使用较为普遍,这些国家实行的是自由市场经济,产品可以自由竞争,受让方愿意出高价以独占许可合同的形式获得先进技术,以便垄断合同产品的销售市场,独霸一方,获得高额利润。

2. 独占许可使用权的性质

知识产权独占许可是指权利所有人许可他人在约定的期间、地域,以约定的方式,将该知识产权仅许可一个被许可人使用,且权利所有人依约定不得再使用该知识产权。关于独占许可使用权性质,大致有以下几种不同的认识,分别为类用益物权说或用益知识产权说、无体物用益权说、债权物权化说和纯粹债权说。

类用益物权说或用益知识产权说认为,独占许可权是设立在他人知识产权的基础上,对他人知识产权享有使用、收益的权利,与物权中的用益物权概念类似。参照物权的类型体系,独占许可使用权是一种类用益物权。有学者将以知识财产的使用和收益为目的通过知识产权许可的权利定义为用益知识产权[1]。

无体物用益权说认为,物权法上的物不仅包括有体物,也包括无体物,因而在用益物权的体系下建立无体物用益权的概念,用以指称知识产权人以外的人对无体物享有可以对抗第三人的权利。[2]

债权物权化说是指,法律规定使债权具有对抗一般人之效力。[3] 由于独占许

---

[1] 参见齐爱民:《论二元知识产权体系》,载《法商研究》,2010年第2期,第93-100页;齐爱民:《知识产权法总论》,北京:北京大学出版社,2010年版,第451页。
[2] 温世杨:《财产支配权要论》,载《中国法学》2005年第5期,第66-76页。
[3] 参见王泽鉴:《债法原理》,北京:中国政法大学出版社,2001年版,第17页。

可权具有排他性，使之依合同所取得的债权可以对抗第三人，法律亦赋予了独占许可人的独立诉权，已经具有了物权化的表现，因而是一种物权化的债权。

纯粹债权说认为，独占许可使用权是一种合同债权，其并不属于一种用益物权，理由主要在于用益物权是法定化的，而独占许可权属于用益物权并没有被法定化。同时，知识产权许可权也不是一种物权化的债权，理由在于被许可人基于许可合同取得了使用权，但无相应立法将这一债权物权化，现行立法只是出于诉讼便利的角度，才授予独占被许可人以利害关系人的身份起诉①。

3. 专利独占许可与专利普通许可、专利排他许可的区别

1）专利独占许可与专利普通许可

与专利独占许可不同的是，专利普通许可的当事人在一定范围内转让专利技术时，出让人保留在该范围内对该专利技术的使用权与转让权。专利实施许可合同的本质为技术使用权的转让，转让后并不影响出让人对该项技术的其他权利。因此按照专利普通许可的约定，专利权人允许被许可人在一定的期限和地域范围内使用其专利，被许可人按照约定的数额支付给专利权人使用费。该合同并不限制专利权人自己在同一时间和地域范围内使用该专利，也不禁止专利权人在同一时间和地域范围内将其专利许可给第三人使用。

2）专利独占许可与专利排他许可

专利独占许可与专利排他许可较为相似，相似性在于专利排他许可与专利独占许可都限制了出让人在合同约定的一定区域的再许可的权利。但与专利独占许可不同的是，排他许可的出让人仍保留在该范围内的使用权。按照排他许可的约定，专利权人允许被许可人在一定的期间和地域范围内独家享有该专利的使用权，而不允许专利权人在该范围内的再许可，被许可人按照约定的数额支付给专利权人使用费。但专利权人自己仍然保留在这一时间和地域范围内使用其专利的权利。

2.2.2 独占许可使用人的权利与义务

1. 独占许可使用人可能享有的权利

首先，独占许可使用人在许可合同约定的范围内对许可人的专利享有独占

---

① 董美根：《论专利许可使用权之债权属性》，载《电子知识产权》2008年第8期，14-19页。

使用权。在独占许可合同中,独占使用权的范围涉及两项内容:一是时间范围;二是地域范围。专利的独占使用权的期限应当在合同约定中有所体现;许可人可授权被许可人在全国范围内甚至专利有效范围内享有独占使用权,也可只约定部分地区的独占许可权。这意味着专利权的所有人可以就该专利同时对多人在不同地域范围实施独占许可。因此,同样是专利独占许可使用人,其权利的范围可能有大有小。

其次,独占许可使用人有权在许可合同约定的范围内禁止许可人使用该专利,以及禁止许可人将该专利再许可给第三人,简称禁用权,这是独占使用权一词中应有的含义。禁用权只有与要求权、投诉权、请求权和诉讼权等结合起来才有意义。根据禁用权,独占许可使用人可以直接要求专利侵权人停止侵权行为,也可以向执法机关投诉或向法院起诉,请求制止侵权行为,并要求相应的损害赔偿。

最后,独占许可使用人享有转让、出质或进行非独占性许可的权利。

2. 独占许可使用人应当承担的义务

独占许可使用人应当承担的义务包括合同约定的义务和法律规定的义务。基于合同约定的义务主要涉及以下几个方面:①不得超过许可合同约定的使用期限;②缴纳许可使用费的义务;③不得跨越许可使用的地域;④合同约定在一定领域内使用的情形下,不可超过该领域等。这些实际上是许可人在授权时施加于独占许可使用人的种种限制,是许可人行使所有权的具体体现。但独占许可使用人承担的义务并非只有合同约定的义务,还有法律规定的义务,如不得就该专利再独占许可第三方等。

2.2.3 独占许可与反垄断的关系

1. 专利独占许可的垄断性

独占许可的绝对排他性决定了它有一定的垄断性。在商业活动中,企业通过自身研发而获得的知识产权,为原始取得的知识产权,这是为国家法律和政策鼓励的。但对于企业,特别是非技术型企业而言,通过自身研发获得知识产权并非易事,更多的是通过从其他主体购买或接受许可而获得知识产权,即继受取得。以许可人之授权范围大小为标准,知识产权许可又可分为独占许可、排他许可和普通许可。

知识产权的非独占许可一般不包括对许可人或被许可人的竞争行为进行任何限制，因而即使许可协议的当事人处于横向的竞争关系之中，也不会引起反垄断法方面的问题①。其原因在于，非独占许可只给予了被许可人免于受到许可人起诉威胁而合法使用许可标的的权利，被许可人无权控制或威胁许可范围内来自其他被许可人或许可人本人的竞争，因而非独占许可协议并不减少在没有该协议情景下可能出现的各种竞争。

而独占许可要求许可人不得就同一标的向第三方另行发放许可（许可人本人也不得使用），以避免该第三方或许可人与被许可人进行竞争。一般而言，独占许可和独家许可通常可以被认定为在一定程度上抑制了竞争。

由于独占许可与非独占许可相比，更可能具有反竞争的效果，因而，反垄断法要求对独占许可进行更加广泛和严格的审查。但法律并不否定独占许可，因为独占许可具有激励被许可人投资于创新过程以及对创新推广的作用，从而有利于社会公众利益。只有在独占许可被滥用作为反竞争的工具时，才会受到反垄断法的规制。

2. 专利独占许可滥用的法律救济

专利权是一种法定的独占权、垄断权，是企业主要的无形资产，在强化市场竞争能力，形成市场支配地位的过程中具有重要作用。拥有专利本身不等同于拥有市场支配力，经营者拥有市场支配力本身也并不违法，只有在滥用市场支配力，企图获取或维持垄断地位，妨害市场竞争时，才会受到反垄断法的规制。从专利权本身属性来讲，专利权人可以自身利益最大化的要求来决定专利权如何行使。

单一的独占许可，在经济效果上几乎等同于权利转移或转让，并不妨碍既存的市场竞争关系，其也就更少地受到反垄断法的规制；而在多重独占许可中，只有当被许可人之间或者许可人与被许可人之间处于横向竞争关系时，独占许可才可能引起反垄断法上的问题。

因此，专利独占许可的垄断性具有一定的合理性，但其又不利于科学技术的创新和传播，与知识产权法律制度之目的相悖。当权利人滥用专利独占许可用于反竞争目的，排斥竞争对手，阻碍科技发展时，则可能就是非法行为，需

---

① 康佑发：《论知识产权独占许可与拒绝许可》，载《科技与法律》，2009年第2期，第22页。

要受到《反垄断法》的规制。对构成滥用的专利独占许可行为,可以向国家知识产权主管部门申请强制许可,滥用行为触犯《反垄断法》的,可以向反垄断执法机构进行控告,滥用行为对他人造成损害的,应当承担相应的民事责任,专利独占许可滥用行为,亦可为他人侵权抗辩理由之一。

根据我国《反垄断法》的规定,当专利独占许可形成垄断时,可能被采取的规制措施如下。一是要求停止违法行为、没收违法所得。经营者违反本法规定,达成并实施垄断协议的、滥用市场支配地位的,由反垄断执法机构责令停止违法行为;经营者违法实施集中的,由国务院反垄断执法机构责令停止实施集中、限期处分股份或者资产、限期转让营业以及采取其他必要措施恢复到集中前的状态。二是罚款。例如,经营者违法达成并实施垄断协议的,由反垄断执法机构处上一年度销售额1%以上10%以下的罚款。三是合同条款无效。构成滥用行为的知识产权独占许可和拒绝许可行为,由于其违反了我国《反垄断法》的强制性规定,所达成的许可协议属无效合同,自始没有法律约束力。不仅对协议当事人无效,而且也不能以此对抗第三人。四是民事赔偿。

2.2.4 实务中的独占许可的类型及其商业影响

独占许可根据被许可人的数量多寡可分为单一的双方独占许可和多重独占许可。

1. 单一的双方独占许可

单一的双方的独占许可是指在任何相关市场上都没有竞争关系的双方之间的许可,是一种典型的垂直关系,在经济效果上几乎等同于权利转移或转让。而权利转让是知识产权人实现权利价值的有效方式之一。受让人将新的知识产权投入商业使用势必承担一定的投产成本和风险,转让产生的独占性权利正是通过鼓励受让人接受这些成本和风险,而为法律保护的创造力和创新精神提供原动力。因而,单一的双方独占许可并不妨碍既存的市场竞争关系,不易受到反垄断的制约。

2. 多重独占许可

多重独占许可是指许可人根据不同范围,对于不同的多个被许可人授予独占许可。一般而言,针对不同的地域、消费者群体或使用范围进行多重独占许可,会增强在这一许可体系内出产的商品、服务或技术与其市场替代品之间的竞争，即加强了品牌之间的竞争。

一般而言，在多重独占许可中，当被许可人之间或者许可人与被许可人之间处于横向竞争关系时，独占许可可能引起垄断问题，因而受到规制。可能产生垄断问题的独占许可协议的情形主要有共同支配市场的当事人之间进行交叉许可、回授、价格歧视等。对此，其内因主要在于许可体系的市场支配力：在不同范围内的多重独占许可会加强品牌之间的竞争，即被许可的知识产权标的物在市场上会与其替代品进行激烈的竞争，但是，如果被许可的知识产权标的物在市场上是独一无二的或几乎没有其他替代品，许可人便具有市场支配力，则加强品牌之间竞争的原理就失去了效力，于是构成了垄断的局面。

2.2.5 独占许可对前沿技术专利的影响

对于前沿技术的研究成果，由于其研究目的的不同，其商业化难度较大，而独占许可的绝对排他性有利于被许可人进行商业转化。第一，此类专利投入量比较大，且研发主体一般具有公立性，这就决定了对其实施产品化、商业化的阻力较高，需要调动的资源较多，从而提高了商业化的难度。第二，此类项目通常针对现有相关技术的共性难题以及关键技术，其定位和技术难度与实际商业需求有一定的差异，其前瞻性可能与现实产业技术会有断层、脱节，这就使得其成果转化可能缺乏必要的产业技术基础，短时间内难以实现产品化和商业化。第三，此类专利技术的周期比较长，从最初研发到最终产品市场化要经过较长的阶段，由于经济环境的瞬息万变，以及其他因素的影响，都会给专利技术的商业化带来更多的不确定性。

2.3 专利排他许可

2.3.1 专利排他许可的概念

专利排他许可是指权利所有人在约定的期间、地域以约定的方式，将该知识产权仅许可一个被许可人使用，权利所有人依约定可以使用该知识产权，但不得另行许可他人进行使用。

2.3.2 专利排他许可的特点

排他许可有以下特征：一是被许可人在许可协议约定的期间和地域内对知识产权享有排他使用权；二是许可人不得把同一许可授予协议地区内的任何第三方；三是许可方保留自己在协议地区内使用该知识产权的权利。排他许可和独占许可都禁止权利所有人在约定期间内向第三人再进行许可，但区别在于独占许可人不保留知识产权使用权，而排他许可人则保留知识产权使用权。

在排他许可的情况下，在合同约定的地域内拥有两个知识产权使用人，且两者都享有禁止他人使用该知识产权的权利。在排他权的范围上，权利所有人不可以许可被许可人以外的任何第三人使用该知识产权，而排他被许可人可以排除权利所有人以外的任何第三人使用知识产权，两者针对第三人的排他范围是一致的，因此，第三人的侵权行为将同时侵犯了权利所有人和被许可人的使用权，两者都享有排他权。由于排他许可权与独占许可权均具有排他性，其与独占许可权享有同样的诉权基础，在此不再赘述。

从排他许可协议的特征来看，在一定的期间和地区，市场内存在两个合法使用专利的主体，他们均共享专利的使用利益，任何对该专利的侵犯均会对许可人和被许可人造成损害。因此，市场中一旦出现第三人侵权的事实，许可人和被许可人均有理论上的诉权寻求司法救济。但在审判实践中，并非具有理论上的诉权就可自动获得民事诉讼的主体资格。人民法院在审查当事人诉权的同时，还应审查诉讼主体是否符合具体的法律规定。

2.3.3 专利排他许可的诉权构建

1. 法理视角：权利所有人本权与被许可人他权的可分性

排他许可中权利所有人和被许可人同时享有排他的使用权，因此两者均有诉权，但其所享权利是否相互独立，将决定两者的诉权行使方式。对此主要有两种规定模式。一是不可分模式，以美国为代表，美国法院确立的不可分原则认为只有对一项专利权所包括的全部实质性权利进行转让时，才构成专利权转让，受让人才享有诉权。由于被许可人所获的使用权并非专利权人全部实质性权利，故其享有的排他权并不具有独立性，专利权人往往被法院认为是专利侵权诉讼的必要共同诉讼人。二是可分模式，以大陆法系国家为代表，诉讼参与人因排他许可并未获得独立的诉权。

如日本将专用实施权与知识产权本权相分离,赋予专用实施权人独立的诉权,我国知识产权法沿袭了大陆法系的规定,在权利本质上确认了知识产权的可分性,故我国具有适合可分模式的移植土壤。1986年《民法通则》确立的是"一元知识产权体系",《物权法》在此基础上规定"物包括权利"以及"权利质权",其确立的是"知识产权+担保物权"体系,逐步将知识产权质权从知识产权的本权中分离出来,故从立法趋势来看,知识产权他权的独立性将逐渐在立法中显现。现有学者进一步提出确立"二元知识产权体系",在立法上赋予被许可人独立的用益知识产权,更是对被许可人权利独立性的肯定认可。根据我国《民事诉讼法》的规定,共同诉讼可分为必要共同诉讼和普通共同诉讼,两者的区别在于前者诉讼标的是同一的,而后者诉讼标的是同种类的。基于上文对被许可人他权独立性的分析,被许可人与权利所有人并不构成必要共同诉讼,即诉讼标的并非同一,侵权行为所侵犯的是两个排他使用权,而非一个统一的排他使用权,故应为同种类的诉讼标的,因而被许可人与许可人属于普通共同诉讼的关系,一方不起诉并不影响另一方的诉权行使。若采取必要共同诉讼,由于须追加权利所有人为共同原告,会降低被许可人的诉讼积极性并无法对被许可人的权利进行及时保护,故采取普通共同诉讼模式更有利于纠纷的有效解决。

2. 实证视角:知识产权无效程序的独立性

国外要求权利所有人与被许可人作为必要共同诉讼原告的理由主要是基于权利所有人的利益保护,由于我国知识产权无效诉讼采取的是独立程序,即当侵权人提出无效抗辩后,原有的诉讼程序将中止,由侵权人另行提起行政诉讼,故知识产权人的权利可以得到充分的保障,并无要求权利所有人和被许可人必须共同诉讼的权利保护必要。

3. 排他程度及受损程度的具体考量

排他许可的被许可人可能受到地域的限制,从而影响其享有使用权的排他度,但由于有权利所有人参与,在某些方面与独占许可有差异。若权利所有人选择不共同起诉,则被许可人的诉权行使与独占许可相同。但当许可人与被许可人共同起诉后,虽然被许可人在起诉法院的管辖地域内不享有排他权,但因权利所有人的共同起诉而获得诉权的正当性,可由该法院一并管辖。就受损程度而言，无论是一次性支付还是浮动许可费，权利所有人和被许可人因都享有使用权而均存在实际损失，但权利所有人可获赔的损失是因侵权行为造成其实施知识产权的损失，因侵权行为导致被许可人降低产量进而减少权利所有人利润的损失仍属于纯粹经济损失，权利所有人对此部分并不能主张损害赔偿。

4. 诉权和诉讼利益的特别约定

由于权利所有人与被许可人之间为普通共同诉讼关系，因而被许可人/权利所有人的诉讼行为对权利所有人/被许可人并不发生效力，各自判决的既判力并不因此发生扩张。在确定赔偿数额时，法院应分别针对侵权行为对被许可人或权利所有人造成的实际损失加以确定。但若双方对诉权和诉讼利益作出特别约定时，则法院应将案件合并审理，这有利于案件的查明和审判结果的一致。若权利所有人不同意作为共同原告参与被许可人的诉讼，由于权利所有人与被许可人为普通共同诉讼关系，故法院并无追加权利所有人的必要，而应采取与独占许可被许可人单独起诉相同的处理方式。

2.4 专利交叉许可

在正式介绍之前，首先通过三个情境来引出本节要着重介绍的专利交叉许可。

情境一：有A、B两个公司，A起诉B侵犯其专利权，B做出反击，反起诉A侵犯B专利权，两家在争斗中两败俱伤。此时，为了减少损失，双方签署专利交叉许可协议，轻松实现了在某些技术上的共享，实现合作双赢。

情境二：有A、B两个公司，A处于优势地位，B公司侵犯A公司的专利权，为了避免败诉后遭受巨大的经济损失，B主动提出以专利交叉许可的方式实现和解，而A接受和解的条件是将B掌握的某些关键专利技术无条件授让或许可A使用。

情境三：A、B两公司均是业界的领先者，各自掌握了所属技术领域的若干核心专利技术，为了减小或消除各自在技术研究与开发中侵犯对方专利权的风险，或为了联合起来对抗另一竞争对手，或为了联合起来在本领域形成霸主地位，双方会签署专利交叉许可协议，以强化各自的竞争力，实现共赢。

2.4.1 专利交叉许可的概念

专利交叉许可（Cross Licensing），是指两个或两个以上的专利权人在一定条件下将各自的专利权授予对方使用的活动。

专利交叉许可可以清除专利壁垒，助力技术研发。科技时代的到来，互联网技术的发展，让行业内部甚至各行业间的技术交叉现象越来越明显，企业开发新技术越来越难以避开前人的技术成果。一旦前人将技术以专利的方式保护起来，就容易使得后来开创者发生专利侵权行为。而专利交叉许可恰恰可以满足前人与后来开创者两者在技术上的需求，消除技术壁垒，促进行业技术的研发。

此外，在专利战愈演愈烈的当下，专利交叉许可还是一个化解专利纠纷的绝佳手段。这一点，2012年苹果与HTC的专利和解案就是最佳的证明。最后，专利作为企业重要的无形资产，是服务于企业竞争的，而专利交叉许可能够实现借力打力，抑制交叉许可方之外的其他竞争对手发展。

2.4.2 专利交叉许可的性质

在专利交叉许可的期限和地域内，双方对对方的许可权利享有使用权、产品生产和销售权。各方的许可权利可以是独占的，也可以是非独占的。

交叉许可是一种基于谈判的、在产品或产品生产过程中需要使用对方拥有的专利技术的时候而相互有条件或无条件容许对方使用本企业专利技术的协定。其中，交叉许可协定的内容并没有统一的标准，除了容许双方使用各自的、已被授权的专利技术外，还可以包括一方向另一方支付固定或可变动的许可费，同时还可以包括双方全部或部分后续申请的专利等。

交叉许可是来自不同对象的两项或者两项以上的专利许可的交易。一般这些专利的许可都是在各自独立的合同中分别予以处理的，每一合同都要对授予的许可实施做出规定，这种许可常见于原发明创造的专利权人与改进发明创造的专利权人之间。

交叉许可可以兼容独占许可、排他许可和普通许可的形式。其中，独占许可是除被许可方可以按照约定独占地使用有关知识产权外，包括知识产权权利人在内的任何第三方均不能使用该知识产权的活动；排他许可是除许可方和被许可方可以按照约定使用有关知识产权外,任何第三方均不能使用该知识产权的活动;普通许可是被许可方按照约定使用有关知识产权,许可方仍可以许可第三方使用该知识产权的活动。

2.4.3 专利交叉许可的分类

依据不同的标准,专利交叉许可可以有不同的分类维度。

1. 依据交叉许可的参加者是否还需要支付一定的使用费

专利交叉许可分为无偿交叉许可和有偿交叉许可。如果交叉许可双方的专利价值基本相当,那么一般不需要支付使用费;如果交叉许可的专利价值差距较大,也可以约定由一方当事人给予另一方当事人适当的使用费。

2. 依据所许可的专利是否特定

专利交叉许可可分为针对特定专利技术的交叉许可和概括性的交叉许可。针对特定专利技术的交叉许可的标的是某一特定的专利或专利组合的技术方案,一般是已经获得授权的专利或专利组合的技术方案;概括性的交叉许可的标的是不特定的,既包括已经获得授权专利的技术方案,也包括正在申请中专利的技术方案,还可能包括尚未申请专利的后续技术方案等。

3. 依据相互许可的专利之间的关系

专利交叉许可可分为互补性专利的交叉许可、障碍性专利的交叉许可以及完全不相关专利的交叉许可。其中,互补性专利是指覆盖了众多技术的专利,其中通过一项专利的使用可以使其他专利的使用变得更有价值,由于互补性专利在一项总的发明中可以分担不同的功能,所以在互补性专利中,一项专利的使用将增加对其他专利的需求。障碍性专利是指在前后相继的两项专利中,在后专利的实施离不开在前专利的授权。在前专利可称为基本专利,在后专利可称为从属专利。基本专利和从属专利之间具有互相障碍性,即从属专利的实施需要获得基本专利权人同意,否则将构成专利侵权。障碍性专利虽然可能是为了实现同一产品功能,但它们之间不是竞争性的,也不是替代性的。完全不相关专利是指既不存在替代关系,也不存在互补关系或障碍关系的专利。在各种形式的交叉许可中,完全不相干专利并不常见。

4. 依据许可专利技术是否还可以许可于交叉协议之外的第三人

专利交叉许可可分为排他性许可和非排他性许可。在排他性交叉许可中,所许可专利技术被限制在许可协议参加人内部,即不得再许可于许可协议之外的第三人,因此排他性交叉许可具有一定的封闭性。在非排他性交叉许可中,所许可专利技术可以再许可于许可协议之外的第三人。

2.4.4 专利交叉许可与相关概念辨析

1. 交叉许可和专利联营

专利联营(又称专利池)是指两个或两个以上的专利持有人通过某一实体组织将各自拥有的专利进行相互许可或共同许可给第三方的协议。这种组织可以采取不同的形式,例如可以是为此目的而专门成立的公司,也可以是受委托的某一联营成员或独立的第三方实体组织。

专利交叉许可有不同于专利联营之处。专利交叉许可的主体一般为两个,而参加专利联营的主体一般要更多。专利交叉许可主要涉及相互许可方之间的关系,这不同于专利联营还涉及一致对外的"打包式"许可问题。此外,专利交叉许可作为一种专利许可的方式,通过当事人之间签订相互许可合同即可实现,而专利联营则需要成立特定的合作机构或组织,再以该机构或组织的名义向专利联营的成员或其他主体提供必要的许可。

而不能否认的是,专利交叉许可与专利联营都可以产生一些共同的效果。正如1995年美国司法部与联邦贸易委员会联合发布的《知识产权特许协议中的反托拉斯指南》所指出的,交叉许可协议与联合授权协议(也称联营协议)通常是有利于竞争的,因为这些协议可以促进技术的传播。这些协议可能产生有利于竞争的影响主要来自以下方面:清除相互阻斥地位;避免昂贵的侵权诉讼;更易于将相互性技术组合起来;减少交易成本。但另一方面,这样的协议在某些情况下也可能产生限制竞争的效果,尤其是当这样的协议被用作一种明显的实现固定价格、分配市场和顾客的机制时,就会对竞争产生严重的妨碍作用。在美国,当交叉许可协议涉及横向竞争时,如果损害了作为实际或潜在的竞争者之间的竞争,就会引起反托拉斯法上的问题。同样,如果具有市场支配力的实体之间订立的这种协议排除他人参加,则也有可能被认为是触犯了反托拉斯法:协议致使被排除的公司失去在采用被许可技术的产品市场上进行有效竞争的能力;联营的实体经过合作在相关市场上具有市场支配力。此外,如果一项联营协议导致减少参与者进行研究开发的积极性,从而产生妨碍创新的后果，也将被认为是触犯了反托拉斯法。

2. 交叉许可和回馈授权

回馈授权是被许可人同意给予知识产权的许可人使用被许可人对许可技术改进的技术的一种协议安排。在专利许可中，回馈授权要求被许可方就其对许可专利技术所作的后续改进或通过使用标的技术所获得的新技术，应当向许可方报告、许可或转让。

依据不同的标准，回馈授权可有不同的表现类型。依据回馈授权是以许可方式还是以转让方式进行，可分为许可性回馈授权与转让性回馈授权；依据许可方与被许可方所作的回馈授权是否是双向互惠的，可分为非互惠性与互惠性回馈授权，或者称为单向回馈授权和双向回馈授权。依据被许可人对许可人的回馈授权是否以得到一定的经济补偿为条件，回馈授权可以分为有偿与无偿回馈授权；依据被许可人是否仍对该项改进技术享有实施权，以及被许可人是否有权将该项改进技术向第三人许可，回馈授权可分为独占性和非独占性回馈授权。

有观点认为，在专利许可协议中规定"回馈授权"条款属于交叉许可的范畴。即专利许可后，许可人就其对所许可专利改进的相关技术取得的专利，继续允许原被许可人实施，相应地，被许可人以许可人的所许可专利技术为基础取得的新的专利，也必须将使用权许可给原许可人。可见，回馈授权是实现专利交叉许可的一条重要途径。

2.4.5 专利交叉许可的积极效果

1. 专利交叉许可有助于清除障碍性专利，促进创新

专利技术的成功研发和实施往往是建立在其他在先基础性技术上的。当这些在先基础性专利技术为他人所拥有时，便成为本企业研发和实施的障碍。所以，新技术的研发者和新产品的实施者必须克服专利丛林的约束和限制，才能合法获得自己所需的全部专利技术的使用权。由于专利技术的累积效应，那些具有基础性作用的专利技术就会对相关技术的继续研发和产业化构成障碍。

专利交叉许可可以在一定程度上缓解专利丛林现象的负面影响。在专利交叉许可中，通过相互许可对方使用自己的具有障碍性的专利技术可以有效地清除专利技术商品化过程中的专利技术障碍，使彼此获得相关专利技术研发和产

业化的自由。

2. 专利交叉许可有助于降低侵权风险

在企业从事竞争性技术研发及其产业化过程中，因专利侵权进而被起诉的现象非常普遍，有时专利侵权诉讼会对企业造成无可挽回的损失。企业为了最大限度减少或避免因专利侵权而被起诉的风险，相互之间签订专利交叉许可协议是有效的策略。因为专利交叉许可协议基本上可以规避参加者相互阻止新技术研发及其产业化或引发专利侵权诉讼等阻碍市场竞争行为的产生。因此，专利交叉许可协议的每个企业都可以自由竞争，不必担心自己的技术及其产业化产品会引起专利侵权问题而涉及不必要的专利侵权诉讼或者支付大量的许可费。专利交叉许可和解是避免诉讼的有效方法，而且，法院一般也倾向于支持此类和解。

当然，如果专利交叉许可涉及横向竞争者，主管机关会考虑和解的效果是否会减少没有交叉许可时相关市场上本应存在的实际或潜在的企业之间的竞争。如果不存在效率提升的良好效果，此类和解可能会被质疑为非法的商业限制行为。

2.4.6　专利交叉许可的消极效果

1. 专利交叉许可易于促成横向垄断

垄断协议是排除、限制竞争的协议，其可以分为横向垄断协议和纵向垄断协议，其中横向垄断协议是指具有竞争关系的经营者达成的垄断协议，纵向垄断协议是指经营者与交易相对人达成的垄断协议。专利交叉许可协议的参加者之间多存在直接竞争关系，他们之间易于达成横向垄断协议，包括固定价格、限制产量、划分销售市场和原材料市场、限制新技术研发等内容。

2. 专利交叉许可可能会降低研发投入的积极性

鼓励发明创造，促进创新是专利法的基本立法价值。然而，专利交叉许可可能会降低企业对相关技术研发投入的积极性。一方面，通过专利的交叉许可，企业可以相互得到产品生产所需要的专利技术，不必再通过自己的研发来获得所需的技术；另一方面，创新具有积累性，当专利交叉许可各方当事人掌握了基础性专利并拒绝向交叉许可之外的第三方许可时，欲通过该基础性专利技术进行后续发明创造的第三人就难以实现创新。第三方难以进行技术创新就会减轻专利交叉许可的参加者的压力,进而降低专利交叉许可参加者研发投入的积极性。

3. 专利交叉许可可能会构筑第三方进入相关市场的门槛

专利交叉许可中,参加者互为许可人和被许可人,也就是说每个参加者均拥有对方当事人需要的专利技术,这也是参加者获得对方当事人专利许可的筹码。但获得此筹码对于新兴企业来说是十分困难的,因为专利交叉许可广泛应用的往往是在技术更新速度快、技术之间联系十分紧密的领域。积累的基础性专利技术是这些领域内企业发展的重要资本,而没有一定价值专利技术的新企业就难以加入这些领域内已经存在的专利交叉许可协议,即使能加入也要承担大量的许可费。因此,专利交叉许可易于形成垄断结构,可能会降低竞争活力,损害潜在的竞争因素。

4. 排他性交叉许可会造成专利技术的低效使用

在互补性专利技术的排他性交叉许可中,排他性的要求使需要同样专利技术的第三方无法得到被许可的专利技术,使该互补性专利技术的互补效用降低,进而使被许可的专利技术的使用效率降低。[①]

2.5 专利分许可

2.5.1 专利分许可的概念

专利的分许可是指专利许可方同意在合同上明文规定被许可方在规定的时间和地区实施其专利的同时,被许可方还可以以自己的名义,再许可第三方使用该专利。被许可人与第三方之间的实施许可就是分许可。因此,分许可又被称作再许可、分售许可、可转让许可。亦即,基于被许可方与许可方(专利权人)之间签署的专利实施许可合同的约定,被许可方既可以自己实施,也可以再许可第三方实施被许可人取得的专利实施许可。

习惯上,通常将第三方从被许可方处得到的专利权、商标权、著作权或者专有技术使用权称为分许可或子许可;相应地,许可方与被许可方之间的许可

---

① 张士茜:《专利交叉许可的反垄断法分析》,北京:中国政法大学出版社,2011年版,第4-7页。

合同便称为总许可或母许可。

2.5.2 专利分许可的特点

1. 专利分许可具有从属性

从概念可以了解，专利的分许可是一种从属性的许可方式，其不可以独立存在，而是从属于专利权人（或许可方）与被许可方之间的许可。并且由于分许可的存在，总许可的类型也因此而排除了独占许可这种方式，而仅可能为普通许可或排他许可。当专利许可类型为独占许可，由于其排除了任意第三方实施专利的权利，也就相当于已经排除并否定了专利分许可的存在。同时，专利分许可的类型也仅限于普通许可。

2. 专利分许可要求得到许可方的明确授权

《专利法》第12条规定：任何单位或者个人实施他人专利的，应当与专利权人订立实施许可合同，向专利权人支付专利使用费。被许可人无权允许合同规定以外的任何单位或者个人实施该专利。

由于被许可方与第三方之间在签署分许可协议时，并不要求许可方的直接参与，因此为了保障许可方（专利权人）的权益，有必要对被许可方的权利做出一定的约束和限制。这体现在，被许可方要获取向第三方分许可的权利，需要在总许可合同中得到许可方的明确授权，未经许可方的明确同意，被许可方无权与任意第三方签署专利分许可合同。

该明确授权的内容不仅包含被许可方向第三方分许可的权利，还可以包括对分许可的具体内容上的约定，例如对接受分许可的第三方的选择范围的约定，对分许可的时间期限的约定，对分许可的实施地域范围的约定，对分许可的实施方式的限制性约定，以及有关分许可收益分配方面的约定，被许可方或第三方违约时，专利许可费的支付是否可传递等。

3. 专利分许可的范围不能超过总许可的许可范围

在专利分许可范围上的约束体现在三方面：时间、地域及实施方式。分许可的时间期限不得超过总许可的时间期限，超过期限的部分将是无效的；分许可的地域范围不得超过总许可的有效地域范围，否则将构成专利侵权；分许可的实施方式也不得超过总许可的实施方式，否则也将构成专利侵权。

2.5.3 专利分许可的意义

专利的分许可在实践中的例子并不多，尤其与其他几种专利许可类型相比。甚至在大多数专利许可合同中，往往会特别规定"未经许可方书面同意，被许可方不得将其许可再次转许可给第三方"，或者直接规定为"被许可方不享有分许可的权利"。

其原因可能是多方面的，对许可方（专利权人）而言，其专利许可项目通常需要有一个统一的战略部署，将专利许可给谁实施、如何进行许可、收取多少许可费、许可战略如何分步实施等，都需要进行统一的统筹和安排。如果允许被许可方享有分许可的权利，就有可能打乱许可方的统一部署战略，并且有可能会对专利权人的其他许可项目产生不良影响。

这些不良影响包括：许可方能够获取的许可费可能会被摊薄，其市场占有率可能被稀释；分许可协议的签署在一定程度上存在不可控性，可能对许可方（专利权人）的市场竞争力造成不利影响，例如，有可能使作为直接竞争对手的第三方获得许可实施专利技术。这都是许可方所不愿看到的。

然而，这并不意味着专利分许可没有其存在的积极意义。如果许可方（专利权人）希望快速扩大产品的市场占有率、快速提升影响力，那么分许可将有可能起到一定的推广作用。这也是目前大部分专利分许可协议的主要应用方式。

2.6 典型案例及分析

2.6.1 专利普通许可典型案例及分析

1. 典型案例1：杭州华兴印染与钟惠根实用新型专利许可纠纷[①]

1）案情简介

2008年8月21日，钟惠根与华兴公司（全称：杭州华兴印染有限公司）签署涉案专利 ZL200720003301.5 许可合同，双方约定：专利许可方式为普通许可，专利使用期间系自 2008 年 8 月 20 日至 2009 年 8 月 19 日，专利许可使用费

[①] 参见浙江省杭州市中级人民法院（2009）浙杭知初字第65号民事判决，浙江省高级人民法院（2010）浙知终字第110号民事判决。

系人民币 700 000 元。

2009 年 2 月 24 日，钟惠根对华兴公司向杭州市中级人民法院提起诉讼，请求：判令华兴公司支付未予以支付的专利许可使用费人民币 350 000 元、支付违约金人民币 1 400 000 元。

在钟惠根提起上述诉讼前后（2008 年 10 月 16 日、2009 年 4 月 13 日），华兴公司先后两次针对涉案专利提出无效宣告请求。

专利复审委分别于 2009 年 4 月 21 日和 2009 年 12 月 22 日针对上述两次无效宣告请求做出无效决定，专利最终为部分无效，部分有效。

2) 法院判决

杭州市中级人民法院一审判决为：华兴公司于判决生效之日起十日内支付钟惠根专利许可使用费人民币 350 000 元、违约金人民币 140 000 元，共计人民币 490 000 元；驳回钟惠根的其他诉讼请求；驳回华兴公司的诉讼请求。

浙江省高级人民法院二审判决为：①撤销浙江省杭州市中级人民法院（2009）浙杭知初字第 65 号民事判决；②驳回钟惠根的本诉请求；③驳回杭州华兴印染有限公司的反诉请求。

浙江省高级人民法院在上述二审判决中认定：涉案专利实施许可合同涉及授权公告文本的无效权利要求的实施许可部分内容应归为无效。但是，涉及授权公告文本的有效权利要求的实施许可部分内容，根据《中华人民共和国合同法》第 56 条关于合同部分无效，不影响其他部分效力的，其他部分仍然有效的规定，仍应认定为有效。

2. 典型案例 2：黄仁义诉万和新电气发明专利许可纠纷①

1) 案情简介

2008 年 9 月 10 日，万和新公司（全称：广东万和新电气股份有限公司）就涉案专利（ZL97107337.6）向专利复审委提出无效宣告请求。

2009 年 1 月 22 日，专利复审委做出第 12901 号无效决定，宣告涉案专利部分无效。

2009 年 4 月 21 日，黄仁义就第 12901 号无效决定对专利复审委向北京市第一中级人民法院提起诉讼。

---

① 参见四川省成都市中级人民法院（2011）成民初字第 1056 号民事判决。

2010年2月4日，北京市第一中级人民法院做出判决，维持第12901号无效决定。黄仁义未就该判决对专利复审委向北京市高级人民法院提起上诉。

2010年11月26日，黄仁义与万和新公司签署涉案专利许可合同（《专利普通实施许可协议》），双方并约定专利许可使用费。

针对涉案专利，王平和上海林内有限公司分别于2011年4月29日和2011年5月11日提出无效宣告请求。

2011年9月6日，黄仁义对万和新公司向四川省成都市中级人民法院提起诉讼，请求：判令万和新公司支付未予以支付的专利许可使用费人民币150 000元。

专利复审委于2011年12月9日宣告涉案专利全部无效。

2）法院判决

四川省成都市中级人民法院认为，根据《中华人民共和国专利法》第47条关于"宣告无效的专利权视为自始即不存在。宣告专利权无效的决定，对在宣告专利权无效前人民法院做出并已执行的专利侵权的判决、调解书，已经履行或者强制执行的专利侵权纠纷处理决定，以及已经履行的专利实施许可合同和专利权转让合同，不具有追溯力。但是因为专利权人的恶意给他人造成的损失，应当给予赔偿。依照前款规定不返还专利侵权赔偿金、专利使用费、专利权转让费，明显违反公平原则的，应当全部或者部分返还"之规定，原告享有的"防风节能炉具"（专利号ZL97107337.6）发明专利权自始不存在，故原被告双方所签《专利普通实施许可协议》的合同标的不是专利技术，而系技术。合同的效力应依据《中华人民共和国合同法》第3章相关规定进行判定，第ZL97107337.6号发明技术被宣告无效，并不直接导致《专利普通实施许可协议》无效。基于此，判决驳回黄仁义的诉讼请求。

上诉期内，黄仁义并未向四川省高级人民法院提起上诉，一审判决生效。

3. 简要评析

在典型案例1中，专利部分有效、部分无效，法院判定未履行完毕的专利普通许可合同相应专利权利要求有效的那部分合同内容有效，相应专利权利要求无效的那部分合同内容无效。即未履行完毕的专利普通许可合同依据相应权利要求的有效性，一荣俱荣，一损俱损。这意味着，专利的有效性与未履行完毕的专利普通许可合同相关联，例如前者全部无效，那么专利普通许可合同亦无效，即专利权无效对未履行完毕的专利普通许可合同有溯及力。

在典型案例 2 中，尽管专利全部被无效，法院判定专利普通许可合同有效。原因在于，法院认为未履行完毕的专利普通许可合同与专利是否无效并不相关，许可合同是技术许可合同，根据《中华人民共和国合同法》相关章节来判定专利普通许可合同为有效。即对于未履行完毕的专利普通许可合同来说，专利权无效无溯及力。

上两个案例的争议点表面是合同有效性问题，实质上是专利权无效的溯及力问题。具体来说，在专利权无效的情形下，未履行完毕的专利普通许可合同是否有效？因为对于合同双方来说，关于普通许可合同的未履行部分，如果普通许可合同有效，则应继续履行，专利权无效无溯及力；如果普通许可合同无效，则无需继续履行，专利权无效有溯及力。

对于专利权无效的溯及力问题，我国现行专利法第 47 条第 1 款规定了专利权无效具有溯及既往的效力，这是一般情形。

《专利法》第 47 条第 2 款则是上述第 1 款的四种例外情形，即在这四种情形下，专利权无效无溯及力。

《专利法》第 47 条第 3 款则是上述第 2 款的例外，即上述第 2 款所列四种情形，如果显示公平，专利权无效仍具有溯及力。

专利权无效对专利许可合同是否具有溯及力为专利法第 47 条第 2 款的第 3 种情形，即对已经履行的专利许可合同，专利权无效不具有追溯力。此种情形并未区分专利许可合同类型，故该种情形下适合专利普通许可合同。具体而言对于已经履行完毕的专利普通许可合同，专利权无效不具有溯及力，那么对于未履行完毕的专利普通许可合同，不属于专利法第 47 条第 2 款的第 3 种情形，而应属于专利法第 47 条第 1 款的情形，即对于未履行完毕的专利普通许可合同，专利权无效有溯及力。

那么，根据上述分析，典型案例 2 的判定更有说服力。原因在于，专利普通许可合同往往是基于被许可人对专利权人专利技术认可的基础上签订的，如果专利权人的另一项技术并未申请专利，被许可人或许很难认定该项技术的价值，那么很可能不会就该没有专利权保护的另一项技术和专利权人签订许可合同。在一种情形下，专利权全部无效导致普通许可合同全部无效，未履行的部分不再履行；在另一种情形下，专利权部分无效导致普通许可合同相应部分无效，与普通许可合同无效部分相关的未履行的部分不再履行。即专利权无效对涉案未履行完毕的专利普通许可合同具有溯及力。

在上述两个典型案例中，专利许可形式均为普通许可，然而值得注意的是，《专利法》第47条专利权无效的溯及力规定，并未将普通许可合同和其他类型的许可合同区分开来，即《专利法》第47条适用于所有类型的许可合同。不过，在实践中，由于普通许可的被许可人可能不止一个，即使其中一个被许可人对相关专利提起无效宣告请求或者其中一个被许可人遭遇侵权诉讼，其他的普通许可的被许可人都应该对于合同的履行状态、专利的法律状态等时刻保持关注，避免由于专利权无效的溯及力引起不必要的经济损失。

2.6.2 专利独占许可典型案例及分析

正如前文提到的那样，对于专利独占许可，法律赋予了独占许可使用人独立的诉权，那么独占许可之后，专利权人是否具有独立的诉权？如果有，针对侵权行为的专利权人提起的独立诉讼，专利权人是否具有获得赔偿的权利？对于如上疑问，通过如两个下案例做进一步探讨。

1. 典型案例1：曹湛斌诉温州艾普锁业、郭荷富侵犯外观设计专利权纠纷[①]

1）案情简介

2006年6月7日，原告曹湛斌获得专利号为ZL200530068989.1的外观专利。2009年10月30日，被告个体户郭荷富被发现售卖涉嫌侵权型号为BE3728DAB的门锁，此门锁系经被告艾普公司生产。被告艾普公司将涉嫌侵权产品通过被告郭荷富等销售渠道在全国各地销售。经比对，二被告生产、销售的涉案侵权锁具产品BE3728DAB门锁与原告的ZL200530068989.1号外观设计专利的设计特征基本相同。

原告诉讼请求中包含请求判令二被告连带赔偿原告经济损失及原告为本案诉讼支付的合理调查费、律师服务费等共计20万元。被告艾普公司的辩称中包含原告已经于2009年10月22日将该专利独占许可他人实施，原告本人已经丧失了通过实施该专利获得经济利益的权利，因其原告请求赔偿损失没有法律依据。故请求法院驳回原告曹湛斌的诉讼请求。

---

① 参见天津市第二中级人民法院（2010）二中民三知初字第18号民事判决。

法院查明，原告于 2009 年 10 月 22 日与案外人广东雅洁五金有限公司签订《专利独占实施许可合同》，该合同于 2009 年 10 月 30 日在国家知识产权局备案，合同有效期限为 2009 年 10 月 22 日至 2015 年 7 月 1 日，支付方式为无偿许可。

2）法院裁决

天津市第二中级人民法院一审认为，根据查明的事实，被告艾普公司向郭荷富发出 BE3728DAB 型号门锁的时间为 2009 年 10 月 5 日，因此艾普公司生产、销售该型号门锁的时间早于原告将其专利以独占实施许可的方式许可案外人实施的时间。即，在被告艾普公司实施侵权行为之时，原告依法享有实施本案所涉专利并获得经济利益的权利。鉴于原告将其外观设计专利采取独占许可的方式授权案外人无偿使用后，其自身亦无再行使用本案专利和授权他人使用获得收益的权利，故法院对原告授权案外人之后主张的经济赔偿不予支持。由于本案侵权产品为锁具部件，原告因侵权所受损失和被告因此所获利益均无法确定，法院结合本案具体情况，酌情确定原告的损失数额（包括因制止侵权支出的合理费用），判决被告温州市艾普锁业有限公司赔偿原告曹湛斌经济损失人民币 25000 元。

2. 典型案例 2：浙江凌志锁业、中山市凌志锁业与曹湛斌、湖南东岸装饰建材批发、周伟达侵犯外观设计专利权纠纷案①

1）案情简介

上诉人浙江凌志锁业有限公司（以下简称浙江凌志公司）、中山市凌志锁业有限公司（以下简称中山凌志公司）与被上诉人曹湛斌、湖南东岸装饰建材批发大市场有限公司（以下简称湖南东岸公司）、原审被告周伟达侵犯外观设计专利权纠纷一案，不服湖南省长沙市中级人民法院（一审法院）于 2011 年 9 月 6 日作出的（2010）长中民三初字第 0058 号民事判决，向湖南省高级人民法院（二审法院）提出上诉。

经查明，原审原告与案外人广东雅洁五金有限公司签订《专利实施许可合同》，将涉案专利（专利号为 ZL200530068989.1）独占许可给案外人广东雅洁五金有限公司使用，合同有效期限为 2009 年 10 月 22 日至 2015 年 7 月 1 日，该

---

① 参见湖南省长沙市中级人民法院（2010）长中民三初字第 0058 号民事判决，湖南省高级人民法院（2012）湘高法民三终字第 6 号民事判决。

合同于 2009 年 10 月 30 日在国家知识产权局备案。

2）法院裁决

长沙市中级人民法院一审认为，被控侵权产品与原告涉案专利外观设计近似，认定被控门锁面板的外观设计已落入涉案专利权的保护范围。原告曹湛斌作为 ZL200530068989.1"门把手面板（H70P）"外观设计专利权人，其虽在本案被控侵权行为发生期间已将该专利独占许可给他人使用，但原告仍是专利权人，依据《专利法》第 60 条的规定，任何人未经专利权人许可均不得实施其专利，原告作为专利权人的合法权利仍应受到法律保护。就本案事实而言，亦并未出现专利权人和被许可人重复对两被告主张权利的情形，因此，对于被告浙江凌志公司、中山凌志公司辩称原告在将该专利独占许可他人使用后不能使用该专利、不能要求经济赔偿的辩论意见，不予采信。因此，对原告要求被告浙江凌志公司、中山凌志公司承担连带赔偿损失责任的主张，一审法院予以支持，对于要求被告周伟达承担连带赔偿损失责任的主张不予支持。

长沙市中级人民法院一审判决被告浙江凌志锁业有限公司和被告中山市凌志锁业有限公司于本判决生效之日十日内连带赔偿原告曹湛斌经济损失 60000 元（包括原告为制止侵权行为所支付的合理费用）。

上诉人浙江凌志公司、中山凌志公司不服一审判决，共同向湖南省高级人民法院提出上诉称被上诉人曹湛斌将涉案专利独占许可给他人实施后无权要求侵权人赔偿经济损失等，请求依法改判。

湖南省高级人民法院二审认为，本案二审期间争议焦点之一在于是被上诉人曹湛斌是否能要求侵权人赔偿经济损失。关于被上诉人曹湛斌能否要求侵权人赔偿经济损失，被上诉人曹湛斌是涉案外观设计专利权人，其将专利的实施权独占许可给他人使用后，仍然是专利权人，对专利的专有权并未丧失，他人未经其许可，为生产经营目的制造、许诺销售、销售、进口其外观设计专利产品时，必然对其专利权造成损害，其有权对侵权行为人提起诉讼，并要求赔偿经济损失。故，上诉人浙江凌志公司、中山凌志公司上诉提出的"被上诉人曹湛斌将涉案专利独占许可给他人实施后无权要求侵权人赔偿经济损失"的上诉理由，没有事实和法律依据，法院依法予以驳回。

湖南省高级人民法院认为，原审法院认定事实清楚，适用法律正确，程序合法，依据相关法律判决驳回上诉，维持原判。

3. 简要评析

我国《专利法》第60条规定，未经专利权人许可，实施其专利，即侵犯其专利权，引起纠纷的，由当事人协商解决；不愿协商或者协商不成的，专利权人或者利害关系人可以向人民法院起诉，也可以请求管理专利工作的部门处理。即该条规定并未将独占许可情形下专利权人的诉权排除在外。

如本节两个案例，均涉及独占许可。两案中，以独占方式许可他人使用专利后，在发现侵权行为后，专利权人均单独向法院提起诉讼，法院均受理并进行了相关审理和判决，印证了专利法第60条，即使专利权人以独占方式将专利许可他人使用后，专利权人仍可单独向法院提起诉讼。为了便于理解，可从专利独占实施权来考量。

专利独占实施权包含两个方面：第一方面，专利权人自己享有实施该专利的权利（自己实施）；第二方面，未经专利权人许可，任何人都无权为生产经营的目的而实施其专利，除非法律有特殊规定（他人不得实施，或称专利的对世权）。专利独占许可之后，专利权人通过一定对价（也可能免费）将独占实施权的第一方面完全转移给了独占许可使用人，专利权人丧失了自己享有的实施该专利的权利，专利权人不再是实质上的专利权人；而独占实施权的第二方面即专利的对世权，并不会发生变化，专利权人仍为表面的专利权人。

综合上述分析，在专利独占许可之后，针对第三方的侵权行为，专利权人仍可基于专利的对世权对其单独提起诉讼。

不过，对于专利权人来说，由于他自己享有的专利实施权已转移给独占许可使用人，那么他受到的侵害并不是自己的实施权（专利独占实施权的第一方面，即自己实施其专利的权利）受侵害，他之所以可以单独起诉是基于专利权的对世权（专利独占实施权的第二方面，即禁止他人实施其专利的权利。换言之，未经专利权人许可，任何人都无权为生产经营的目的而实施其专利，除非法律有特殊规定）。

在典型案例1中，天津市第二中级人民法院认为以独占方式许可他人使用专利后，专利权人丧失获赔权；在典型案例2中，湖南省高级人民法院维持了原审判决，即认为以独占方式许可他人使用专利后，专利权人丧失获赔权并不合理。

那么，哪个法院的认定更为合理呢？

专利独占许可之后，专利权人已经获得对价（一般情况下高于其他许可类型，但也有可能免费），将自己享有的专利实施权转移给独占许可使用人，因实施该专利所获经济收益的所有可能性都转移给了独占许可使用人，此时第三方侵权侵害的是独占许可使用人自己享有的实施权，直接损害的是独占许可使用人而非专利权人实施该专利可能所获的经济收益。

因此，专利独占许可之后，专利权人针对第三方侵权单独提起诉讼，其要求获得侵权赔偿并不合理（专利权人可以要求第三方停止侵权、赔礼道歉等，毕竟一项专利的诞生，专利权人付出了智力劳动，未经许可拿来就用于情于理都讲不通）。综合如上分析可知，2.6.1 节典型案例 1 中天津市第二中级人民法院关于专利独占许可的专利权人是否具有获赔权的认定更为合理。

2.6.3 专利排他许可典型案例及分析

1. 宋某钢与湛江 D 公司、宋某淮和 C 公司专利侵权纠纷案[①]

1) 案情简介

王某忠是 ZL98101041.5"混凝土桩的施工方法"发明的原专利权人。该专利申请日是 1998 年 3 月 20 日，授权公告日是 2000 年 5 月 10 日。2004 年 9 月 17 日，专利权人变更为北京 A 公司。

2008 年 12 月 5 日，北京 A 公司、北京 B 公司、王某忠（作为许可方）与宋某钢（作为代理方）签订《独家代理合同》，约定：许可方共同拥有"载体桩"科技成果的所有专利权（包括涉案"混凝土桩的施工方法"发明专利在内的共四项专利）；许可方许可代理方在广东省湛江市行政区域内进行"载体桩"专利技术的经营施工，许可方式是独家代理；使用费采用入门费加提成的方式，入门费是 80000 元，提成是根据每个桩基工程实际结算总产值的 3% 计算；许可方保证本合同在湛江市行政区域内为独家许可，如许可方多许可一家，须向代理方赔偿并立即取消本合同以外的任何许可；在合同有效期限内，发生他人侵犯专利权行为，代理方有权采取法律诉讼或行政手段加以制止，并可请求当地法院向侵权方提出经济赔偿要求。合同还明确"独家许可"是指许可方许可代

---

① 参见广东省广州市中级人民法院（2012）穗中法民三初字第 295 号民事判决。

理方在合同约定的期限、地区、技术领域内实施该专利技术,除许可方外其他任何单位或个人未经授权都不得实施该专利技术。合同被许可人落款处的联系人是宋某淮。

C公司是湛江市一住宅楼项目的开发商。2009年7月18日,C公司(发包方)与湛江D公司(承包方)签订《载体桩基础工程施工合同》,约定:住宅楼项目的地基处理采用北京A公司专利技术"载体桩";湛江D公司承包该载体桩工程,单根桩包干费2480元。后湛江D公司将该工程交由宋某淮具体施工,其收取1%的管理费。2009年12月22日,C公司法定代表人杨武升与宋某淮签订《工程结算书》,确认:涉案工程实际完成桩数1224根,2000元/根,总价2488000元。

宋某钢认为湛江D公司、宋某淮和C公司未经其许可,在上述涉案工程中使用了本案专利,已构成侵权。故向法院提起诉讼,请求判令:①湛江D公司、宋某淮和C公司立即停止侵权行为;②湛江D公司、宋某淮和C公司连带赔偿宋某钢经济损失100万元(含调查费、律师费等)。

宋某淮确认在涉案工程中使用了涉案"混凝土桩的施工方法"发明专利,但主张是得到北京A公司的授权。为证明其主张,宋某淮提交了北京A公司出具的两份《特别授权》及其与该公司签订的《桩基内部施工协议》。两份《特别授权》的内容一致,均为:兹有宋某淮先生系我"载体桩"专利技术应用项目推广人,所承担的"广东湛江市某某商住楼"载体桩单体工程项目属专利技术推广示范项目。一份落款时间是2011年10月28日,另一份没有落款时间。《桩基内部施工协议》约定,宋某淮使用北京A公司的专利技术和资质、营业执照承揽地基基础工程施工,并按工程总造价5%交纳管理费;工程名称:广东廉江市某某商住楼,管理费金额:50000元。

宋某钢确认上述有落款时间的《特别授权》及《桩基内部施工协议》的真实性,但主张这是北京A公司在受到宋某淮蒙骗的情况下出具和签订的,为此提交北京A公司于2012年3月21日的《情况说明》予以证明。《情况说明》的内容是:宋某淮于2011年10月下旬来公司,声称代表北京A公司湛江代理人宋某钢,关于所承担的"广东廉江市某某商住楼"载体桩单体工程项目,要求公司将其列入专利技术推广示范项目,并给予特别授权。公司根据所反映的情况,在无法联系上湛江代理人的情况下,未对所反映情况进行核实,向其出具了一份"特别授权"书。但根据本公司与其代理人合同约定，公司代理人在其代理地区享有独家使用本公司专利技术、承揽工程项目的权利，因此该授权要在征得湛江代理人宋某钢的同意下才可使用。

宋某淮为证明宋某钢早在 2009 年 1 月就知道涉案工程使用涉案专利，提交了广东省廉江市人民法院（2011）湛廉法民初字第 1481 号民事判决书及该案第三人梁某某、毛某某提交的《授权委托书》。第 1481 号案是宋某淮向 C 公司主张拖欠的本案涉案工程款的案件。该案中，第三人梁某某、毛某某主张与宋某淮是合伙人、对涉案工程一起施工，并提交了内容为 2009 年 1 月 1 日宋某钢同意梁某某在涉案工程中使用"载体桩"专利的《授权委托书》予以证明。该《授权委托书》没有宋某钢的签名，落款处仅有一个手指印。该案中，宋某淮不确认与第三人梁某某、毛某某是合伙关系，不确认该《授权委托书》。第 1481 号判决也未认定宋某淮与第三人是合伙关系，未采纳该《授权委托书》。该判决因宋某淮上诉尚未生效。本案中，宋某钢再次不确认该《授权委托书》的真实性、合法性及关联性。

本案庭审中，宋某钢解释其在诉状中称"宋某淮在施工前曾明确向我方咨询过涉案专利技术"，是指宋某淮曾向其咨询有关专利实施许可方面的问题，但宋某淮没有提及涉案工程以及在涉案工程使用涉案专利。

另外，宋某钢确认涉案工程已经施工完毕。宋某钢主张应以《载体桩基础工程施工合同》约定的 2480 元/根，而不应以《工程结算书》的 2000 元/根计算侵权获利。宋某钢还主张每根成本是 500~600 元。宋某淮主张其是亏本推广，没有利润。C 公司主张每根成本是 1620 元左右，对此宋某钢表示可以参考。关于成本，上述当事人均未就其主张提交证据证明。

2）法院裁决

广州市中级人民法院认为，北京 A 公司是涉案"混凝土桩的施工方法"发明的专利权人。根据涉案《独家代理合同》，宋某钢从北京 A 公司取得在广东省湛江市行政区域独家实施涉案专利的权利，即除专利权人及宋某钢外，他人未经宋某钢许可均不得在广东省湛江市实施该专利。宋某钢的独家实施权应受法律保护。且根据涉案《独家代理合同》，宋某钢有权就侵权行为进行起诉。湛江 D 公司及宋某淮主张宋某钢不是本案适格原告，依据不足，不能成立。

第 2 章 专利许可的典型形式

宋某淮确认在涉案工程中使用了涉案专利。涉案工程位于广东省湛江市行政区域。根据查明事实及上面论述，宋某淮作为宋某钢涉案《独家代理合同》的联系人，应当知道宋某钢是涉案专利在湛江地区的独家实施权人，故其主张有权实施涉案专利，应当证明得到宋某钢的许可。但宋某淮未提交相应证据证明，而其提交的关于得到北京 A 公司许可的证据，显然不能证明这一点。故宋某淮的行为侵害了宋某钢对涉案专利的独家实施权。另外，涉案《载体桩基础工程施工合同》明确约定涉案工程采用北京 A 公司专利技术"载体桩"，故足以认定湛江 D 公司及 C 公司对宋某淮使用涉案专利的行为明知，三方已构成共同侵权。

关于诉讼时效的问题。宋某淮在广东省廉江市人民法院第 1481 号案中不确认与梁某某、毛某某是合伙关系，不确认他们提交的《授权委托书》，但在本案中却提交该《授权委托书》主张宋某钢已过诉讼时效，显然前后矛盾。另外，宋某钢对其诉状中称"宋某淮在施工前曾明确向我方咨询过涉案专利技术"已作合理解释。故宋某淮、湛江 D 公司及 C 公司主张本案已过诉讼时效，依据不足，不能成立。

综上，宋某淮、湛江 D 公司及 C 公司应对其共同侵权行为承担连带责任。涉案工程已经完工，宋某钢诉请宋某淮、湛江 D 公司及 C 公司立即停止侵权，已无必要。但宋某淮、湛江 D 公司及 C 公司应承担连带赔偿责任。关于赔偿数额，由于宋某钢的实际损失及宋某淮、湛江 D 公司及 C 公司的侵权获利均难以确定，原审法院综合考虑涉案专利的类型、侵权行为的性质和情节、宋某钢为制止侵权所支付的合理开支、涉案工程实际完成桩数 1224 根、2000 元/根，并参考 C 公司主张每根成本是 1620 元左右（宋某钢也表示可以参考），酌定为 50 万元。依照《中华人民共和国侵权责任法》第 8 条、第 15 条第 1 款第（6）项及《中华人民共和国专利法》第 11 条第 1 款、第 65 条的规定，判决："1、湛江市 D 公司筑工程公司、宋某淮、廉江市某某房地产开发有限公司于判决发生法律效力之日起十日内连带赔偿宋某钢人民币 50 万元；2.、驳回宋某钢其他诉讼请求。如未按判决指定的期间履行给付金钱义务的，应当依照《中华人民共和国民事诉讼法》第 253 条的规定，加倍支付迟延履行期间的债务利息。一审受理费人民币 13800 元，由宋某钢负担 3800 元，宋某淮、湛江 D 公司及 C 公司共同负担 10000 元。"

3）简要评析

专利排他许可的定义：指许可方许可被许可方在合同约定的期限、地区、技术领域内实施该专利技术的同时，许可方保留实施该专利技术的权利，但不得再许可被许可方以外的任何单位或个人实施该专利技术。

第一，关于宋某钢的一审原告主体资格。

原告具备专利排他实施许可权。根据《最高人民法院关于审理技术合同纠纷案件适用法律若干问题的解释》第 25 条第 2 款第（2）项的规定，专利权人与宋某钢签订的《独家代理合同》属于专利排他实施许可合同，宋某钢获得了本案专利在广东省湛江市的排他实施许可权，除专利权人外任何第三方要在该区域实施本案专利必须获得宋某钢的授权许可。

原告基于合同约定获得独立诉权。根据合同约定，在广东省湛江市发生专利侵权行为，由宋某钢提起诉讼制止侵权并主张赔偿。因此，宋某钢以其享有的专利排他实施许可权，可以作为本案一审原告提起诉讼。

第二，关于被告在湛江住宅楼工程中实施了侵犯本案专利的行为。

被告宋某淮实施了专利侵权行为。宋某淮明知宋某钢享有专利排他实施许可权，却在没有取得宋某钢授权许可的前提下，与专利权人签订专利普通实施许可合同，具有恶意。专利权人在明知宋某钢享有本案专利排他实施许可权的情况下，违反与宋某钢的合同约定，与宋某淮再签订专利普通实施许可合同，损害了宋某钢的专利排他实施许可权。

湛江 D 公司实施了专利侵权行为。根据 C 公司与湛江 D 公司签订的《载体桩基础工程施工合同》，C 公司是工程发包人，湛江 D 公司是工程承包人，双方约定地基处理采用本案专利技术。宋某淮与湛江 D 公司又签订《工程项目责任协议》，宋某淮成为以湛江 D 公司名义完成上述工程施工的实际施工人，湛江 D 公司则成为名义承包人。故湛江 D 公司与宋某淮构成共同侵权，应承担连带赔偿责任。

C 公司实施了专利侵权行为。C 公司与湛江 D 公司签订的《载体桩基础工程施工合同》已经约定工程需要使用本案专利，同时载明了专利权人的信息，C 公司也自认在上述合同签订前了解宋某钢在湛江地区独家代理本案专利的情况。C 公司没有核实梁某某是否确实作为合伙人与宋某淮共同承包工程，也没有向专利权人核实其对宋某钢的授权许可内容是否有变更，更没有核实梁某某、宋某准是否确实获得宋某钢的授权。C 公司的行为不符合一个谨慎、理性的经营者的行为标准，其未尽合理注意义务，主观上具有过错，已构成帮助侵权行为，应当与承包人湛江 D 公司和宋某淮承担连带赔偿责任。

第三，关于诉讼时效。

《最高人民法院关于审理专利纠纷案件适用法律问题的若干规定》第 23 条规定，侵犯专利权的诉讼时间为二年，自专利权人或者利害关系人知道或者应当知道侵权行为之日起计算。权利人超过二年起诉的，如果侵权行为在起诉时仍在继续，在该项专利权有效期内，人民法院应当判决被告停止侵权行为，侵权损害赔偿数额应当自权利人向人民法院起诉之日起向前推算二年计算。根据该条规定，即使专利权人或利害关系人在侵权开始时已经知道侵权事实，只要侵权行为一直持续，诉讼时效也应当自侵权停止之日起计算，但侵权赔偿数额则应当自权利人向人民法院起诉之日起向前推算二年计算。

由于被诉侵权工程至今仍在使用本案专利技术，因此诉讼时效起算的条件尚未满足。

第四，关于损害赔偿。

鉴于宋某钢因侵权受到的实际损失和侵权获利的具体数额难以查明，根据《中华人民共和国专利法》第 65 条的规定，侵权赔偿数额可以参照专利许可使用费的倍数合理确定。根据《最高人民法院关于审理专利纠纷案件适用法律问题的若干规定》第 21 条的规定，确定赔偿数额，有专利许可使用费可以参照的，人民法院可以根据专利权的类别，侵权人侵权的性质和情节，专利许可使用费的数额，该专利许可的性质、范围、时间等因素，参照该专利许可使用费的 1~3 倍合理确定赔偿数额。本案中，专利权人向宋某钢授权许可时收取的使用费是 8 万元加提成的方式，提成数额是桩基工程实际结算总产值的 3%；以本案的结算工程款进行计算，使用费合计 15.5 万元左右。综合考虑本案专利权的类别、侵权人明显存在侵权恶意、专利许可使用费的数额、专利许可的性质、范围和时间等因素，法院认为参考专利许可使用费 3 倍以及宋某钢为制止侵权应支付的合理开支，酌定 50 万元赔偿数额。

2.6.4 专利交叉许可典型案例及分析

1. 典型案例1：苹果 VS HTC 的交叉许可[①]

1) 案情简介

2012年11月11日，苹果公司与宏达国际电子股份有限公司（简称 HTC）之间的专利纠纷最终以专利交叉许可协议的方式告终，双方签署了长达10年的授权协议。两公司的 CEO 均对此事给予了高度评价，HTC 方表示，HTC 以后会将精力放在产品创新而不是官司上。从当初两家公司的矛盾激化到如今的握手言和，双方态度转变之快，不禁让人思考是什么样的诱惑让市场上拼杀得你死我活的竞争对手联合起来？专利交叉许可协议会给企业发展带来怎样的影响？

苹果公司与 HTC 均是世界著名的智能手机制造商，两家公司之间的专利战始于2010年3月，苹果首先起诉 HTC 的12款手机侵犯20余项与 IPhone 有关的专利权。在与苹果的专利较量期间，HTC 的销售业绩急剧下滑，损失惨重。2011年，HTC 发起反攻，声称苹果侵犯了 HTC 的专利，涉嫌侵权的产品包括 IPhone、IPad 等产品。双方攻守并举，仅2012年2月至10月，单一诉讼双方就向美国法院进行了62次文件攻防。过去两年中两公司一直针锋相对，且均为专利纠纷支付了高额的诉讼费。舆论分析认为，如果两家公司继续争斗，同为智能手机业界霸主的三星必然坐大。如今，峰回路转，两家公司签署授权协议，不仅结束了消耗人力、财力、物力的专利之争，而且成为技术上的合作伙伴，为双方在智能手机领域的研发扫清了侵权障碍。

2) 简要评析

专利交叉许可，是一种基于谈判的、在产品或产品生产过程中需要对方拥有专利技术的时候而相互有条件或无条件容许对方使用本企业专利技术的协议，其实质是双方以价值相等的技术，在互惠互利的基础上，相互交换技术的使用权和产品的销售权。实施交叉许可可以保证利益双方在技术开发中的设计和操作自由，防止出现专利侵权风险。在专利交叉许可的实施过程中，由于实施双方的专利组合价值不同，通常会产生专利价值平衡问题，处于劣势的公司需要向处于优势的公司支付一定的补偿，该补偿有时表现为金钱，有时则表现为将

[①] 参见张占江、容淦、张建升、谭南、李海丽、张华山：《苹果与 HTC 专利交叉许可引发的思考》，载《中国发明与专利》，2013年第2期，第6-8页。

自己某项核心专利技术无偿授让给对方。

就专利侵权纠纷而言，专利交叉许可协议的签署通常基于以下几种思路：

A、B两公司存在互侵专利权的现象，A起诉B侵犯其专利权，B做出反击，反起诉A侵犯B专利权，两家在争斗中两败俱伤，为了减少损失，双方提出和解，签署专利交叉许可协议，以实现在某些技术上的共享，实现双赢。

A处于优势地位，B公司侵犯A公司的专利权，为了避免败诉后遭受巨大的经济损失，B则主动提出以专利交叉许可的方式实现和解，而A接受和解的条件是将B掌握的某些关键专利技术无条件授让或许可A使用。

A、B两公司均是业界的领先者，各自掌握了所属技术领域的若干核心专利技术，为了防止各自在技术研究与开发中侵犯对方专利权的风险，或为了联合起来对抗另一竞争对手，或为了联合起来在本领域形成霸主地位，则双方会签署专利交叉许可协议，以强化各自的竞争力，实现共赢。

2. 典型案例2：LED产业专利交叉许可[①]

1）案情简介

全球LED行业的核心专利主要由5大厂商掌控，即日本的日亚化学、丰田合成、欧洲的飞利浦、欧司朗和美国的科锐。纵观这五大厂商的发展史，发现它们都较早地从事LED研究，并分别发展了重要专利技术，在自身专利技术方面具有垄断优势，形成了完整的LED产业链，有自己成熟的技术体系。

1993年，日亚化学成功地开发出可商业化的高亮度蓝光LED，它凭借蓝光LED基础专利的绝对技术优势，完全垄断了蓝光LED市场，掌握了90%的白光和蓝光LED基本专利。这个时期日亚化学运用独自发展的专利固守策略，态度强硬，拒绝与其他厂商专利许可，从而为其他厂商进入市场设下了专利障碍。而且藉由在化学工业领域长期研发的优势与专利保护策略，日亚化学还垄断了蓝光LED市场，造成蓝光LED价格居高不下，促使其他有生产能力和技术实力的厂商如丰田合成、科锐、欧司朗、东芝、松下、西门子等千方百计地进行蓝光LED的研发，打破蓝光LED的垄断格局。不同于日亚化学的独断专行，这些公司采取的专利策略是通过联合科研机构和公司来整合和利用资源，从而快速提升了技术实力和扩大了市场份额，然而这也为LED产业引向大规模专利纠纷

[①] 参见孟海燕：《LED跨国公司的专利策略及台湾LED产业的应对策略》，载《电子知识产权》，2005年第9期，第30-35页。

埋下了种子。

自1996年8月开始，LED产业全面进入专利诉讼混战时代。经过技术圈地运动之后，LED厂商拥有了各自的核心技术。为了维护各自的有利地位，LED厂商拿起手中的专利武器，开始在全球范围内主动出击对手，通过专利无效或诉讼的方式打击对手，抢夺竞争优势。这段时期的专利诉讼主要是以日亚化学为核心，在日亚化学与丰田合成、欧司朗、科锐、北卡罗来州立大学、罗姆和住友商事之间发生了数十起诉讼案。而科锐与住友商事、北卡罗来州立大学、罗姆之间存在着专利许可或战略伙伴关系，因此，LED产业的专利诉讼战就可理解为日亚化学与丰田合成、日亚化学与"科锐联盟"、日亚化学与欧司朗等几大厂商间的竞争。

自1996年8月开始丰田合成和日亚化学围绕着蓝光LED提出了数十起专利诉讼，堪称历史上最大规模的专利拉锯战。1996年丰田合成的氮化物高亮度LED产品在市场上刚推出时，日亚化学就向东京地方法院提起诉讼，指控丰田合成侵害其蓝光LED专利。丰田合成采取积极应对的措施，也于1997年8月向东京地方法院提出日亚化学侵犯专利。两家公司之间的专利诉讼交互进行，历时6年。前几年在日亚化学诉丰田合成侵权的案件中，日亚化学都大获全胜。但在2002年春季以后，丰田合成取得一系列的胜诉。因此，两家公司进入相持阶段。到2002年8月止，日亚化学共向丰田合成提出了8件侵权诉讼，被丰田合成提出5件侵权诉讼。此外，双方开展针对对方的专利无效运动，所提起的专利无效案有27件之多。

自1999年以来，围绕着蓝光LED，日亚化学与"科锐联盟"之间也发生了多起诉讼案，这些诉讼案都缘于对美国、日本LED市场的争夺。诉讼战始于1999年12月，日亚化学针对美国科锐在日本的经销商住友商事侵害其产品专利，向东京地方法院指控。2000年12月12日，科锐和日本半导体制造商罗姆公司通过签订五年的专属专利授权合约，组成了蓝光LED技术联盟。且罗姆于同年12月15日以日亚化学制造与销售氮化镓LED产品而侵害其美国专利US6084899与US6115399为由，向美国宾州东区地方法院提出指控，此案最终以日亚化学败诉告终。2001年5月，"科锐联盟"中的住友商事在东京地方法院做出的判决中胜诉，日亚化学的这一系列败诉给其凭借蓝光LED基础专利独占垄断的局面画上了句号。日亚化学与"科锐联盟"之间的专利争诉止于2002年

11 月，历时 3 年，共包括 9 件诉讼案，涉及 13 件专利。

但至 2002 年底这些令人注目的诉讼案件，皆以交互授权等和解方式收场。LED 厂商也一改过去的策略，都开始积极采取相互授权的方式，来回避专利问题，巩固垄断地位。2002 年 6 月日亚化学与欧司朗就 GAN 类发光元件的专利签订了交叉授权合同；2002 年 9 月丰田合成结束了与日亚化学持续了 6 年之久的专利侵害诉讼；2002 年 10 月日亚化学与飞利浦签订了交叉授权合同，同年 11 月与科锐达成和解，并签订了交叉授权合同。2006 年的一些专利事件也反映了授权合作这一趋势，欧司朗与安华高科技两家 LED 照明系统制造商相互诉讼侵权，最后两家宣布进行专利交互授权，欧司朗将同意安华高科技以欧司朗专利制造与销售白光 LED，而安华高科技则授予欧司朗其专利的使用权，以及投入液晶面板背光用的 LED 系统制造等权利。

2011 年 4 月 5 日，科锐与欧司朗签署了全面性的全球专利交叉许可协议，此项协议涵盖双方在蓝光 LED 芯片的技术、白光 LED、荧光粉、封装、LED 灯泡灯以及 LED 照明控制系统等领域的专利。科锐还与飞利浦、日亚化学、丰田合成达成 LED 技术专利协议。至此全球 LED 市场已形成以日亚化学与欧司朗两大厂商交叉授权或合作为重心的联盟阵营，LED 厂商实现了强强联合，从而巩固了垄断地位。

2）简要评析

随着 LED 发展成一项高新技术产业，LED 厂商之间的关系依次经历了专利技术圈地、专利诉讼混战、专利交互授权三个阶段，其发展历程带有鲜明的专利制度运用特点。五大厂商先是利用专利制度发起技术圈地运动，抢先占据了产业链中上游的核心利益圈；再拿起手中的专利武器，在全球范围内主动出击对手，通过专利无效或诉讼的方式打击对手，争夺竞争优势；最后通过专利交叉许可建立联盟，来巩固垄断地位。专利合作已成为 LED 产业的发展趋势。如今日亚化学、欧司朗、丰田合成、科锐、飞利浦五大厂商之间积极通过交叉授权关系，形成绵密的专利布局网络，构建坚固的专利壁垒。LED 行业专利雷区重重，上游所有的关键技术，几乎都被五大厂商垄断，给市场新进者带来了巨大的挑战。

2.6.5 专利分许可典型案例及分析

1. 典型案例1：药品专利池的分许可

1）案情简介

药品专利池组织（MedicinesPatentPool）由国际药品采购机构（UNITAID）发起和投资，2010年成立于瑞士日内瓦，国际药品采购机构的创立是为了扩大低收入国家人们获取艾滋病毒/艾滋病、组织疟疾和结核病治疗的机会。

2011年药品专利池开展一项计划，即药品专利持有人将其药品自愿许可给仿制药制造商，由该制造商随后为贫困国家患者生产出更加便宜的版本。据专利池组织的网站称，其目标是通过增加优质、安全、具有疗效、针对性并且价格低廉的药物（主要是HIV/AIDS药物）的获取，来改善中低收入国家人们的健康。

2011年，药品专利池与专利所有者百时美施贵宝公司、吉利德科学公司、罗氏公司、美国国家卫生研究院签署了关于8个抗逆转录病毒药物（ARV）和一种治疗HIV机会性感染的药物的协议。2014年7月17日，药品专利池宣布签署了七个新的生产治疗艾滋病毒（HIV）仿制药的分许可协议，这是为了使发展中国家能够获得更多的可支付药品。

上述分许可协议与阿扎那韦（ATV）和多替拉韦（DTG）的生产有关，包括药品专利池第一次与中国仿制药厂商迪赛诺（Desano）签署的协议。这使签署协议的仿制药生产商的总数由6家增加至10家。药品专利池执行董事格雷格佩里（GregPerry）在公告中表示："增加仿制药竞争最终将导致价格下降，进而增加国家治疗项目在他们的国家治疗更多人的可用性。"除了迪赛诺，其他签署协议的新公司有西普拉（Cipla）、迈兰公司（Mylan）和微软实验室。与阿拉宾度制药公司（Aurobindo）、劳勒斯实验室、艾姆科制药公司（Emcure）的合作得到了扩大。

MPP并没有公布有关哪些国家将受到影响的细节，但微软实验室的执行董事科萨里（NKKothari）曾说："我们希望尽快获得仿制药以增强非洲、亚洲和拉丁美洲数百国家的治疗选择。"

2014年底，药品专利池（MPP）宣布其与制药商AbbVie签署了一份生产更廉价更易获取的两种抗HIV药品的儿科剂型的许可协议。在世界艾滋病日宣布的这份协议旨在为携带艾滋病病毒的儿童提供更易获取且经济实惠的药品。

MPP称这份协议涉及的是世界卫生组织向儿童推荐的两种药物洛匹那韦（lopinavir）以及利托那韦（ritonavir）。MPP说："该许可将使其他公司和组织得以重新配方和生产专门为全球99%携带艾滋病病毒儿童所在的中低收入国家销售而特殊设计的洛匹那韦/利托那韦以及利托那韦儿童药物。"

MPP与AbbVie签订的这份许可协议涉及102个国家，其中65%被划分为中等收入国家。MPP说："该协议中的规定允许在AbbVie不持有专利的国家，如AbbVie撤消了对上述两种药物专利申请的印度，生产和销售上述药物的仿制药。"

2016年1月，药品专利池宣布首轮与四家仿制药制造商达成了分许可协议[①]。允许它们为112个中低等收入国家生产和提供百时美施贵宝公司的丙肝治疗药物达卡他韦（Daclatasvir）的仿制药。西普拉制药（Cipla）、熙德隆制药（Hetero）和艾姆科制药（Emcure）都在上述分许可协议的名单中。这些仿制药制造商已与药品专利池合作生产过治疗HIV的抗逆转录病毒药物的仿制药。

在第一轮签署了非独占免费许可协议的公司中，印度的纳特科制药（Natco）公司是很受欢迎的新伙伴。药品专利池很快将宣布第二轮的达卡他韦分许可协议，现在正在评估其他仿制药公司的申请。在12周的疗程中，达卡他韦与索非布韦（sofosbuvir）结合服用能100%治愈丙肝，当然这取决于病人的肝脏的初始条件。

2）简要评析

由上述一系列的举措可以看出，MPP自2010年成立以来，从促进生产治疗HIV抗逆转录病毒药物的仿制药，开发、生产和销售低成本儿童版的抗HIV药物，发展到许可治疗肺结核和丙肝的药物，MPP促进专利持有人将其药品自愿许可给仿制药制造商，随后由该制造商为贫困国家患者生产出更加低成本的药物。

2. 典型案例2：国家核电AP1000技术分许可

1）案情简介

2011年4月26日，国家核电技术公司（以下简称"国家核电"）与中国

[①] 编者："药品专利池与四家仿制药公司达成分许可协议"，载《电子知识产权》2016第2期，第5-6页。

一重、中国二重、东方电气集团、哈电集团、上海电气、中船重工等10家装备制造集团所属22家指定用户签署了AP1000三代核电技术分许可协议。国家能源局、国家核电技术公司、美国西屋公司、韩国斗山重工、美国EMD公司等技术转让方相关领导出席了签字仪式。

该协议的签订标志着国内骨干装备制造企业正式获得了AP1000技转文件的使用权，并可进行AP1000主泵、反应堆压力容器、蒸发器、爆破阀等核岛关键设备的设计和制造。这是中国三代核电实现装备国产化迈出的关键一步。引进工作进展顺利，国家核电有关人员表示，引进AP1000三代核电技术，统一技术路线，实现核电自主化发展是党中央、国务院做出的重大战略决策。此协议的签署，有利于调动装备制造企业的积极性，确保AP1000非能动核电技术能顺利、全面、完整地消化吸收和技转合同顺利执行。对提高我国核电自主化能力、早日实现我国三代核电技术的自主化，推动我国核电事业安全高效发展，加快我国能源结构调整具有重要意义。

此协议的签署，是国家核电技术公司按照国务院确定的"公平、有偿共享"的原则，在政府部门的领导下，继与中国核工业集团公司、中国广东核电集团公司就AP1000核岛设计任务包达成分许可协议后，又一次与国内企业签订AP1000技转分许可协议。

2）简要评析

回看历史，20世纪的火电机组引进对中国当今的能源安全及发电设备的自主化起到了关键作用，虽有不完美之处，但功不可没。通过"引进—消化—吸收—再创新"的过程，目前中国已经成为世界最大的火电设备生产商，并掌握和引领了当今该领域的最先进技术。而相比之下，自2007年开始对世界最先进的第三代核电技术的引进更为全面和深入。当年7月24日，国家核电技术公司经国务院授权，代表国家作为唯一受让方与美国西屋公司等6家国外转让方签订了一揽子5项技术转让合同，全面引进AP1000三代压水堆核电技术。5项技转合同以34个技转任务包形式，涵盖了核岛设计、关键设备制造、工程项目管理、运行维护等四大技术领域。

其中，设备材料制造技术引进包含了AP1000反应堆主要设备（压力容器、蒸发器等）、主泵、爆破阀、反应堆核燃料装卸机、安全壳环吊等，其涉及之全面前所未有，堪称对我国核级装备制造业的一次"再造"。从国家核电提供给中国工业报记者的一份长长的"AP1000三代核电技术装备制造业分许可协议签署单位名单"来看，其囊括了中国最为重要的10家装备制造集团所属22家骨干企业，他们是中国制造的核心力量，是振兴中国装备业的希望所在。而此次世界最先进三代核电的技术引进，给他们带来的是前所未有的机遇与挑战。在世界先进制造企业的帮助下，在更高层面、更严格标准的要求下，这些企业的成长将是一次意义非凡的跨越。

第 3 章　专利许可的业务操作流程

3.1　专利许可标的的选择

3.1.1　专利许可标的的概念及类型

1. 专利许可标的的概念

标的，按照《现代汉语词典》的解释：①靶子；②目的；③指合同当事人双方权利和义务共同指向的行为，如货物、劳务、工程项目等。

根据我国《合同法》的语境，关于"标的"学说，大致有四种主张。其一，"行为说"，主要基于债权的核心是请求权，即请求他人为一定行为或不为一定行为；其二"客体说"，认为"标的"即"客体"；其三"对象说"，即当事人权利义务指向的对象；其四"人身说"，即标的是债务人的人身。专利许可合同是一种特殊的知识产权合同，受我国《合同法》调整，但专利许可合同不同于《合同法》中专章规定的"技术合同"，其标的是专利权，是一种知识财产，是一种和"物"一样，独立于人之外的财产。而技术合同的标的，既可以是"技术"，也可以是人的行为。我国《合同法》第345条规定："专利实施许可合同的让与人应当按照约定，许可受让人实施专利，交付实施专利有关的技术资料，提供必要的技术指导。"因此专利许可合同中，也可以约定许可方有相应的技术资料交付和技术指导提供，但主要还是专利权的相关权能的许可使用。所以，该许可合同的标的，宜采用"对象"说。

专利许可的标的，主要是指许可方和受让方根据协议相互履行许可专利实施义务的特定对象，以及相应的辅助使用的行为。

2. 专利许可标的类型

专利许可标的的选择，主要取决于许可方和受让方就技术实施中所涉及的相关权益进行协商。可以是发明、实用新型、外观设计中的一项或者多项专利权，也可以是一项专利权的所有财产权益（排除与人身相关的发明人署名权），也可以是几项权益。主要从技术的产业化、市场化等经济效益角度进行考虑。

《专利法》第 11 条规定："发明和实用新型专利权被授予后，除本法另有规定的以外，任何单位或者个人未经专利权人许可，都不得实施其专利，即不得为生产经营目的制造、使用、许诺销售、销售、进口其专利产品，或者使用其专利方法以及使用、许诺销售、销售、进口依照该专利方法直接获得的产品。"

"外观设计专利权被授予后，任何单位或者个人未经专利权人许可，都不得实施其专利，即不得为生产经营目的制造、许诺销售、销售、进口其外观设计专利产品。"

《与贸易有关的知识产权协定》（以下简称 TRIPS）第 28 条第 1 款规定："如一专利的客体是产品，则防止第三方未经所有权人同意而进行制造、使用、标价出售、销售或为这些目的而进口该产品的行为；如一专利的客体是方法，则防止第三方未经所有权人同意而使用该方法的行为，并防止使用、标价出售、销售或为这些目的而进口至少是以该方法直接获得产品的行为。"

由此，"实施专利"的行为共有五种具体的实施方式：制造、许诺销售、销售、使用和进口。这是专利权人可以实施的财产权利。在许可协议中，被许可的专利包括了禁止他人制造、使用、销售、许诺销售，或者进口专利发明等权益。一项专利许可中，被许可的专利权不需要准确地对应于专利权的某一项权益，只要被许可的权利与我国专利法所规定的独占权的范围大体一致就可以。许可的期限受制于专利权自身权利有效期，以及专利许可合同的约定。

3.1.2 专利许可标的的种类

专利许可的标的是各类可以实施的"专利权"，包括发明专利、实用新型专利、外观设计专利。

1. 发明专利

1) 发明专利的定义

我国《专利法》第 2 条第 2 款规定，发明，是指对产品、方法或者其改进所提出的技术方案；其中，方法发明包括操作方法、制造方法、工艺流程等的技术方案。

2) 发明专利的特征

第一，发明的技术特征。发明是一项能够被重复实施的新的技术方案，《审查指南》中对技术方案的进一步解释为："技术方案是对要解决的技术问题所采取的利用了自然规律的技术手段的集合。技术手段通常是通过技术特征来体现的。"例如，产品技术解决方案的技术特征可能涉及产品的材料、零部件、产品的形状、产品的组成成分等，制造产品的技术解决方案则会涉及制造产品的工艺、流程及制造环境的温度等。《专利法》中的发明并不要求是技术本身，只要求是技术方案即可。

发明还是利用自然规律的技术和创新。一方面，发明是利用自然规律的结果。自然规律是指不经人为干预，客观事物的自身运动、变化和发展的内在必然联系，也可以称为自然法则。另一方面，一项发明能否被应用于生产过程或工程活动，还取决于它是否能够纳入已有的技术系统或引起已有技术系统的革新，以及资金、设备、人力、材料、管理和市场诸多方面的因素。

第二，发明的法律特征。我国专利法上发明的内涵是对人类社会经济建设某一技术领域中某一具体问题提出的新的、先进的、非显而易见的解决方案。发明的法律特征体现在被称为发明的技术方案不能自动成为专利保护的客体或者说不能自生成起就获得专利法的保护，只有经过专利主管机关审查后，确认其具有能够获得专利法保护的条件才能具有法律意义上的专利权。总之，技术上的发明要成为法律上的发明必须符合一定的法律条件。法律条件一方面要从发明是否具有新颖性、创造性和实用性来看，另一方面要从发明不能违反法律、社会公德和公共利益，并且不属于法律规定的不授予专利权的发明的情况来评判。

3) 发明专利的种类

关于发明的种类，基本上可分为产品（制品）发明、方法发明两大类。根据我国专利法第2条第2款规定，又可以把发明分为三类，即产品发明、方法发明和改进发明。

第一，产品发明。产品发明是指包括一切有形形式存在的物质，是人类通过创造性劳动生产的制成品或产品的总称。产品发明的成果或者物质是自然界中从未有过的，是智力劳动的成果，即人类利用自然规律作用于特定事物的结果。如果某物品完全处于自然状态下，没有经过任何人工加工或改造而存在，就不是专利法所规定的产品发明,不能取得专利权。产品发明范围包括有关生产物品、装置、机器设备的新的技术解决方案。产品发明是用物品来表现其技术方案的,诸如汽车、飞机等发明均属于产品发明。产品发明可以分为制造产品发明和新用途的产品发明;可以是一项独立产品的技术方案,也可以是产品某一部件的技术方案。产品发明专利权取得以后,专利权人有权在生产经营过程中,制造、使用和销售专利产品。任何人以营利为目的使用专利产品发明时,都必须得到专利权人同意。

第二,方法发明。方法发明是指利用自然规律,通过一定的手段和步骤解决某特定技术问题的发明。能够申请专利的方法通常包括制造方法和操作使用方法两大类。制造方法发明有产品制造工艺、加工方法等,操作使用方法发明有测试方法、产品使用方法等。方法发明可以是原创性,也可以是改进型的。改进型的方法发明是对已有的产品发明方法作出的实质性革新的技术方案。方法发明专利权取得以后,专利权人有权在生产经营过程中,制造、使用和销售专利产品。任何人以盈利为目的利用方法发明专利时,都必须得到专利权人的同意,并向专利权人支付报酬。

第三,改进发明。改进发明是发明专利的一种分类,在借鉴前人技术和经验的基础上,加上自己的贡献,形成一项新的成果或产品。改进发明是继首创发明之后诞生的发明,是对开创发明的改进,同首创发明一道更为彻底地解决技术问题,使首创发明的技术效果更好,如计算机操作系统中的DOS系统和Windows系统之间的关系。改进发明也是最新成果,但是价值相对差一些。

4)发明专利权的内容

我国《专利法》第11条第1款规定:"发明和实用新型专利权被授予后,除本法另有规定的以外,任何单位或者个人未经专利权人许可,都不得实施其专利,即不得为生产经营目的制造、使用、许诺销售、销售、进口其专利产品,或者使用其专利方法及使用、许诺销售、销售、进口依照该专利方法直接获得的产品。"依据此,可按照发明专利的基本分类分别阐述发明专利权的主要内容。

第一,产品专利享有的相关权利。产品专利权保护的内容是产品的组成结构及各结构相互之间的位置关系。产品专利既可以是发明专利,也可以是实用新型专利。严格来说,发明专利可以是产品专利,实用新型专利应当是产品专利。那么产品专利权保护的内容也是一类发明专利权的保护内容。产品专利权保护专利产品的制造、使用、许诺销售、销售和进口。

制造权是产品专利权人禁止他人未经许可而制造专利产品的权利。对于产品专利而言,生产者只要以生产经营为目的生产了某一产品,且该产品落入本专利的保护范围之内,就侵犯了专利权人的制造权。至于生产者的主观状态是故意、过失还是根本不知晓,都不做要求。由于认定专利侵权不要求被控侵权人有主观过错,那么生产者以"不知道该产品是专利产品"或"本产品生产技术为自行研发获得"等为抗辩理由则不能得到法律的支持。产品专利的制造权为其保护内容的绝对保护标准。

许诺销售权是销售者向购买者作出销售专利产品意思表示的行为。在专利权内容中的许诺销售权,使专利权人有权排除销售者未经许可而向购买者承诺销售专利产品的行为。销售者发出要约的行为自然是许诺销售行为。然而,对于销售者寄送产品价目表、发送宣传单等要约邀请行为是否属于许诺销售,是否排除在专利权人许诺销售权之外,学界有着不同的看法。有学者认为,要约邀请表达的意思不清楚、不明确,也有很大的可能达不成销售合同,因此,要约邀请不属于许诺销售的范围。也有学者认为,许诺销售是通过陈列、展出等方式作出销售商品的意思表示,因此应当将要约邀请包含在许诺销售的范围内。专利权内容中的许诺销售权应当将"禁止销售者对侵权产品销售发出要约邀请"包括在内。

销售权是产品在市场流通的重要权益。对专利产品的非法销售进行规制是产品专利权保护的重要内容,也是保护专利权人利益应有的举措。但是产品专利权中的销售权也有着特殊之处,在这里,销售权是指专利产品第一次销售时应当获得专利权人的授权。专利产品自首次销售后,对其继续的转卖交易不需获得专利权人的授权,即专利权"权利一次用尽原则"。未经专利权人许可销售其专利产品,即侵犯专利权。

使用权是产品专利权的一个重要内容,任何未经许可对发明、实用新型专利产品的非法使用都是侵权行为。在认定专利侵权时不要求行为人同时具有制造专利产品和使用专利产品的行为。换言之,即使未经许可使用的专利产品不是使用人制造的,那么使用人仍然构成专利侵权,并应当承担相应的法律责任。

在认定专利侵权时不要求行为人有主观过错，即使是善意取得未经许可制造的专利产品，只要具有使用行为的也构成专利侵权。善意取得并使用未经许可制造的专利产品的，能证明该专利合法来源的，可以不承担赔偿责任，但应当承担停止侵权等其他责任。

进口权是指某国专利权人禁止他人未经其许可而将来源于外国的该产品进口到国内的权利。将制造地转移到劳动力和资源价格较低的国外是制造商的惯用手段，因此进口权的规定很有必要。而且，若不对进口权加以规定，会给侵权人留下通过进口而规避制裁的法律漏洞，将对本国专利权人的利益带来极大损害。由于专利权地域性的存在，还需注意进口权中的平行进口问题。专利平行进口是指专利权利人授权在国外生产的，并合法地使用专利权的产品，未经权利人允许而进口到国内市场，与权利人或其独占被许可方的国内相同产品进行竞争的行为。在外国合法出售的专利产品进口到本国虽然应当经过专利权人的进口许可，但是由于该专利在外国和本国的专利权人为同一人，这样规定扩大了专利权人的权利范围。同时，对已经售出的专利产品再次许可也多有不便。我国专利法将平行进口规定为"不视为侵犯专利权"的情况。

第二，方法专利享有的相关权利。保护新方法的专利是方法专利，专利法对于方法专利也有着更高的创造性要求。方法专利包括产品的制造方法、使用方法、控制方法、测量方法以及其他方法。从我国《专利法》第2条规定可看出，方法专利只能为发明专利，方法专利为发明专利的重要内容。方法专利权的保护内容为专利方法的实施，以及利用专利方法直接获得的产品。方法专利的保护范围也体现了对它的延伸保护的特点。人们在生活中所常见的是已经成为商品的专利产品，而不是专利方法的实施过程。实际上，专利方法包含制造产品的专利方法，那么实施制造方法的行为就是制造产品的行为。若只保护专利方法的实施，而不保护由专利方法实施而直接生产的产品，那么专利权人只能追究未经许可实施该专利方法的制造者的侵权责任，而对因此侵权直接产生的产品的使用、销售、许诺销售、进口等行为无法进行追偿，这显然是不合理的。

第三，专利权共有人的权利。共同拥有专利权的人为专利权的共有人。共有人对所共享的专利权享有相应的民事权利。一个共有人可以不经过其他共有人同意，制造、使用、许诺销售、销售、进口专利产品或者实施专利方法，并且共有人的任何一个均有权在其他共有人不同意或者不知情的情况下以普通许可的方式许可他人实施该专利。对于排他许可或者独占许可的授权，必须要经过全部共有人的一致同意。共有人许可他人实施该专利所收取的许可使用费，应当在共有人之间分配。

第四，标记权。标记权是专利权人在专利产品上及专利产品包装上标明专利标识的权利。当然，专利权人选择不作任何标识，产品依然受到专利法保护。生产者会倾向于尽量在专利产品及其包装上标注专利标识，以吸引消费者购买。同时，标识应当采用国务院专利行政部门规定的专利标识。无专利权的情况下在产品上标注专利标识的行为是假冒专利行为。

2. 实用新型专利

1）实用新型专利的概念

我国《专利法》第2条第3款规定：实用新型是指对产品的形状、构造或者其结合所提出的适于实用的新的技术方案。实用新型专利的创造性和技术水平较发明专利低，但是实用价值大，有"小发明""小专利"之称。

根据法律规定的实用新型的定义，可以看出实用新型专利权保护的对象是产品、产品的形状、产品的构造，不涉及方法、物质等。实用新型保护的产品是经过工业方法制造的、有确定形状且占据一定空间的实体。产品的形状是指其自身具有的一种空间形状，是能够从外部观察到予以确定的。对产品的形状提出的新的技术方案既可以是针对其二维形态的改进也可以是针对其三维形态的改进。产品的构造是指组件或部件的有机联结或结合，反映了产品或产品部件之间在技术特征上和性能上的相互关系，即实用新型专利指的产品构造是指产品的各个组成部分的安排、组织和相互关系。产品的构造可以是机械构造，也可以是线路构造。

2）实用新型专利的特征

第一，实用新型专利在专利权审批程序上较简化，收费标准较发明专利低，但是其保护期限较短。

第二，实用新型是具有特定形状和构造的产品。

根据《专利法》第2条第3款的规定，实用新型保护的产品指向的是有确定形状且有一定空间形状的实体，事实上实用新型的保护对象排除了一切方法以及未经人工制造的自然界中已存在的物品。

对于产品的形状需注意几点：

(1) 不能把生物或自然形成而存在的形状作为产品的形状特征；

(2) 不能把用摆放堆积等类似方法形成的形状作为产品的形状特征；

(3) 产品的形状可以是在某种特定情况下所具有的空间形状；

(4) 允许产品的某个技术特征为无确定形状的物质。

不属于实用新型专利保护客体指向的是既改进产品的形状、构造特征，又改进材料本身。但是实用新型保护对象是产品的构造的，在其权利要求书中可以包含已知材料的名称。

3) 实用新型专利权的内容

根据实用新型专利的定义，严格来说，实用新型专利应当是产品专利。即产品专利既可以是发明专利，也可以是实用新型专利。那么产品专利权保护的内容也是实用新型专利权的保护内容。

3. 外观设计专利

1) 外观设计专利的定义

我国《专利法》第2条第4款对外观设计的定义作出了规定：外观设计，是指对产品的形状、图案或者其结合以及色彩与形状、图案的结合所作出的富有美感并适于工业应用的新设计。

2) 外观设计的特征

根据以上定义，国务院专利行政部门在其发布的《专利审查指南》对可作为外观设计专利应具有的特征作出阐释：外观设计的载体必须是作品；构成外观设计的是产品的形状、图案或者其结合或者它们与色彩的结合；外观设计能应用于产业上并形成批量生产；外观设计应该是一种富有美感的设计方案。

3) 外观设计专利权的内容

我国专利法保护的不是单纯的外观设计，而是与产品结合的外观设计。因此外观设计专利权的内容也应当属于产品专利权的保护内容，即实施或许可他人实施销售、使用等行为的权利。

根据《专利法》23条第2款规定，授予专利权的外观设计与现有设计或现有设计的特征组合相比，应当有明显区别。关于外观设计专利侵权近似性的判断，应当基于一般消费者的知识水平和认知能力，根据外观设计的全部设计特征，以外观设计的设计与产品结合的整体视觉效果进行综合判断。

4. 专利许可权能

发明专利权和实用新型专利权的权能包括制造权、使用权、许诺销售权、销售权、进口权；而外观设计专利权的权能则包括制造权、许诺销售权、销售权、进口权。专利权人可以根据自己的许可策略以及被许可人的许可需求、业务经营范围等情况，在许可合同中就被许可人可享有的具体权能进行明确约定。虽然表面上看上述的各项权能之间是相互独立的，被许可人只能享有专利权人明确授予的某一项或几项权能，无权享有其他未明确授予的权能。但是，司法实践表明情况可能并非如此，专利权人在授予某一项权能的时候，可能也同时将其他权能一并授予了出去。一般而言，如无特别约定，授予被许可人享有"销售权"，可能会暗含被许可人同时享有"许诺销售权"和"使用权"；对于方法发明专利权而言，授予被许可人享有"使用权"，可能会暗含被许可人同时享有"制造权"，也就是说，专利许可中会存在着默示许可的情况。因此，专利权人在对被许可人授予特定的权能时，需要对可能存在的默示许可情况有一定的预见能力。

3.1.3 专利许可标的组合

专利许可的许可标的通常是"专利包"或"专利组合"。一般而言，单个专利或者有限的几个专利，并不能够形成必要的专利壁垒，无法对潜在被许可人形成吸引力。因此，专利权人往往会针对某一特定的技术领域形成一个特定的包，将与该特定技术领域相关的内外围专利、基础专利、衍生专利进行捆绑打包，为了使专利包能够形成一个内闭的专利链，有时专利权人还需要从第三方手中购买专利链中所缺少的一件或者几件必要专利，从而增大其专利包的价值。[1]

有经验的专利权人在整合专利包之前，还会对其将要进行许可的技术领域的产业链进行调查，从而分析出其潜在的被许可人，并将潜在的被许可人进行分类，针对不同类的被许可人形成不同的专利包，并制定和实行不同的许可策略。例如，专利权人许可的技术领域是移动通信技术，而在这一技术领域中至少可以划分出三类潜在的被许可人，分别是移动通信终端厂商、基站厂商以及

---

[1] 于海东：《专利许可合同主要条款的起草与审核》，载《中国发明与专利》，2016年11期，第76页。

移动通信运营商。针对移动通信终端厂商，专利权人可以将与移动通信接收端技术整合成一个专利包，而针对基站厂商，专利权人可以将与移动通信发射端技术整合成另一个专利包。这样做的目的在于，专利权人针对上下游厂商中的某一层面厂商的许可，并不会必然导致其他层面的厂商也自然获得许可，也就是并不必然导致专利权用尽，从而可最大化实现其专利价值。

3.2 专利许可标的的价值评估

3.2.1 专利许可标的价值评估在专利许可中的作用

专利许可费用条款是专利许可合同中最为重要的条款，专利权人对外进行许可的主要目的可能就是获得许可费收益，许可费条款是其目的的最直接体现。我国《专利法》第12条规定，任何单位或者个人实施他人专利的，应当与专利权人订立实施许可合同，向专利权人支付专利使用费。许可费的评价因素主要是许可标的自身的价值、产品销售率、市场份额、费用节余以及出售相关产品的附带受益等。

专利许可中的许可费用的确定，主要依靠专利实施合同双方当事人根据知识财产的经济效益和社会效益、产业化程度等因素，协商而成。我国《合同法》第325条规定：技术合同价款、报酬或者使用费的支付方式由当事人约定，可以采取一次总算、一次总付或者一次总算、分期支付，也可以采取提成支付或者提成支付附加预付入门费的方式。约定提成支付的，可以按照产品价格、实施专利和使用技术秘密后新增的产值、利润或者产品销售额的一定比例提成，也可以按照约定的其他方式计算。提成支付的比例可以采取固定比例、逐年递增比例或者逐年递减比例。约定提成支付的，当事人应当在合同中约定查阅有关会计账目的办法。《财政部、国家知识产权局关于加强知识产权资产评估管理工作若干问题的通知》（财企［2006］109号）中规定了九种情形必须要进行知识产权评估，其中第七种规定：国有企业以知识产权许可外国公司、企业、其他经济组织或个人使用，市场没有参照价格的，必须要进行知识产权评估。可见，除了国有企业专利技术涉外许可必须要进行评估以外，其他种类的专利许可中，评估不是确定专利许可费的必要程序，但因为其评估结果的专业性和科学、权威性，合同双方当事人可以因此协商出双方都能接受的价格，是许可费的重要依据。

3.2.2 专利价值评估

1. 专利评估的机构

知识产权评估应当依法委托经财政部门批准设立的资产评估机构进行评估。资产评估机构从事知识产权评估业务时，应当严格遵循有关的资产评估准则和规范。在评估过程中，要考虑知识产权的特殊性，科学、客观地分析知识产权预期收益的可行性和合理性。

资产评估机构在执行知识产权评估业务时，可以聘请专利、商标、版权等知识产权方面的专家协助工作，但不能因此减轻或免除资产评估机构及注册资产评估师应当承担的法律责任。

专利评估在中国起步较晚，这里主要介绍几家提供专利评估服务的服务机构。这些服务机构各有特色，可以分别满足不同的市场主体的需求。[①]

1) 中国技术交易所

该机构是由北京产权交易所有限公司、北京高新技术创业服务中心、北京中海投资管理公司三家机构发起成立的技术交易市场。中国技术交易所在2012年在全国率先编制并出版发行了《专利价值分析指标体系操作手册》，从法律价值度、技术价值度、经济价值度等3个维度对专利进行价值分析。该机构可以为企业用户出具《专利价值分析报告》，也可以培训企业掌握指标体系后自行开展专利价值分析工作。该服务机构的优势是技术体系辐射广，影响大，善于对海量专利做系统性整体分析。

2) 北京连城资产评估公司

该机构是一家以无形资产评估为特色的资产评估机构，其业务人员除资产评估师外，还有一部分是曾经从事过专利代理业务和审查业务的专业人员，因此对专利评估过程中的专利价值分析，要比传统资产评估公司做得都好。该机

---

① IPRdaily 的博客：《中国企业专利评估现状调查》，http://blog.sina.com.cn/s/blog_e0f474c10102wfyc.html，最后访问日期：2017年5月2日。

构的优势是公司成立时间较早，有一定市场影响力，能够把专利特点和资产评估技术结合起来，引入一定程度的专利价值分析，用资产评估的方法出具评估报告。

3）北京中金浩资产评估有限责任公司

该机构是一家以知识产权资产评估为特色的资产评估机构，该机构除知识产权资产评估外，还可以协助客户开展专利质押融资业务，并对品牌资产评估形成一套独特的估值方法。该机构的优势在于成立十年来，先后成立了知识产权研究中心、中国知识产权在线、中福华会计师事务所有限公司等全产业链服务体系。

4）上海必利专利评估技术有限公司

该机构是一家注册于上海市知识产权园，专业从事专利价值分析和专利评估的专业服务机构。该机构的专利评估技术体系是由"专利评估基础理论""专利价值变量分析标准""专利评估模型和算法""专利评估流程"4个技术核心组成，是典型的价值分析和估值运算相结合的技术体系。必利与国内多家资产评估公司合作，可以为客户出具既满足专业要求，又满足资质管理，可以适用于多种场合的专业评估报告。必利公司还简化了评估模型和算法，开发出可以在线对专利进行评估的软件"专利宝"，方便用户自行对专利开展分析和评估。

2. 专利评估准则规范

专利资产评估准则规范包括与专利资产评估相关的法律、部门规章、管理办法、指南等。这些规范是对我国专利资产评估机构和评估人员从事资产评估行为规范管理的重要依据，对规范、管理我国的专利资产评估工作具有十分重要的作用。

（1）《资产评估准则——无形资产》（财政部颁发财会［2001］1051号文）。

（2）《中国注册会计师协会关于印发<注册资产评估师评估对象法律权属指导意见>的通知》（会协［2003］18号）。

（3）《资产评估准则——基本准则》和《资产评估职业道德准则——基本准则》（财政部颁发财企［2004］20号）。

（4）中评协［2008］217号关于印发《资产评估准则——无形资产》和《专利资产评估指导意见》的通知（财政部颁发财企［2004］20号）。

(5)《中华人民共和国专利法》。

(6)《中华人民共和国专利法实施细则》。

(7)《中华人民共和国合同法》。

(8)《中华人民共和国反不正当竞争法》。

3. 评估方法

注册资产评估师执行无形资产评估业务，应当根据评估目的、评估对象、价值类型、资料收集情况等相关条件，分析收益法、市场法和成本法三种资产评估基本方法的适用性，恰当选择一种或者多种资产评估方法。

(1) 收益法。收益法又称现值收益法、利润预测法。收益法是指通过估测被评估专利未来预期收益的现值来判断专利资产价值的评估方法，它服从资产评估中将利求本的思路，即采用资本化和折现的途径及其方法来判断和估算资产价值。应用收益法评估专利资产价值需要具备三个基本条件：①被评估专利的未来预期收益可以预测并可以用货币衡量；②专利权拥有者获得预期收益所承担的风险也可以预测并可以用货币衡量；③被评估专利预期获利年限可以预测。其基本公式为

$$V = \sum_{t=1}^{N} Rt(1+i)-t$$

式中　V——被评估资产的评估值；

Rt——第 t 年预期可得的净收益；

i——折现率；

N——被评估资产的经济寿命期；

t——年份。

基于如下原理：一项财产的价值等于它在未来给所有者的经济利润的现值。

虽然收益法在理论上能够反映专利技术的增值特性，也是目前公认的最佳价值评价方法，但来自技术、市场、竞争等多因素造成的高不确定性却成为采用收益法进行专利定价的主要障碍。

主要考虑的因素：

一是在获取的无形资产相关信息基础上，根据被评估无形资产或者类似无形资产的历史实施情况及未来应用前景，结合无形资产实施或者拟实施企业经营状况，重点分析无形资产经济收益的可预测性，恰当考虑收益法的适用性；

第3章 专利许可的业务操作流程

二是合理估算无形资产带来的预期收益，合理区分无形资产与其他资产所获得收益，分析与之有关的预期变动、收益期限、与收益有关的成本费用、配套资产、现金流量、风险因素；

三是保持预期收益口径与折现率口径一致；

四是根据无形资产实施过程中的风险因素及货币时间价值等因素合理估算折现率，无形资产折现率应当区别于企业或者其他资产折现率；

五是综合分析无形资产的剩余经济寿命、法定寿命及其他相关因素，合理确定收益期限。

（2）市场法。市场法又称市场价格比较法或者销售比较法。市场法是指利用市场上同样或者类似资产的近期交易价格，经过直接比较或类比分析以估测专利资产价值的评估方法。市场法评估专利技术，需要两个基本前提：一是要有一个充分发育、活跃的公开资产市场；二是公开市场上要有可比的专利资产及其交易活动，即参照物及其与被评估资产可比较的指标、技术参数等资料是可以收集的。它是最直接、最简单的一种资产评估方法，主要是以现行价格作为标准，通过市场调查、选择与被评估资产相同或近似的已交易同类资产作为参照物进行差异化比较。在具体操作中，可以用市场法评估知识产权许可使用权。甲企业在先将某项专利许可给乙企业使用，而后又许可给丙企业使用时，其许可费的评估就可以参照乙企业的许可使用费。

对于技术上有较多相似性的专利权，市场法是一种简单易行的评估方法，但由于专利权的垄断性特征，很难在市场上找到与之相同或类似的参照专利权交易。此外，企业产权交易大多是在保密情况下进行的，相关交易数据不易获取。

需要考虑的因素有：

一是考虑被评估无形资产或者类似无形资产是否存在活跃的市场，恰当考虑市场法的适用性；

二是收集类似无形资产交易案例的市场交易价格、交易时间及交易条件等交易信息；

三是选择具有合理比较基础的可比无形资产交易案例，考虑历史交易情况，并重点分析被评估无形资产与已交易案例在资产特性、获利能力、竞争能力、技术水平、成熟程度、风险状况等方面是否具有可比性；

四是收集评估对象以往的交易信息；

五是根据宏观经济发展、交易条件、交易时间、行业和市场因素、无形资产实施情况的变化,对可比交易案例和被评估无形资产以往交易信息进行必要调整。

(3) 成本法。成本法又称重置成本法,是以重新建造或购置与被评估资产具有相同用途和功效的资产需要的成本作为计价标准。成本法是指首先估测被评估专利资产的重置成本,然后估测被评估专利已存在的各种贬损因素,并将其从重置成本中予以扣除而得到被评估专利资产价值的评估方法。采用成本法评估专利资产的前提条件为:首先,被评估专利资产处于继续使用状态;其次,应当具备可利用的历史资料;最后,形成专利价值的耗费是必须的。其计算公式为

$$V = C - d - e$$

式中　V——被评估资产的评估值;

　　　C——重置成本价值;

　　　d——功能性贬值;

　　　e——经济性贬值。

对于专利技术,由于其不存在的实体性贬值,所以上述公式可简化为

专利技术价值=专利技术的重置成本-功能性贬值-经济性贬值

=专利技术重置成本×(1-贬值率)

无形资产评估中借用成本法进行价值评估的主要思路是以现行市价为基础,评估重新购置或开发与被评估资产具有相同用途和功效的资产所需的全部成本。成本法的定价原则为重置原则,即以重复专利技术开发过程中的投入作为重置成本,并扣除其贬值因素从而确定专利技术的价值(成本重置法)。成本法未考虑专利特有的垄断性和潜在增值性,因而将低估专利价值。因此,在实际应用中,通常采用增加专利技术带来的收益项或利润项、引入技术开发的风险性/复杂性/创造性等修正系数,对成本重置法进行改进,相当于将成本法与收益法结合起来进行专利价值评估。成本法在知识产权评估中,在权利人确定最低出售价格时可以发挥积极作用,可以用来确定最低销售价。

主要考虑的因素:

一是根据被评估无形资产形成的全部投入,充分考虑无形资产价值与成本的相关程度,恰当考虑成本法的适用性;

二是合理确定无形资产的重置成本，无形资产的重置成本包括合理的成本、利润和相关税费；

三是合理确定无形资产贬值。

注册资产评估师对同一无形资产采用多种评估方法时，应当对所获得各种初步价值结论进行分析，形成合理评估结论。

4. 评估程序

专利评估程序包括法定程序和具体操作程序。专利资产属于一种无形资产，应该遵守有关资产评估的工作程序。我国的资产评估基本程序由其政府或者资产评估行业加以规范，由政府或立法机构颁布执行的资产评估工作程序就称为法定的资产评估程序。我国于1991年发布的《国有资产评估管理办法》所规定的评估程序，非国有资产评估工作参照执行。2001年财政部又制定了《国有资产评估项目核准管理办法》及《国有资产评估项目备案管理办法》，对国有资产评估管理工作影响很大，对非国有资产评估没有太多影响。[①]

目前国有资产评估程序包括委托评估、资产清查、评定估算、核准或备案。非国有资产评估程序中不包括核准或备案。

表 3-1 法定评估程序与具体操作程序关系

序号	法定程序	具体操作程序
1	委托评估	项目接洽
		签订评估业务约定书
2	资产清查	组织落实并制定评估方案
		资产清查与资料收集
3	评定估算	确定专利资产所处阶段
		选择评估办法
		评定估算
		提出评估报告书
		评估工作底稿
		评估机构内部审核
		评估报告的递交及存档
4	核准或审批	核准或审批

---

① 刘伍堂：《专利资产评估》，北京：知识产权出版社，2011年版，第164页。

3.2.3 专利许可费的计算

1. 专利许可费的概念

技术的价格是指技术受方取得技术使用权所愿意支付的、供方可以接受的使用费的货币表现。通常称技术的价格为"技术使用费",进而,专利技术的价格称为专利许可费。

在实际贸易中,由于技术供方、受方对于专利许可费估定的出发点不同,双方各自根据各自的原则制定拟收取或支付专利许可费的基本标准,再进行磋商。

2. 技术供方估定的专利许可费

专利技术供方估定专利许可费时通常考虑以下因素:

(1) 许可的直接费用。直接费用是指为进行某项技术的许可,在许可前、许可过程中、合同签订后供方需垫付的费用,是可以根据开支的各个项目比较准确计算出来的费用。专利技术许可的直接费用一般包括以下内容:

① 基本费用:基本设计、生产流程、维修保养方法、质量控制规程、试验方法等合同所需的全部技术资料编制费。

② 特别设计费:为满足技术受方的特殊要求,修改基本设计所支出的费用。

③ 技术文件费:纸张、人工的费用。

④ 派遣专家进行技术座谈等所需的费用。

⑤ 受方人员到供方工厂考察、培训等所支付的费用。

⑥ 技术服务费:为使受方掌握技术,供方从事技术服务和技术指导的费用。

⑦ 供方的机动系数。

(2) 沉入成本(或称开发费用)。供方在考虑专利许可费时,一般并不强调研制专利技术的费用问题。因此沉入成本在专利许可费中可以忽略不计。

(3) 机会成本。机会成本的大小取决于供方对销售市场前景的估计,因此,机会成本只是对各种代替值的估计,伸缩幅度很大,对专利许可费的影响也是有限的。

(4) 对技术受让方所获得的利润的估计。受方可能获得利润是决定专利许可费总量的最关键因素。

(5) 其他因素。除上述因素外,技术供方估定专利许可费时可能还会考虑:

一是技术生命周期。在技术生命周期的三个不同阶段，其技术价值是不一样的。通常，发展阶段和衰老阶段的技术价值低，其使用费自然也低；成熟阶段的技术价值高，供方索取使用费也高。二是所属部门的利润率水平。三是技术供方间的竞争。

综上所述，技术供方估定专利许可使用费的上限为直接费用、利润分成、沉入成本、机会成本之和；下限为直接费用和利润分成之和。

3. 技术受方估定的专利许可费

（1）自身开发拟引进专利技术的成本。

（2）估算新增利润。技术受方愿意支付多少专利许可费关键是利用引进技术后能带来多少新增利润。

（3）对技术本身的了解和估计。主要了解：技术的法律状态、技术所处的生命周期阶段。

（4）有无可供选择的技术来源。

（5）间接成本。技术受方考虑到引进专利技术后的间接成本，即消化吸收、设备改造和职工培训等费用。

根据以上因素，技术受方支付专利许可费的上限为开发成本、预期新增利润、竞争价三者中的最低数额；下限为技术供方转让技术的直接费用。

4. 专利许可费的支付方式

目前，技术许可交易中专利许可费的支付方式主要采用以下几种方式：

（1）总付方式。总付方式是指技术供方和技术受方谈妥一笔固定的金额，由技术受方一次或分次付清。

（2）提成费支付方式。提成费支付方式是指技术受方利用引进技术开始生产之后，以经济上的使用或效果作为函数予以确定，并按期连续支付。计算提成费的基础主要有三种：按产品的单位或者数量计算、按销售价计算、按利润计算。按利润计算提成费是指技术受方从利用引进技术生产产品所获得新增利润中提取一定比率计算提成费。

（3）入门费与提成费结合的方式。入门费，又称初付费，是指合同签订后若干天内或收到第一批资料后若干天内先支付一笔约定的金额。入门费与提成费结合的方式是指先付入门费，以后再按规定的办法支付提成费。这种方式实质上就是提成支付，入门费实质上就是预付提成费。

5. 确定许可费的方法

专利许可费用条款是专利许可合同中最为重要的条款，专利权人对外进行许可的主要目的可能就是获得许可费收益，许可费条款是其目的的最直接体现。专利许可费用的支付方式一般包括两种：一种是一次性付费；另一种则是根据实际生产或销售情况的持续付费。

一次性付费方式需要被许可人能够一次性地将许可费结清，这对被许可人的资金支付能力要求比较高。但是，该种方式对被许可人也有有利的一面，体现在：被许可人无需定期对其生产或销售情况向许可人进行报告，同时也减少了因提交专利使用情况报告而带来的额外开支以及因许可人入场进行生产或销售情况审计而对其生产经营活动所带来的不利影响。但是，一般只有在小规模的专利许可项目中，或者是一次性付费方式相对于根据实际生产或销售情况的持续付费方式明显更经济的许可项目中才会采用一次性付费，实践中发生更多的则是根据实际生产或销售情况的持续付费。

根据实际生产或销售情况的持续付费方式又存在两种类型，其一是被许可人周期性地（通常是按季度）向许可人报告专利使用情况，并根据产品的实际生产或销售情况以销售额的一定比例或者固定许可单价向许可人支付许可费。必要时，许可人会委派专业的会计审计机构入场进行审计，即滑动持续付费；另一种则是许可人与被许可人约定，被许可人按照某一确定的生产或销售数量以销售额的一定比例或者固定许可单价周期性地（通常是按季度）向许可人支付许可费，即固定持续付费；一般情况下，许可人和被许可人会以许可合同签订之前被许可人某一特定时期（通常是许可合同签订之前的前一个会计年）实际发生的生产或销售数量为准，被许可人只需要在许可合同有效期内（比较常见的是3年或者5年）按照这一生产或销售数量向许可人支付许可费即可。这种方式避免了后续的专利使用情况报告以及会计审计工作，对于许可人和被许可人都比较有利。实践中，如果被许可人的生产或销售情况存在逐渐向好的预期时，被许可人往往喜欢选择这种方式，同时，许可人也倾向于以这种方式吸引被许可人尽快与其达成许可合同。

关于专利许可费率，许多专利权人尤其是国外专利权人认为向被许可人收取产品销售价格的2%或者3%甚至是5%的许可费是合理的；也有国外专利权人固执地以向其他国外被许可厂商同样的许可费单价向国内厂商收取许可费，不管按照哪种方式向中国国内厂商进行许可收费，对于中国的产品制造商而言，这个许可费可能已经达到甚至超过了其产品的利润额。例如，对于中国的彩电厂商，其产品的市场售价只相当于国外厂商的一半或者多一些，售价几千元的智能电视，其利润只有几十元，若收费3%或者5%甚至是2%的许可费，都已经超过了其产品利润。实践中，也出现过许多由于许可人出价太高，远远超过被许可人的承受能力，而导致许可谈判破裂的情况。因此，许可人在制订许可费率的时候，需要获得许可产品的销售价格以及成本数据，从而决定其边际利润；预测如果被许可人单独进行产品开发，可能需要投入的时间、人力和资金等成本；如果发生诉讼被许可方可能支出的侵权赔偿金，但是专利许可费又不同于侵权赔偿金，因为经过实际协商而达成的许可费体现了由于专利有效性和侵权问题的不确定性而产生的一定的折扣。此外，许可人还需要考虑被许可人是否还存在向其他许可人支付许可费的可能，并根据这些调查情况，制订合理的许可费率。

3.3 专利许可协议签订前准备

3.3.1 专利许可的相关文书的准备

1. 被许可人应准备的相关文书

（1）被许可方的资产状况、信誉状况。

（2）被许可方的技术水平、技术消化能力证明材料。如果需后期投入大量精力指导，则应事先在合同中对这方面的报酬适当约定较高的数额。

2. 许可方应准备的相关文书

（1）许可方向被许可方交付实施专利有关的技术资料：权利要求书、说明书。

（2）专利技术有效性证明材料：证明在合同约定的许可期间内，属于专利权的存续期间。许可人应当提交的专利说明书和权利要求书中权项保护范围所涉及的全部内容，包括工艺设计、技术报告、工艺配方、文件图纸等有关资料内容。

（3）说明许可方的技术能力及水平的材料：有无主攻相关专业领域的技术

专家或人员参与技术工作；专利实施许可合同许可方参与研究开发工作人员的学历、技术职称、获奖情况、先前是否从事过类似领域技术工作，且其技术水平是否被认可等。

（4）准备可作为合同中约定专利技术达到指标的依据及评价方法的材料，如行业标准、专家鉴定，或者其他可做依据和评价方法。约定以何种方式进行验收时，同时应当约定由许可方出具验收证明及文件。

（5）权利状态的相关材料。如专利权是否为共有等证明材料，若专利权为共有，专利权共有人之间是否存在约定。如果约定任何共有人不得单独许可他人实施发明创造，则不可与共有人之一单独订立实施许可合同。

（6）专利的技术资料和技术资料验收合格确认书。当事人应当明确约定专利实施许可应当提交的专利说明书和权利要求书中权项保护范围所涉及的全部内容，许可方应按照约定向被许可方交付实施专利有关的技术资料，包括工艺设计、技术报告、工艺配方、文件图纸等有关资料内容。许可方向被许可方交付的技术资料应当是完整的、清楚的，图纸资料的内容、规格应当符合国家的有关标准和规定。被许可方应当向许可方签署技术资料验收合格确认书。

（7）专利的法律状态资料。即证明专利权被国家授予的专利证书，材料中也应包括该专利权处于有效期的证明。

（8）专利权评价报告。根据《专利法实施细则》第56条规定，该专利权人或者利害关系人可以请求国务院专利行政部门作出专利权评价报告。国家知识产权局作出的专利权评价报告是对其专利含金量的一次验证，可作为证明该专利价值的有价值证据。专利权人事先作得的专利权评价报告也是日后解决专利侵权必要的资料储备。

3. 双方均应准备的文书

（1）主体的资格证明材料。合同双方的资产状况、信誉状况以及是否签订此类合同的合法的主体资格等准备调研资料。

（2）双方应当准备对近期颁布的本行业最新法规和最新国家政策进行调研的材料，以便对签订合同做指导。

（3）双方当事人可以在订立合同前就交换技术情报和资料达成书面保密协议。当事人不能就订立合同达成一致的，不影响保密协议的效力。

（4）名词和术语的解释材料。根据《中华人民共和国技术合同法实施条例》

第 66 条规定，专利实施许可合同一般应当具备名词和术语的解释。所以在签订许可合同前，应当准备关于专利技术资料中名词和术语的解释材料。

4. 其他材料

（1）签订排他实施许可合同时，应确保许可方未在相同范围内就此专利已与第三方订立专利实施许可合同。

（2）如果许可方是根据在先的一个专利实施许可合同向第三方分售专利实施许可的人，则被许可方应调查许可方是否是根据《实施强制许可的决定》而订立的专利实施许可合同，否则，则无权许可他人实施。

（3）强制许可中应提供的文件：一是专利权人未实施或未充分实施的证明材料；二是请求人具备实施条件的说明材料；三是未能以合理条件与专利权人签订实施许可合同的证明文件。

3.3.2　其他应当注意的事项

1. 专利的地域性

根据各个国家或地区的专利法，专利具有地域性。在一个国家或地区申请并获得授权的专利，仅在该国或者地区所选定的国家内受到保护，而在其他国家或地区并不会受到专利保护。因此，意欲获得一项专利使用权，一定首先考虑地域性问题。

2. 专利的有效性

被许可的授权专利，由于各种原因，诸如没有按规定缴费等导致权利已经终止，进入公有领域，任何人都可以免费使用。签订合同时还要特别注意专利的有效性问题，必须确认是否仍然是有效的专利。

3. 专利权人的排他权

专利权最主要和最直接的来源为《专利法》第 11 条，未经专利权人许可也无专利法规定的例外并以生产经营为目的实施了该条所规定的行为，则为专利侵权。

专利权是一种排他权，即权利人可以阻止他人实施其专利权，获得授权并不代表实施其专利权就不侵犯他人权利。例如被许可人获得了专利权人拥有的专利 A 的许可，专利 A 是基于专利 A0 的专利，或者专利 A 的保护范围落入专利 A0 的保护范围中，在这种情况下，被许可人至少还要获取专利 A0 权利人的许可；专利 A 之前没有基础专利，但是之后有落入专利 A 保护范围的改进专利 A1，那么，被许可人只能实施 A 减去 A1 的技术；如果存在专利 B，虽然没有落入专利 A 保护范围内，但与 A 交集，那么，被许可人仅仅获得专利 A 的权利人的许可，仅能实施 A 减去 AB 交集的技术，如果想实施专利 AB 交集的技术，则至少需要同时获得专利 A 和专利 B 两个权利人的许可。

4. 权利用尽原则的运用

在专利许可中需要注意"专利权用尽原则"。在专利许可实践中，专利权人往往将专利权授权给特定产品供应链中的一个实体，但同时保留了起诉供应链中其他实体的权利。而相关的一些案例表明，这种保留权利往往是无效的，如果授权给产业链中的一个实体，就应该授权给供应链中被许可方的下游实体。

5. 权利瑕疵担保

作为被许可方，需要关注的另外一个非常重要的事项是许可方的许可权利担保或保证。权利的获取应是符合法律规定，没有瑕疵的权利。

（1）是否通过了保密审查。

（2）是否遵循向外国人、外国企业或者外国其他组织转让专利申请权或者专利权的特殊约定。

（3）专利权人是否履行了向发明人或设计人发放奖励和报酬的义务。

（4）专利权人是否准时缴纳年费以保证专利的有效性。

（5）母子公司之间、姊妹公司之间的专利许可也需要有合同的约定，并支付合理的对价。

（6）涉及遗传资源、微生物的专利申请，是否符合相应规定。

6. 后续改进技术的授权与许可

在签订专利许可合同时还需要考虑：如果该改进技术是由许可方做出的，针对该改进技术，被许可人是否可依许可合同自动获得许可并无需支付额外的许可费用，如果不能，那么在许可合同中是否可针对该后续改进技术的许可费标准进行规定？如果该改进技术是由被许可方做出的，那么许可方是否有必要通过许可合同提前获得该后续改进技术的所有权或者使用权，从而可以将该改进技术充实到其专利包中，进而增加其专利包的价值。被许可人应该争取获得专利权人对某项技术的充分许可，如后续改进许可、分案专利许可、继续申请许可。

3.4 专利许可的备案

3.4.1 专利许可备案的概述

1. 专利许可备案的定义

专利实施许可合同备案是指专利行政管理部门或者受其委托的部门对当事人已经缔结并生效的专利实施许可合同加以留存,并对外公示的行为。这个定义中涵盖的要点:首先,"专利行政管理部门"是国家知识产权局专利局,"受其委托的部门"是专利局代办处(目前为30家,西藏、青海、内蒙古未设立,江苏和广东分别设有2家代办处);其次,合同的生效日不一定是合同的签订日,以合同中明确约定的生效日为准;最后,对外公示的手段为"专利公告",同时在专利登记簿上记载。未授权的专利申请同样可以办理专利实施许可合同备案,但是尚未公开的,国家知识产权局不予公告。经备案的专利申请公开后,国家知识产权局将对其进行公告。

2. 相关法律规定

随着我国专利申请量及专利运用程度的大幅增加,我国出于专利工作的现实需要以及对专利许可备案的重视,制定了一系列法律法规,如《专利法》《专利法实施细则》《专利实施许可合同备案办法》等。无论是在立法中还是在实践中,专利许可备案已然是专利许可的形式要件。根据《专利法》第12条和《专利法实施细则》第15条第2款的规定,订立专利许可合同无须采用书面形式,也不必向国务院专利行政部门进行登记,但应当自合同生效之日起3个月内向国务院专利行政部门备案。根据《专利实施许可合同备案办法》第4条,申请备案的专利实施许可合同应当以书面形式订立。

备案时,必须提交书面形式的专利实施许可合同,且合同包括的内容应当符合《专利实施许可合同备案办法》第9条的规定,即当事人提交的专利实施许可合同应当包括当事人的姓名或者名称、地址、专利权项数以及每项专利权的名称、专利号、申请日、授权公告日、实施许可的种类和期限。提交的合同副本上须要有双方当事人的签字盖章;有正当理由无法提供合同副本的,可以提交经过公证的合同复印件;再许可合同的让与人,还应当提供前一合同副本或经过公证的原合同复印件。

根据《专利实施许可合同备案办法》第 8 条的规定，专利许可当事人申请专利实施许可合同备案的，应当提交许可人或者其委托的专利代理机构签字或盖章的专利实施许可合同备案申请表、专利实施许可合同、双方当事人的身份证明等文件。并且，我国《专利实施许可合同备案办法》第 11 条对于专利行政部门作出专利许可备案的时间也作了具体规定，国家知识产权局自收到备案申请之日起 7 个工作日内进行审查并决定是否予以备案。

3.4.2 备案的程序

1. 许可方的主体资格

专利许可备案的主体，是由许可方向国家知识产权局相关部门提出。办理专利许可备案，首先应当明确许可人的主体资格。可以提出备案的许可方，主要是：合法的全体专利权人；合法的部分专利权人（根据专利法 15 条规定）；获得授权的专利权权利人。

许可人主体资格应当符合合法的专利权人、专利申请人或者其他权利人的要求，而且经专利权人特别授权的一方也可以拥有作为许可人对第三方许可授权的资格。一项专利或专利申请有两个以上的共同专利权人或者专利申请人的，根据《专利法》第 15 条规定，共有人之间对权利有约定的从其约定；没有约定的，共有人有以普通许可方式许可他人实施该专利的资格；此外，许可人主体应该为全体专利权人或者专利申请人。

2. 许可备案申请的提出时机

根据《专利法实施细则》第 14 条第 2 款规定，专利权人与他人订立的专利实施许可合同，应当自合同生效之日起 3 个月内向国务院专利行政部门备案。当事人逾期办理的，应当重新签订专利实施许可合同或者提交当事人双方签署的原专利实施许可合同有效性声明。

3. 办理许可备案的部门

进行专利许可备案，当事人首先应该向国务院专利行政部门提交专利许可备案的请求。专利实施许可合同双方涉及外国人、外国企业或外国其他组织

（包括我国港澳台地区）的，当事人应当到国家知识产权局专利局进行备案，目前该项工作由初审部发文处负责。

专利实施许可合同双方皆为国内个人或单位的，当事人可到国家知识产权局专利局设在地方的代办处办理；当事人也可到国家知识产权局专利局办理。

4. 备案请求文件的提交方式

根据《专利实施许可合同备案办法》第7条，当事人可以通过邮寄、直接送交或者国家知识产权局规定的其他方式办理专利实施许可合同备案相关手续。

1) 国家知识产权局专利局办理方式

面交地址：北京市海淀区蓟门桥西土城路6号国家知识产权局专利局受理大厅107房间。

寄交地址：北京市海淀区蓟门桥西土城路6号国家知识产权局专利局初审及流程管理部代办业务管理处，邮编为100088。当事人应在邮寄信封上注明"合同备案"字样。

2) 专利局代办处办理方式

国家知识产权局专利局设在全国各地的代办处地址及联系方式，见国家知识产权局网站 http://www.sipo.gov.cn/首页左下方地图链接。

5. 办理许可备案手续需提交的文件

当事人办理专利实施许可合同备案手续的，应当根据《专利实施许可合同备案办法》第8条规定，提交下列文件，一式一份。"（一）许可人或者其委托的专利代理机构签字或者盖章的专利实施许可合同备案申请表。该申请表应当为标准表格，申请表的内容应当打印（签章除外）。（二）专利实施许可合同原件或者经公证机构公证的复印件。（三）许可人与被许可人的合法身份证明。（四）由许可方、被许可方以及被委托人共同签章的委托书，原件和被委托人的身份证复印件。（五）其他需要提供的材料。例如：以上文件是外文文本的，应当附中文译本一份，以中文译本为准。"

许可方和被许可方应当共同委托一个具有完全民事行为能力的自然人办理备案手续。根据《专利实施许可合同备案办法》第6条规定，"在中国没有经常居所或者营业所的外国人、外国企业或者外国其他组织办理备案相关手续的，应当委托依法设立的专利代理机构办理。中国单位或者个人办理备案相关手续的，可以委托依法设立的专利代理机构办理"。在备案时应当提交委托书原件，以及被委托人的身份证复印件。许可人和被许可人涉及外国人、外国企业或外国其他组织的，必须委托依法设立的专利代理机构，并由专利代理人办理专利实施许可合同备案的相关业务手续。

对于双方当事人的身份证明材料，是自然人的，提交身份证复印件作为其身份证明；是法人的，提交营业执照复印件，作为其身份证明。备案时其他需要提交的证明材料，如专利权或者专利申请权有效证明，即专利证书或者专利申请受理通知书复印件。

根据《专利实施许可合同备案办法》第10条规定，除身份证明外，当事人提交的各种文件应当使用中文，提交的文件是外文的，当事人应当在指定期限内附送中文译文，未附送的，视为未提交。

6. 备案申请表的填写要求

在填写备案申请表时应准确填写专利号、项目名称、备案申请人、合同性质、许可种类、合同履行地、签订日期、使用费总计、权利稳定性声明等项目。备案申请表的填写要求如下。①如果备案涉及的专利数量多于三件，当事人可参照申请表中专利号及专利名称的采集表格，增设申请表附页。再将备案专利的相关信息填写在附页。②专利项数及每项专利的名称、专利（申请）号、许可种类、专利许可范围、合同生效日期、合同终止日期、使用费及支付方式为专利实施许可合同必须约定的内容，当事人依照合同填写相关信息。③专利许可范围指地域范围，一般填写为中国。④使用费应当以人民币或美元作为结算单位，以其他币种结算的须按照近期外汇牌价将其折算成以人民币或美元为货币单位的数额。使用费为零的，支付方式为无偿。⑤当事人没有委托专利代理机构办理手续的，代理机构名称不用填写。⑥申请表须由许可方签章，许可方为外国人的可由代理机构签章。

7. 备案申请的审批时限

根据《专利实施许可合同备案办法》的规定：备案部门在收到符合规定的备案材料之日起7个工作日内发出备案证明。如果当事人提交的备案申请文件存在缺陷，审批时限自当事人克服全部缺陷之日起计算。

8. 常见的不予备案的情形

备案申请经审查合格的，国家知识产权局应当向当事人出具《专利实施许可合同备案证明》。要注意国家知识产权局对有《专利实施许可合同备案办法》第 12 条规定的不予备案情形的备案申请不予备案，并向当事人发送《专利实施许可合同不予备案通知书》。根据《专利实施许可合同备案办法》第 20 条第 2 款规定，申请备案时，专利申请被驳回、撤回或者视为撤回的，不予备案。

《专利实施许可备案办法》第 12 条对规定的不予备案的情形有明确的规定，其中常见的不予备案的情形有："（一）许可人不是合法专利权人或专利申请人或者其他权利人；（二）共有专利权人违反法律规定或者约定订立专利实施许可合同的；（三）同一专利实施许可合同重复申请备案的；（四）与已经备案的专利实施许可合同冲突的；（五）专利权被质押的，但经质权人同意的除外；（六）实施许可的期限超过专利权有效期的；（七）专利权已经终止或者被宣告无效的；（八）专利权处于年费缴纳滞纳期的；（九）因专利权的归属发生纠纷或者人民法院裁定对专利权采取保全措施，专利权的有关程序被中止的。"

9. 许可备案的变更及注销手续

专利申请被驳回、撤回或者视为撤回的，当事人应当及时办理备案注销手续。对于专利实施许可合同备案的注销程序，《专利实施许可合同备案办法》同样也作出了规定。该办法第 17 条和 18 条规定，实施许可的期限届满或者提前解除专利实施许可合同的，当事人应当在期限届满或者订立解除协议后 30 日内持备案证明、解除协议和其他有关文件向国家知识产权局办理备案注销手续；经备案的专利实施许可合同涉及的专利权被宣告无效或者在期限届满前终止的，当事人应当及时办理备案注销手续。许可备案的变更及注销手续，当事人应当提交以下文件，一式一份。①专利实施许可合同备案变更申请表或专利实施许可合同备案注销申请表（标准表格，可在国家知识产权局网站下载）。②《专利实施许可合同备案证明》原件（两份）。③委托书原件。委托书应当由许可方、被许可方以及被委托人共同签章。④被委托人身份证复印件。⑤合同变更或者解除、履行完毕的相关证明。

10. 其他需要说明的事宜

许可方和被许可方应当共同委托一个具有完全民事行为能力的自然人办理备案手续。

未授权的专利申请同样可以办理专利实施许可合同备案，但是尚未公开的，国家知识产权局不予公告。经备案的专利申请公开后，国家知识产权局将对其进行公告；专利申请被驳回、撤回或者视为撤回的，当事人应当及时办理备案注销手续。

一份专利实施许可合同中，同时包括中国专利和其他国家或地区专利的，国家知识产权局仅对其中的中国专利及专利申请出具备案证明。

许可人和被许可人涉及外国人、外国企业或外国其他组织的，必须委托依法设立的专利代理机构，并由专利代理人办理专利实施许可合同备案相关业务手续。办理专利实施许可合同备案手续无须缴费。

3.4.3 备案手续的法律性质

专利许可备案必须要有专利实施许可合同的书面协议，而专利实施许可合同的效力并不受专利许可备案的影响。实质上，专利实施许可合同属于民事合同的一种，只要满足一般民事合同的法定要件，并且没有无效情形，根据《合同法》第44条的规定，"依法成立的合同，自成立时生效"。专利许可备案只是国务院专利行政部门为了方便对专利许可行为进行管理而设置的一种管理方式，所以备案与否，并不能作为专利实施许可合同是否生效的要件。

根据《专利法实施细则》第89条规定，国务院专利行政部门定期出版专利公报，专利实施许可合同的备案是公布或者公告的内容之一。尽管专利许可备案不能作为专利实施许可合同的生效要件，但是经过备案的专利实施许可合同的许可性质、范围、时间、许可使用费的数额等，可以作为人民法院、管理专利工作的部门进行调解或确定侵权纠纷赔偿数额时的参照。根据《最高人民法院关于对诉前停止侵犯专利权行为适用法律问题的若干规定》第4条规定，申请人提出申请时，应当提交证据：利害关系人应当提供有关专利实施许可合同及其在国务院专利行政部门备案的证明材料，未经备案的应当提交专利权人的证明，或者证明其享有权利的其他证据。在对抗第三人对该许可专利的侵权行为的时候，专利实施许可备案的证明材料也可以起到作为证据证明第三人侵权的积极作用。但是专利许可备案不得对抗善意第三人。在第三人不知道许可人与被许可人之间有该专利的专利许可权利义务关系而与许可人签订专利实施许可合同，并且对该专利加以实施，对被许可人带来损失的情况下，被许可人可以视具体情况向许可人主张违约责任。这也与最高人民法院《关于审理商标民事纠纷案件适用法律若干问题的解释》第19条规定的精神相一致。该条规定：

"商标使用许可合同未经备案的,不影响该许可合同的效力,但当事人另有约定的除外。商标使用许可合同未在商标局备案的,不得对抗善意第三人。"国家知识产权局出具的专利实施许可合同备案证明是办理外汇、海关知识产权备案等相关手续的证明文件。一份专利实施许可合同中,同时包括中国专利和其他国家或地区专利的,国家知识产权局仅对其中的中国专利及专利申请出具备案证明。

3.4.4 如何查询专利实施许可合同的备案

1. 方法一

(1) 登录国家知识产权局网站 http://www.sipo.gov.cn/。(可扫描第107页二维码登录网站)

(2) 在国家知识产权局网站上找到"专利公布公告查询"栏目,单击进入,如图3-1所示。

图 3-1 专利公布公告查询图

(3) 进入中国专利公布公告查询网页后,选择"事务数据查询",输入"申请号",在"事物数据信息"输入要查询的内容,如"许可备案",单击"查询",如图3-2所示。

(4) 查询出的国家知识产权局网站以专利公报的形式公布专利许可备案的内容,如图3-3所示。

申请(专利)号:2012103203507

事务数据公告日:2013.07.03

事务数据类型:专利实施许可合同备案的生效、变更及注销

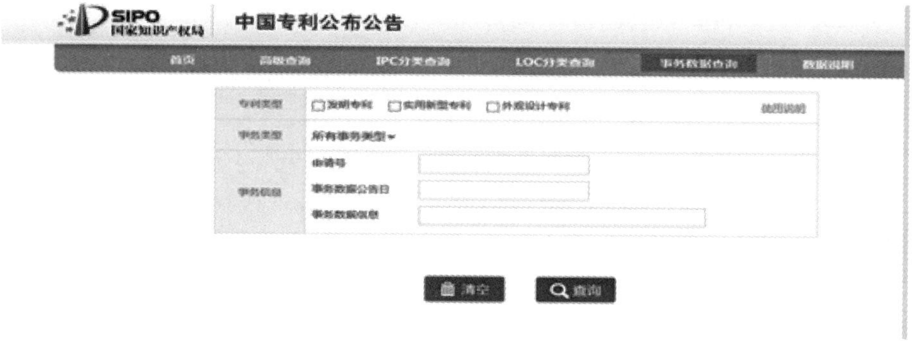

图 3-2 专利公告数据查询图

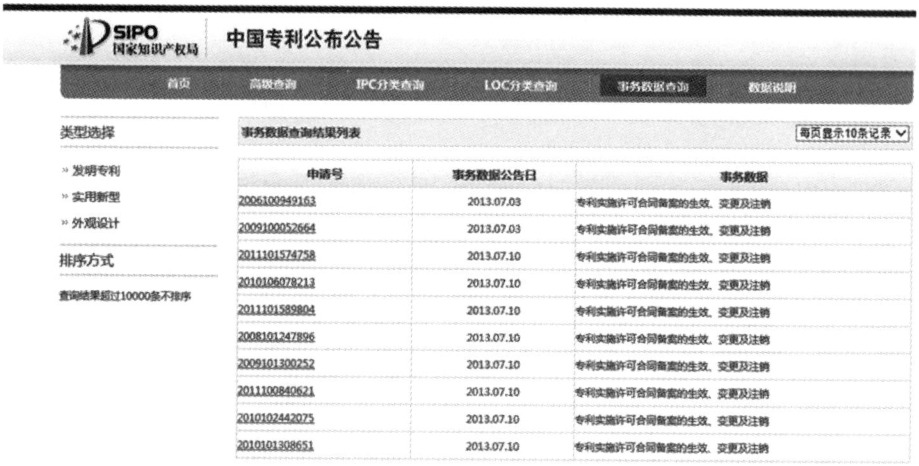

图 3-3 专利公告数据查询结果图

专利实施许可合同备案的生效
IPC（主分类）：H01H73/18
合同备案号：2013330000127
让与人：上海巢安电气有限公司
受让人：加西亚电子电器有限公司
发明名称：小型断路器
申请日：20120831
申请公布日：20130102
许可种类：独占许可

备案日期：20130508

分析：以上许可备案内容中公开的主要信息主要如下。专利权名称："小型断路器"；许可种类：独占许可；让与人与受让人名称；专利号（专利申请号）为2012103203507；合同备案日期：20130508。由此，可以获取的信息是：该发明专利在2012年获取授权，2013年初以独占许可的形式许可加西亚电子电器有限公司使用。相关技术内容可以通过专利检索获取。他人可以在自己实施相关技术时，通过查询专利许可备案内容以及检索专利相关内容，避免不必要的侵权行为发生。

许可合同在各地代办处或者国家知识产权局相关处室备案，备案机关要对合同文本的内容予以严格的保密。

2. 方法二

（1）登录国家知识产权局网站http：//www.sipo.gov.cn/。（可扫描第107页二维码登录网站）

（2）在国家知识产权局网站页面上找到"专利公告"栏目，单击进入，如图3-4所示。

图3-4 专利公告栏目图

（3）进入后可根据该许可专利的类型和该许可专利备案时间点击进入公报中查找该许可专利的事务信息，如该许可专利为发明专利的单击"发明专利公报"（图3-5）。

专利许可的基本原理与实务操作

图3-5 发明专利公报图

(4) 进入发明专利公报之后,选择"事物"一栏,在该专利公报之中找到"专利实施许可合同备案的生效、变更及注销"类事物信息,找到该发明专利的备案情况,如图3-6所示。

图3-6 专利实施许可合同备案情况图

3.5 专利价值评估案例

本案例采用了成本节约额计算方法,这种方法在本次评估中测算的优点表现在：能比较客观地反映公司的实际经营业绩，符合公司质押贷款的目的；缺点是公司在有限经营期内所获得的资产折旧实际上是对公司现有资产的一种补偿价值，是其未来收益的附加值。

成本节约额计算法的计算公式：

$$E_p = \sum_{t=1}^{n} \Delta C (1+i)^{-n}$$

式中：E_p——专利资产未来收益现值；

ΔC——成本节约额；

i——折现率；

n——专利资产收益年期；

t——项目计算期。

本书案例为已实施的技术专利，其经济效果和市场前景都比较明朗，并且有一定的历史数据可供参考。因此，本次成本节约额的预测采用成本收入比来进行。

案例中未来收益预测的基础，是依据委托方提供的《某工业废水的处理方法》专利价值分析书，并结合该技术的实施情况，以及在全国范围内推广使用该项技术产品的订货情况，综合考虑专利资产权利人的基本情况、获利能力、获利期限等基础上进行分析。评估人员在结合专利资产权利人提供的财务计划，按照通过调查得到的该类生产企业数量、生产能力及未来的市场计划，对收入、成本进行预测。最后根据下述选定的参数，运用收益计算模型确定收益现值。

1. 收入预测

根据专利资产权利人提供的资料显示：每改造一个厂，平均签订合同投资为150万元（评估人员已向其相关客户进行了调查），包括设计、设备制造、调试运行、验收交付等，其中平均利润可达50%。在未来5年内，预计将改造200家，按每改造一个厂收益75万元计算，共计可创造收益达15000万元。该专利技术从研发到获得专利再到实施阶段经过了近四年的时间，在市场上已进入发展阶段，在专利资产权利人不增加生产规模的前提下，以其现有生产能力，每年改造企业数量可达到40家。

考虑现有市场占有率情况，该专利资产权利人的市场占有率将逐步增长，增长幅度为2%，第三年达到其生产能力即年改造相关生产企业40家；第三年后由于竞争技术的加入，其市场占有率开始以每年2%逐步下降，第六年与第五年保持一致；单厂销售收入以150万元/企业计（企业合同统计数据，专利资产权利人不调价）；主营业务成本按企业提供的数据50%计，收入预测如表3-2所列。

表3-2　收入预测情况　　　　　　　　　　（单位：万元）

年　份	市场占有率	改造企业（家数）	收入/单厂	年收入	年成本
2008.8—2009.8	6%	24	150	3600	1800
2009.8—2010.8	8%	32	150	4800	2400
2010.8—2011.8	10%	40	150	6000	3000
2011.8—2012.8	8%	32	150	4800	2400
2012.8—2013.8	6%	24	150	3600	1800
2013.8—2014.8	6%	24	150	36000	1800

2. 主营业务成本的确定

评估人员调查了同类企业前五年同季度的主营业务收入与主营业务成本的构成情况，以三家上市公司为例，见表3-3。

表3-3　上市公司主营业务收入与主营业务成本构成情况表

（单位：万元）

项目	2008-6-30	2007-9-30	2006-9-30	2005-9-30	2004-9-30
同方股份					
主营业务收入	644595.81	961161.87	764287.91	591569.71	520851.38
减：主营业务成本	531279.75	813575.34	657820.17	511956.48	451826.85
主营成本/收入	82.42%	84.60%	86.07%	86.54%	86.75%
龙净环保					
主营业务收入	141649.78	136715.07	123945.55	95150.41	66206.21
减：主营业务成本	122483.93	113301.04	103160.86	80926.63	56279.29
主营成本/收入	86.47%	82.87%	83.23%	85.05%	85.05%
菲达环保					
主营业务收入	73954.20	94479.78	86809.71	77002.73	61496.49
减：主营业务成本	65606.00	80767.25	75183.61	66039.48	51060.65
主营成本/收入	88.71%	85.49%	86.61%	85.76%	85.76%

其中，主营成本/主营收入的取值区间见表3-4。

表 3-4　主营业务成本/主营业务收入取值区间

	5 期平均值	最 高 值	最 低 值
同方股份	85.28%	86.75%	82.42%
龙净环保	84.53%	86.47%	82.87%
菲达股份	85.92%	88.71%	85.49%

三家企业主营成本/主营收入的比值变化区间均为 3.22%～4.33%，可见其成本收入比比较稳定。三家企业 5 期平均值的平均值为 85.24%，最低值为 82.42%。专利资产权利人的产品为专利产品，技术含量高，形成成本节约，但其 50%的成本收入比与同行业企业相差太悬殊，考虑专利资产权利人成本计算的合理性及上市公司成本费用可能要高于非上市公司，以三家企业主营成本/主营收入比值平均值与专利资产权利人主营业务成本的差额 35.24%的一半来调整权利企业的主营业务成本，即调整后专利资产权利人的主营业务成本与主营业务收入的比值的客观值应为 67.62%，以三家企业主营业务成本/主营业务收入的最低值作为该类企业正常的比率，专利资产权利人的"主营业务成本/主营业务收入"与该类企业的"主营业务成本/主营业务收入"的差额为专利技术获得的成本节约。

假设专利资产权利人的期间费用的发生正常合理，与同行业其他企业同比或相近，则未来 6 年内，主营业务成本及节约额如表 3-5 所列。

表 3-5　主营业务成本及成本节约额预测　　　（单位：万元）

项　　目	2009-8	2010-8	2011-8	2012-8	2013-8	2014-8
主营业务收入	3600	4800	6000	4800	3600	3600
（正常）成本/收入	82.42%	82.42%	82.42%	82.42%	82.42%	82.42%
主营业务成本	2967.12	3956.16	4945.20	356.16	2967.12	2967.12
（实施专利后）实际成本/收入	67.62%	67.62%	67.62%	67.62%	67.62%	67.62%
（实施专利后）实际成本	2434.32	3245.76	4057.20	3245.76	2434.32	2434.32
成本节约（ΔC）	532.80	710.40	888.00	710.40	532.80	532.80

3. 收益期限（n）的确定

本次评估采用了专利技术保护年限和技术经济寿命孰短原则。收益期限在本次评估中的确定主要有两种方法：法定专利年限法和技术经济寿命法。依据本次评估对象的具体情况和资料分析，按孰短原则来确定评估收益期限。

本次评估对象收益期限确定的依据，考虑了两个方面。一是法定专利保护期限。本评估对象"某工业废水的处理方法"发明专利,已获得授权,根据中国专利法有关保护期限的规定,发明专利保护期限自申请之日起20年,专利权自专利授权后,按申请日起保护,在超过保护期后,这些技术便成为公知技术,不受专利法保护。至评估基准日本评估对象的剩余法律保护期限为16年。二是技术寿命。本次评估对象为"某工业废水的处理方法"发明专利,目前该技术领域的专利申请较多,各种新技术、新方法不断出现,经调查该领域技术寿命一般在10~15年之间,评估人员根据委估技术的具体情况,确定其技术寿命10年。

综合上述两方面因素的分析,同时参考该专利资产在同一日申请的其他发明专利,评估人员最终确定本评估对象的剩余收益期限为6年。

即:收益期 $n=6$ 年。

4. 折现率(i)的确定

本书案例中折现率的确定,采用了不低于无风险报酬率的原则、折现率与收益额相匹配的原则和根据实际情况确定的原则。折现率确定的依据是:

(1) 无风险报酬率。一般应考虑社会平均报酬率,因此选取2008年中国人民银行发行第三期国债五年期国债利率6.34%,换算成复利为5.66%。

(2) 行业风险报酬率。参考《二〇〇八年企业绩效评价》公布的"化工木材非金属加工设备制造业"2008年收益率指标,如表3-6所列。

表3-6 全行业收益率指标

项 目	优秀值	良好值	平均值	较低值	较差值
净资产收益率/%	19	12.5	6.2	2.3	-5.7
总资产报酬率/%	6.2	3.7	1.4	01	-5.6
销售(营业)利润率/%	21.9	18.6	14.4	8.4	-0.6
成本费用利润率/%	10.9	7.2	3.9	1	-7.1
资本收益率/%	10.9	5.4	2.3	1	-7.3

考虑本书案例评估收益额是专利资产带来的成本节约额,故取成本费用利润率。专利资产权利人企业虽然规模不是很大,但由于其专利产品的特点,故取成本费用利润率的良好值作为行业报酬率,则行业风险报酬率为

行业风险报酬率=行业报酬率-无风险报酬率

$=7.2\%-5.66\%=1.54\%$

(3) 公司特有的风险报酬率。运用收益法进行专利资产评估时，风险报酬率不仅要考虑普遍意义上的投资风险，还应当考虑具体企业所存在的个别风险，例如经营风险、财务风险。本次评估中，考虑了上述诸多因素后，另考虑相应的经营风险和财务风险，主要有以下几点：①专利资产权利人在同行业内有较高的企业知名度，是省级环境保护骨干企业，使企业在未来竞争中占有先机优势，但同时，行业的竞争日益激烈，客户对专利资产的技术含量、技术的先进性、服务质量、产品质量的要求使企业面临经营风险；②该专利资产实施的后续产品，即用生产过程中产生的浓缩残液生产无公害融雪剂的专利技术的实施的速度及规模对该专利技术的市场开拓产生重要影响；③行业竞争的激烈及其他同类专利权的授予及实施，生产企业追求"高质量，低价位"的消费观念，使专利资产权利人的利润空间缩小；④专利资产权利人自行实施专利技术，且采用订货生产方式，在资金上减少了压力，在经营中面临的财务风险较小。

考虑以上情况，本书案例考虑专利资产权利人特有的风险报酬率为1%，则

$$折现率 i = 5.66\% + 1.54\% + 1\% = 8.2\%$$

5. 评估结论的表达

本书案例评估过程及具体参数的确定已如上述，最后的评估结论也就水到渠成。根据收益现值公式 $E_p = \sum_{t=1}^{n} \Delta C (1+i)^{-n}$ 确定"某工业废水的处理方法"发明专利的评估值，见表3-7。

表3-7　收益法计算表　　　　　　　　　　（单位：万元）

项　　目	2009-8	2010-8	2011-8	2012-8	2013-8	2014-8
主营业务收入	3600	4800	6000	4800	3600	3600
成本/收入	82.42%	82.42%	82.42%	82.42%	82.42%	82.42%
主营业务成本	2967.12	3956.16	4945.20	3956.16	2967.12	2967.12
实际成本/收入	67.62%	67.62%	67.62%	67.62%	67.62%	67.62%
实际成本	2434.32	3245.76	4057.20	3245.76	2434.32	2434.32
成本节约	532.80	710.40	888.00	710.40	532.80	532.80
折现率（成本费用利用率）	8.20%	8.20%	8.20%	8.20%	8.20%	8.20%
折现系数	0.9242	0.8542	0.7894	0.7296	0.6743	0.6232
折现值	492.41	606.82	700.99	518.31	359.27	332.04
收益现值合计	3009.84					

第4章　专利实施许可合同

根据我国法律规定，除法律另有规定的以外，任何单位或者个人实施他人专利，应当与专利权人订立实施许可合同，向专利权人支付专利使用费；专利实施许可合同属于技术转让合同，应该采用书面形式。

专利权人依法获得的专利权，是一种民事权利；依法许可他人实施专利的实质，是向他人出让专利的使用权，是一种民事法律关系，在民事领域既要遵循合同自由、当事人意思自治的原则，也要遵循诚实信用、公平有偿、禁止权利滥用等原则。由于专利权本身固有的技术性、法律性等专业属性，在一个专利实施许可关系中，权利人和被许可方的权利义务很难用几句话阐述清楚。因此，专利实施许可合同通过书面的形式明确权利人与被许可方的权利义务就显得尤其重要和必要。依法签订的专利实施许可合同应是对权利人与被许可方的真实意思的书面表达，是对权利人和被许可方都具有约束力的法律文件。

专利实施许可合同是规范专利权人与被许可方权利义务的协议，是平等主体的专利权人和被许可方达成的一种技术转让合同，其合同标的是一种权利，是依据有关法律产生的专利权。所以，专利实施许可合同除了需符合《合同法》关于技术合同的原则规定外，还应符合《专利法》等关于专利权的有关法律规定。有些情况下，合同标的除了专利权外还有为实施专利必须的其他技术，这些技术往往以技术秘密的形式出现，这类合同还应符合《反不正当竞争法》关于商业秘密的法律规定。随着互联网时代的风起云涌，大量传统技术越来越多地与软件技术融合发展，越来越多的许可合同标的涉及软件技术，软件技术属于《著作权法》保护的范畴；而且，许可合同实施过程中涉及的技术资料也属于《著作权法》意义上的作品，所以此类合同还应符合《著作权法》等关于软件技术、版权作品的有关法律规定。

实践中，专利实施许可合同涉及的标的可能远比以上提到的更复杂，专利实施许可合同往往还需要符合其他有关法律规定。

专利实施许可合同涉及技术内容、法律内容、经营内容，相对一般民事合同具有较强的复合性、专业性。为方便权利人和被许可方签订内容合法合理、履行便捷、操作性强的专利实施许可合同，下面对专利实施许可合同的基础条款逐一阐述。

4.1 专利实施许可合同的基本条款

4.1.1 "鉴于"条款

专利的权利人，是专利的许可方即合同中的甲方，与许可的对象——合同中的乙方即被许可方，达成专利实施许可关系，一般是基于双方特定的背景和需求。权利人许可他人实施专利的最终目的主要有两点，一是促进专利技术的产业化和推广应用，二是通过专利许可获得市场和社会效益；被许可方获得许可的目的是获得技术资源、战略资源，提高市场话语权和竞争力，最终目的仍然是获得市场和社会效益。鉴此，权利人是否能够保证所提供的技术完整、无误、有效，能够达到合同约定的目标，被许可方是否具有独立实施专利技术的条件和能力、经验，是否具有实施专利技术的诚意和按约支付许可使用费的信誉，所有这些都是合同是否能够全面履行达到合同目的的决定因素。因此，许可合同首先应该介绍签约背景、签约目的和签约愿望等，即大家通常说的"鉴于条款"。

权利人应是有效专利权的所有权人或者权利的合法获得者。权利的合法获得者，主要是指通过受让方式或继承方式获得专利所有权的人。对于权利的合法获得者，签订合同时应提供其权利合法来源的证明材料，且该证明材料应当为原件或经公证的复印件。

如果权利人是多人，且专利共有权人对专利权的行使没有约定，则在独占许可和排他许可合同中，合同的权利人应该是所有的共有权人；在普通许可合同中，合同的权利人可以是全部，也可以是部分共有权人。

权利人从性质上分，包括自然人、科研院所、企业或其他组织；从地域上分，可以是中国的自然人、科研院所、企业或其他组织，也可以是拥有中国专利权的外国人、外国企业或其他组织。

专利许可的目的是为了实现专利技术的产业化和推广应用、获取市场及社会效益，被许可方应该是具备独立实施专利技术条件、能力和经验的一方，有实施专利技术的物质条件，包括资金、设备、器材、原材料、厂房等，同时也要有实施的管理经营条件包括管理团队、技术团队、市场渠道等。被许可方一般是企业。

4.1.2 名词和术语

专利实施许可合同是明确权利人与被许可方权利义务的协议，合同当事各方权利义务实质上是围绕专利的实施展开的，而专利是涉及技术、法律、市场等非常专业的概念，因此合同伊始应对合同涉及的有关名词和术语进行定义和解释，以便合同内容清楚明了便于履行，也避免合同当事人对合同内容产生误读或歧义引起纠纷。

合同内容不同，合同中需要定义的名词和术语也会有所不同。首先需要明确合同涉及的专利情况。专利情况是许可合同的名词和定义部分应重点关注的内容，许可合同的标的可以是发明专利、实用新型专利或外观设计专利。成为标的的专利权应该同时满足以下基本条件：

（1）在专利权的有效期内并且专利权的年费按期缴纳，专利权维持有效。

（2）专利权没有瑕疵。主要是指专利权没有被质押，或者虽然被质押给第三方，但质权人已经同意被质押的专利权可进行专利许可。

（3）专利权没有被独占或排他许可，或者曾经被独占或排他许可但期限已经届满。

以上信息可以通过国家知识产权局出具的专利登记簿副本进行核实。

合同名词和术语部分还应对专利实施许可的类型、技术秘密等依法进行定义和解释；对合同涉及的专利技术、一般技术、技术资料、技术服务、实施专利技术涉及的销售额、净利润等进行定义、解释和约定。

关于许可合同里有关名词和定义部分，本书列出以下部分示例供参考。

专利：本合同所指的专利，是甲方许可乙方使用的已经获得中国国家知识产权局授权并维持有效的中国（发明、实用新型、外观设计）专利权，专利号：_____，发明创造名称：_____，申请日：_____，授权日：_____，有效期届满日：_____。

专利实施独占许可：是指许可方（专利权利人）在约定的地域范围和期限

内，将专利仅许可一个被许可方实施，权利人和任何第三方在约定的范围内不得实施该专利。

排他实施许可：是指权利人在约定的地域范围和期限内，只能将专利许可一个被许可方实施，但权利人可以自行实施该专利。

普通实施许可：是指权利人在约定的地域范围和期限内，可同时许可多人实施专利，并且可以自行实施该专利。

分许可：是指被许可方经权利人同意将合同涉及的专利许可给合同外的第三方使用。

技术秘密：是指不为公众所知悉、具有商业价值并经权利人甲方采取了保密措施的技术信息。

4.1.3 专利许可的范围和方式

许可合同应载明专利许可的范围及方式。专利具有地域性、时间性的权利属性以及专利许可出让的是专利的使用权这一法律特性，决定了专利许可应有许可的范围及方式约定。专利许可的范围和方式包括许可实施专利的方式、地域范围和期限。这是合同非常重要的内容，如果合同里没有明确约定许可方式是普通许可、排他许可还是独占许可，则一旦遇到纠纷诉诸法庭，法庭会以普通许可论；没有明确约定许可地域范围，则以中国全境论；没有明确约定许可期限，则被许可方实施专利不受期限限制即在专利的有效期内被许可方都有权实施。可见，专利许可的范围和方式约定不明，会使权利人和被许可方的权利义务充满了不确定性，可能会严重背离合同当事人签订合同时的初衷。

许可的方式、范围和期限，对权利人和被许可方的权利义务都会产生重大影响，往往也是确定许可使用费的关键因素。

在合同里首先应明确许可的方式是独占许可、排他许可还是普通许可。

专利许可的地域性首先表现在国家性上。不同国家的专利权只在专利授权国具有效力，并不具有境外的效力。因此中国专利权的许可范围一般限定在中国大陆境内。合同可以约定许可范围是中国大陆，也可以约定中国的某个区域内。专利权人为最大限度推广运用专利技术、获取许可利益考虑，可以将专利权分区域进行许可，如许可 A 在重庆、许可 B 在湖南、许可 C 在新疆等。实践中，权利人为避免被许可方的专利实施与自己的或其他被许可方的实施构成市场利益冲突，一般会分区域进行普通许可。

专利权是有期限的，中国发明专利的有效期是二十年，中国实用新型专利和外观设计专利的有效期都是十年，均自申请日起算。专利只有在有效期内许可才是有效的，所以专利许可是有期限的。许可期限包括许可起始期限和终止期限。许可期限可以是有效期中的某一段时间，也可以是许可之日起直至专利权期限届满失效为止。

4.1.4 专利的技术内容

专利的技术内容、保护范围主要载明在专利的授权文本即专利文件中。发明和实用新型专利的授权文本包括说明书、权利要求书、说明书摘要及附图三部分（发明专利不一定有附图）。说明书是技术文件，法律规定说明书应当对发明或者实用新型作出清楚、完整的说明，以所属技术领域的技术人员能够实现为准，用于解释和支持权利要求书限定的保护范围；权利要求书是法律文件，以说明书为依据，清楚、简要地界定要求专利保护的范围；说明书摘要简明扼要地对发明或者实用新型的技术要点做出说明，主要起到专利文献检索的作用。

专利文件是根据法律规定按照一套独有的规则撰写形成的，对技术内容、权利保护范围的法律表达往往生涩难懂，非专利从业人员仅仅凭自己的理解读懂专利文件是有难度的。如果在合同里没有用普通技术人员熟悉的惯常语言深入浅出地对专利的保护范围解读到位，在合同的履行过程中很容易出现误读而影响专利的实施，专利产品上市销售也可能带来一系列的问题。所以在合同中应对专利的技术内容进行清楚完整的描述。

许可专利实际上是许可了专利权保护的至少一个技术方案，这些技术方案包含在权利要求书里，权利要求书有几个权利要求，则许可的技术方案至少就有几个。可在专利的技术内容里，将专利保护的主要技术方案罗列出来，对专利的保护范围进行清楚的技术表达，这样做不但明确了专利的实施范围，方便被许可方实施专利，而且一旦遭遇第三方涉嫌侵权的情况，权利人和被许可方都可以根据专利的技术内容较容易地对第三方涉嫌侵权的行为作出法律和技术判断。

为了实施被许可专利，被许可的技术里往往还包括有关的专用设备技术、工艺技术等。

综上，合同应明确被许可专利的技术内容及配套的其他技术内容。

4.1.5 技术资料的交付

交付实施专利有关的技术资料并提供必要的技术指导，是权利人的法定义务。技术资料是专利的技术内容载体，是被许可方实施专利技术必不可少的文件资料，合同里应约定权利人向被许可方交付的技术资料的内容、交付的时间、交付的地点、交付的方式等。

专利文件是主要的技术资料，发明专利、实用新型专利的技术资料应包括专利证书复印件、专利说明书、权利要求书、说明书摘要及附图，以及许可合同签订前由国家知识产权局出具的专利登记簿副本。专利登记簿副本能反映被许可专利当前的法律信息，包括当前的权利人是谁、专利是否有效、专利是否质押等情况。近几年的中国专利证书已经包括了专利说明书、权利要求书、说明书摘要及附图，权利人向被许可方交付专利证书复印件和专利登记簿副本即可；之前的中国专利证书并不包括专利说明书、权利要求书、说明书摘要及附图。虽然根据专利规则，专利获得授权后专利授权文本就向全世界公开，中国的授权专利文件可通过国家知识产权局官网查询下载，但是，为准确起见，权利人交付的专利文件最好是通过官方的专利检索与信息中心下载并盖章确认过的版本。

除了专利文件以外，技术资料一般还应包括实施专利必须的其他文件资料，如与履行合同有关的技术背景资料、可行性论证和技术评价报告、技术标准、技术规范、原始设计和工艺文件以及其他技术文档。实施专利涉及权利人的技术秘密的，技术资料还应包括关于技术秘密的说明文件。有时，被许可方实施专利需依靠权利人拥有的专用设备技术、工艺技术信息的情况下，技术资料还应该包括设备设施资料、工艺技术资料等。

技术资料的交付时间一般约定在合同履行的初期、被许可方支付了全部或部分许可使用费的同时或之后。交付的方式可约定当面文档交付、电子邮件交付等。如果约定是电子邮件交付，则应在合同中确定双方的邮件地址。当然，权利人为保密安全考虑，未必会将技术秘密形成技术文档；即使形成了技术文档，也未必会将技术秘密文档交付给被许可方。在这种情况下，合同可以约定交付技术秘密的其他可行方式。

技术资料的交付应该有交付记录，交付记录上应列出交付的技术资料清单，注明交付时间并由权利人和被许可方或他们的授权代表签字确认。交付记录至少应该有两份，权利人和被许可方各执一份存档备查，是对合同履行情况的记载。

4.1.6 专利的许可使用费、支付方式及支付时间

许可使用费及支付方式、支付时间，是合同的必备条款。

许可使用费涉及各种因素的考量：专利的研究开发成本、专利的类型、专利的稳定性、先进性及难以规避设计的程度、专利剩余的有效期长短、通过专利的实施已经彰显出来的市场价值，或者专利市场潜在价值的预估等。确定许可使用费除了考量专利本身的价值外，还与许可方式、许可范围、许可期限、专利实施转化和应用的程度、专利技术产业化的难易程度、产业化的时间周期、产业化后的市场接受预期等因素紧密相关，但使用费到底确定是多少，最终是权利人与被许可方经过讨价还价达成一致的结果。

同一件专利，许可类型不同，许可使用费应该是不同的，使用费的高低排序依次是独占许可、排他许可、普通许可、分许可。

没有得到市场验证的专利技术、专利产品，因专利技术、专利产品的前景充满了不确定性，其许可使用费应该低于得到验证的。此类情况下，被许可方往往在技术的吸收和实施方面会投入更多的成本和时间，导致实施专利的总体成本提高、实施时间较长。如果许可使用费过高，被许可意向人在对实施的成本和可能的收益进行权衡的过程中会发现，克服专利技术的机会主义成本过高，得出接受许可价格不划算的结论使权利人的许可愿望落空。

在交叉许可的情况下，合同相对方既是权利人，也是被许可方，如果双方的专利价值均衡，可以没有许可使用费；如果一方的专利价值高于相对方的，则高出的部分可以确定为许可使用费。

虽然一般情况下，最终确定的许可使用费是合同当事方磋商谈判达成合意后的结果，但是有一个例外情形，如果被许可的专利已经成为标准必要专利，则许可费应遵循公平、合理、无歧视原则，例如国际标准组织（FRANDSSOs standard-setting organizations）通常要对标准专利加以限制，要求一个标准专利必须有公平、合理和不带歧视性的条款（Fair, Reasonable, and Non-discriminatory

Terms FRAND),既要保证专利权人能够从技术创新及专利许可中获得足够的回报,同时也避免专利权人借助标准所形成的强势地位索取高额许可费率,否则,权利人可能触犯中国反垄断法关于滥用市场支配地位的规定。

许可使用费的支付方式由当事人约定,可以采取一次总算、一次总付或者一次总算、分期支付,也可以采取提成支付或者提成支付附加预付入门费的方式。采用提成支付或者提成支付附加预付入门费的方式的,提成支付的比例可以采取固定比例、逐年递增比例或者逐年递减比例。在专利实施应用程度较低的情况下,专利许可使用费按照入门费+利润/销售额提成的方式收取应该更务实一些,使用费与专利技术的市场利益捆绑在一起,能够督促权利人积极履行合同义务,帮助支持被许可方解决实施专利过程中遇到的各种技术问题以便更快地获取市场和社会效益。

提成收入以被许可方实施专利获得的市场收益为基数计算,基数一般是专利产品的全部销售收入或专利产品的全部售后利润,还可以以固定的每单位许可费的形式确定提成支付使用费。权利人与被许可方应在合同中明确提成支付的基数及比例,可以按照产品价格、实施专利和使用技术秘密后新增的产值、利润或者产品销售额的一定比例提成,也可以按照约定的其他方式计算。

以专利产品的销售额为基数的,虽然不需要复杂的核算、操作简单,但专利产生的收益只是其中的一部分、一小部分,权利人与被许可方应该对专利实施的收益做出符合客观事实的预判来确定提成比例,避免权利人滥用专利权收取不合理的高额许可使用费。提成支付的基数也可以是专利产品的营业利润、税后利润等。无论是哪种情况,合同当事人都应该在合同中约定查阅有关会计账目的办法,以方便权利人查阅被许可方相关账目、按照约定与被许可方共同确定实施专利收益为原则。

约定提成支付的,确定被许可方实施专利的收益是关键。如果被许可方是非上市公司,则其实施专利的收益属于不为公众所知的内部管理范畴;即使被许可方是上市公司,权利人也未必能通过其公告的经营情况确定实施专利后的收益,毕竟被许可方实施专利技术的收益仅涉及某类或某个产品。为了掌握被许可方的收益状况,比较可取的做法是在合同中约定专利产品市场情况的定期核查方案。约定可以包括以下方面的内容:

(1)被许可方有义务及时按约定的时间、频率、内容和方法,向许可方提供专利产品的财务或销售信息。

（2）权利人有权在其认为必要时，仅需向被许可方提前致送书面通知，便可向被许可方派遣资深的注册会计师事务所人员到有关现场，对相关财务、销售等资料进行核查。

4.1.7 验收的标准及方法

合同里可约定专利实施结果的验收标准与方法。一个专利技术的实施效果是否能够达到双方的预期，需要确定一个评判标准。如果专利保护的是产品，可约定实施专利后制造出来的专利产品根据现行的技术标准、生产标准进行检验。专利产品所属领域本身有强制性生产准入要求的，验收标准应该包括生产准入必须的技术标准、生产标准、检测标准等；验收方法应包括国家、行业等要求的方法。专利产品所属领域本身没有强制性生产准入要求的，也需要约定市场准入的验收标准，并可约定按照所属领域惯常的方法进行验收。

合同当事人不约定验收的标准和方法可不可以？虽然可以，但是专利实施的结果是否符合合同签订时双方的预期、是否能够达成合同目的，双方很难说清楚，当事人的合同权益难以得到保障且容易引起纠纷。

4.1.8 对技术秘密等的保密事项

世界知识产权组织（WIPO）多年的调研结论显示：全球90%甚至更高比例的专利都没有产业化、没有转换为现实的生产力，一个主要原因在于：理论上行得通的技术解决方案就可以获得专利授权，这是专利制度本身的规则决定的；另一个主要原因在于：权利人往往充分利用专利制度本身的规则，为获取尽可能大的专利权保护范围、最大限度地独占核心技术获取市场优势，在申请专利时往往尽可能少地披露技术细节，而这些技术细节往往是实施专利的关键。这些没有披露的技术细节往往是权利人的技术诀窍，是权利人采取了保密措施进行保护的技术秘密。

因此，许多情况下，实施专利还需要权利人向被许可方提供支持专利技术实施有关的技术诀窍等技术秘密信息。所以许可合同应有保密条款，主要涉及技术秘密的保密约定。在专利实施许可法律关系中，一般情况下，被许可方是这类技术秘密的保密义务人，对这部分技术负有保密的义务直到这些秘密成为公知技术为止。在技术秘密也是许可的对象且权利人向被许可方收取了相应的技术秘密许可费的情况下，权利人也是其拥有的技术秘密的保密义务人，至少在专利许可期限内负有保密义务。

如何界定权利人提供的专利以外的技术信息是技术秘密需要被许可方或双方尽到保密义务，这是一个法律问题，现行法律《反不正当竞争法》明确规定："……商业秘密，是指不为公众所知悉、能为权利人带来经济利益、具有实用性并经权利人采取保密措施的技术信息和经营信息。"可见，保密条款并不涉及专利技术，专利一旦授权就被公开，不属于保密的范畴。所以，保密条款设定的保密内容需要被许可方高度关注，否则可能会承担超出法律规定的保密义务。

保密条款里除了相关技术信息需要保密约定以外，还可能涉及一些经营信息的保密约定、后续开发技术的保密约定，这些需要视具体情况由权利人与被许可方协商确定。

4.1.9　技术服务与培训

专利实施许可的标的物是技术，技术的实施是一个复杂的专业过程，也是一个复杂的经营过程，需要管理团队、技术团队、制造团队等各方协同，资金及设备设施、材料能源、工艺环境、工艺技术等协调到位，被许可方仅仅凭借专利文件和权利人提供的技术资料实施专利，往往是不够的。被许可方专利实施过程中需要得到技术的详细解读、现场指导、培训服务等以保证技术实施的步骤合理、方法得当，可以少走、不走弯路。因此合同里还应有权利人向被许可方提供技术指导、技术服务、技术培训方面的约定。

技术服务涉及服务团队、服务场所、服务费用、服务方式、服务验收等；技术培训涉及培训团队、培训对象、培训场所、培训方式、培训频率、培训效果等，合同里应进行约定。

4.1.10　后续改进技术的权利归属与共享

专利实施的过程中，往往需要在专利技术的基础上进行后续开发解决一系列的技术问题，解决这些技术问题的技术解决方案是后续改进技术，是新的发明创造，有些是可以依法申请专利的，也可以作为技术秘密进行保护。这些后续改进技术归谁所有，申请专利的权利归谁，技术秘密的权利归谁，法律上都有原则性规定，主要遵循了民事法律关系的契约优先原则，即以当事人对后续改进技术权利归属的约定为先，没有约定的才适用法律规定。《专利法》规定，两个以上单位或者个人合作完成的发明创造、一个单位或者个人接受其他单位或者个人委托所完成的发明创造，除另有协议的以外，申请专利的权利属于完成或者共同完成的单位或者个人；申请被批准后，申请的单位或者个人为专利权人。《合同法》规定，当事人可以按照互利的原则，在技术转让合同中约定实施专利、使用技术秘密后续改进的技术成果的分享办法。没有约定或者约定不明确，当事人可以协议补充；不能达成补充协议的，按照合同有关条款或者交易习惯确定，一方后续改进的技术成果，其他各方无权分享。

被许可方实施专利的过程，一般是不断解决技术问题的过程，也应是接受权利人必要技术指导的过程；实施专利产生的新的发明创造可能出现被许可方和权利人你中有我、我中有你的情况，难以清楚界定发明创造的权属。因此有必要在合同中对后续改进技术的归属进行明确约定，以尽可能地避免后续改进技术权属纠纷。如果合同没有约定，权利人与被许可方合作开发形成的后续开发技术的所有权、申请专利的权利、商业秘密权由双方共有；被许可方开发形成的所有权、专利申请权、商业秘密权属于被许可方。

4.1.11 权利人的保证

合同里应有保证条款。

权利人应该保证自己是所提供的技术的合法拥有者，并保证所提供的技术完整、无误、有效，能够达到约定的目标，这是权利人的法定义务。

权利人应该保证自己所提供的技术是不侵犯第三方知识产权的自有技术，许可期限内被许可方一旦遭遇第三方的知识产权侵权指控，一切法律后果由权利人承担。这种保证对被许可方而言，对保障其许可合同权益具有非常现实的意义。中国的审查制度是只对发明专利申请进行实质审查，对实用新型和外观设计专利申请主要进行形式审查，因此现实中尤其是实用新型专利和外观设计专利，不能排除同样的发明创造重复授权的情况，即相同发明创造的实用新型或外观设计专利权分别授予了不同的权利人。如果被许可的专利申请日在后，则被许可方实施专利技术的过程中面临专利申请在先的权利人指控专利侵权的概率较大。一旦发生此类情况，被许可方是无辜的第三方，权利人有义务积极面对并承担责任。

在合同履行过程中一旦被许可专利遭遇第三方侵权，专利技术的市场合法垄断地位遭到破坏，无论是权利人还是被许可方，相关利益均受到损害，权利及利益如何救济，是合同当事方尤其是被许可方不得不面对的课题。不同许可方式下被许可方面对第三方侵权时的权利是不同的。在独占许可关系中，被许可方拥有独立的诉权，可以直接针对侵权的第三方提起法律诉讼主张救济的权利；如果是排他许可，只有在权利人即许可方放弃诉权的情况下被许可方才有独立的诉权，以自己的名义通过诉讼主张专利权的权利；在普通许可的情况下，被许可方没有独立的诉权。

权利人应该保证会积极采取维权行动或积极配合被许可方采取维权行动。

专利权既然是一种权利，可以申请也可以放弃。在专利的有效期内，专利权人可以通过向国家知识产权局提交书面声明的方式或不缴纳专利年费的方式放弃其专利权，导致权利终止。权利一旦终止将严重损害被许可方的合同利益，因此权利人应该保证在许可期限内不会通过书面声明的方式放弃专利权，并依法按时缴纳专利年费以维护专利权的有效性，当然许可合同约定由被许可方缴纳专利年费的情况下，权利人无需对依法缴纳专利年费事项进行保证。

4.1.12　违约及索赔

违约及索赔是许可合同的基本条款。现实中，专利实施许可合同履行过程中当事人违约情况屡见不鲜。因专利实施许可合同履行的专业性、法律性、技术性及市场性等特征，相比一般的民事合同，其违约情况更趋于复杂，不同的许可合同关系下的违约情形不尽相同，违约行为不一而足。故在签订许可合同时尽可能地穷尽可以预见的违约情形并约定相应的违约责任和处理方案，是控制许可风险的一个较好的做法。

在专利实施许可合同履行过程中，常见的违约行为包括：权利人没有提供实施专利必要的技术资料，没有提供必要的技术指导、技术服务、技术培训，在独占、排他许可的情况下将专利许可给第三方使用，在专利被第三方侵权时没有进行维权活动，没有依法缴纳专利年费导致专利权失效等；被许可方没有按约定支付许可使用费，未经权利人同意擅自将专利、技术秘密许可第三方使用，没有遵守保密约定等。不同的违约行为可约定相应的违约责任。

违约当事人可以约定一方违约时根据违约情况向对方支付一定数额的违约金，也可以约定违约方赔偿守约方因其违约造成的损失，并明确违约产生的损失赔偿额的计算方法。

关于违约金的数额，根据合同自由、当事人意思自治的原则，由权利人和被许可方协商确定，但根据法律规定，合同履行一旦发生纠纷起诉到法院或者根据合同约定交仲裁机构裁决，约定的违约金低于守约方因违约方违约造成的损失的，守约方可以请求人民法院或者仲裁机构予以增加；约定的违约金过分高于造成的损失的，守约方可以请求人民法院或者仲裁机构予以适当减少。需要注意的是，许可合同履行纠纷案，即使合同约定的违约金明显高于守约方的损失，如果违约一方不向法院或仲裁机构提出减少违约金的诉求，法院、仲裁机构一般遵循民事权益不告不理的原则，一旦判决或裁决违约成立，则违约方需按照合同约定的金额支付违约金。

为督促合同各方按约履行合同义务，许可合同签订时也可以订立定金条款作为双方适当履行合同的担保。一旦合同的一方不履行合同义务，另一方可以使用定金罚则，即支付定金的一方不履行合同义务时，无权要求守约方返还定金；收取定金的一方违约时，则应双倍返还定金。根据法律规定，定金的数额由当事人约定，但不得超过合同标的额的20%，超过的部分无效。现实中，被许可方往往是支付定金的一方。权利人和被许可方可以约定，将不超过许可使用费的20%的金额作为定金，交付给权利人，权利人在一定期限内，向被许可方提供实施专利需要的主要技术资料。权利人在约定期限内提供的，已经收取的定金抵扣约定的许可使用费即可。

4.1.13 专利权被宣告无效的处理

专利权是一种依法产生的权利，可以依法产生也可以依法终止。虽然法律规定了发明创造的可专利性条件，但在中国，因对发明、实用新型及外观设计专利申请采取不同的审查制度使然，实用新型和外观设计专利的权利稳定性较差，因此中国《专利法》规定，"自国务院专利行政部门公告授予专利权之日起，任何单位或者个人认为该专利权的授予不符合本法有关规定的，可以请求专利复审委员会宣告该专利权无效。"在专利的保护期内，专利被无效的可能性较大。即使是经过实质审查获得的发明专利权的权利稳定性也不是稳如磐石，被无效的概率虽然不像实用新型和外观设计的那么大，但发明专利被无效的情况还是时有发生的。

专利被宣告无效有两种情况：一种是专利被全部无效，专利视为自始不存在；另一种是专利被部分无效，未被无效的专利权部分仍然是有效的。专利被全部无效的法律后果与被部分无效的法律后果是不同的。

专利无效的情形可能发生在合同履行过程中，也可能在合同履行完毕后才发生。专利在不同阶段无效，其法律后果也是不同的。

专利在何时被宣告无效、是全部宣告无效还是部分宣告无效，情况不同，对许可合同当事各方的权利义务的影响不同。许可合同履行完毕后专利被宣告无效，一般情况下对权利人和被许可方的权利义务并不产生影响；合同履行过程中专利被宣告无效的，一般会对权利人和被许可方的权利义务产生实质性的影响。因此签订许可合同时，权利人与被许可方有必要将专利被无效的各种情形及相应的处理方案进行约定，一旦此类情况发生，当事各方有章可循、避免约定不明导致纠纷甚至诉讼。

4.1.14 合同的生效、变更和终止

合同生效是合同当事各方即权利人及被许可方受合同约束的前提条件。一般情况下，合同经当事各方签字盖章后即生效。如果合同是附生效条件的，则条件成就时生效；合同是附生效期限的，则期限届至时生效。合同当事人可根据具体情况在合同里约定合同的生效时间。

合同履行完毕、合同效力终止，是比较理想的状态，但实践中，权利人、被许可方签订的合同可能部分内容约定不明甚至没有约定，或即使约定了但因各种原因致使合同无法全面履行，此类情况下，权利人与被许可方可以签订补充协议对相关合同内容进行补强或变更。对于已生效但内容约定不明的合同如何处理，《合同法》有原则性的规定："合同生效后，当事人就质量、价款或者报酬、履行地点等内容没有约定或者约定不明确的，可以协议补充；不能达成补充协议的，按照合同有关条款或者交易习惯确定""质量要求不明确的，按照国家标准、行业标准履行；没有国家标准、行业标准的，按照通常标准或者符合合同目的的特定标准履行""价款或者报酬不明确的，按照订立合同时履行地的市场价格履行；依法应当执行政府定价或者政府指导价的，按照规定履行"

"履行地点不明确，给付货币的，在接受货币一方所在地履行；交付不动产的，在不动产所在地履行；其他标的，在履行义务一方所在地履行""履行期限不明确的，债务人可以随时履行，债权人也可以随时要求履行，但应当给对方必要的准备时间""履行方式不明确的，按照有利于实现合同目的的方式履行""履行费用的负担不明确的，由履行义务一方负担"。

合同履行过程中权利人与被许可方协商一致可以解除合同，合同效力终止。因一方实质违约导致不能达到合同目的的情况下，守约方依法有权单方面解除合同，合同效力终止。合同履行过程中被许可专利被宣告全部无效，合同效力终止；被部分宣告无效，合同涉及专利无效部分的内容效力终止。合同终止还有其他情况，如附解除条件的合同，条件成就时失效，合同终止；附终止期限的合同，期限届满时失效，合同终止。

合同签订时应尽可能地预判合同履行过程中可能遭遇的各种问题和状况，并在合同里约定不同情形下的处理措施。因主客观原因合同无法全面履行的，可以约定变更合同内容；合同不能履行的，可以约定终止合同；各方协商不能达成一致的，可以通过诉讼或仲裁解决。

4.1.15　其他约定

1. 专利实施许可合同备案的约定

依法签订的专利实施许可合同，根据合同的相对性原则，只在合同当事人之间发生法律效力，并不能对抗合同以外的第三方，因此合同在国家知识产权局进行备案就显得非常重要。将专利许可合同提交到国家知识产权局申请备案，本身也是对合同是否依法签订进行的一次法律评审；许可人不是专利登记簿记载的专利权人或者有权授予许可的其他权利人的、专利权已经终止或者被宣告无效的、实施许可的期限超过专利权有效期的、专利权已经被质押且质权人未出面出具许可同意书的等等违反法律规定的情况，都不能通过国家知识产权局的备案审查。备案申请通过后，专利许可合同备案的有关内容由国家知识产权局在专利登记簿上登记，并在专利公报上公告许可人、被许可人、专利号、申请日、授权公告日、许可的种类和期限、备案日期等内容。

2. 缴纳专利年费的约定

在许可期间依法缴纳专利年费以维持专利的有效性，虽然是权利人的法定义务，但现实中屡屡出现因权利人疏忽未依法缴纳专利年费导致专利权失效的情况，最大的受害者往往是被许可方。为切实维护专利的有效性，合同也可以约定在许可期间由被许可方缴纳专利年费。

3. 不可抗力的约定

根据《合同法》规定，不可抗力是指不能预见、不能避免并不能克服的客观情况。合同里可以约定不可抗力情况下合同当事各方的权利义务。

4. 争议的解决办法

许可合同履行过程中发生争议、纠纷，解决办法包括协商解决、请求专利管理机关调处、诉讼解决、仲裁解决等。协商解决是首选，合同双方按照合同约定、法律规定分清责任，制定大家都能接受的解决方案后自行协商解决。协商无法解决或不愿协商解决的，可请求当地的专利管理部门进行调解，专利管理部门是专业管理部门，专业的人解决专业的事，是充当斡旋调解人的合适且公正的第三方。诉讼解决、仲裁解决是最后的救济手段，费时费力费钱，不到万不得已不建议这么做，但合同里可以约定协商解决，协商解决不成的诉讼解决或仲裁解决。

4.2 专利实施许可合同的成立和生效

专利实施许可合同属于技术转让合同，应采用书面形式。书面形式是指合同书、信件和数据电文（包括电报、电传、传真、电子数据交换和电子邮件）等可以有形地表现所载内容的形式。依法成立并生效的专利实施许可合同对合同各方具有法律约束力，合同当事人享有合同权利并承担合同义务，如果不按照合同约定全面履行合同义务，就构成违约，需要承担相应的法律责任。

可见，专利实施许可合同是对一段专利实施许可法律关系的忠实反映，其成立并生效是非常重要的环节。故本节对合同成立和生效的法律要件进行概述。

4.2.1 专利实施许可合同成立的条件

合同成立应同时具备以下条件：

(1) 有明确的合同当事各方。

许可合同的合同当事各方是权利人和被许可方，权利人是指有效专利权的所有权人。

(2) 有明确的合同标的即专利权。

(3) 围绕合同标的专利权的主要权利义务经权利人和被许可方充分协商并达成合意。

权利人与被许可方就专利实施许可的主要内容签订书面的合同并按约定在合同上签字、盖章，体现了合同当事各方的真实意思表示，合同成立。

虽然《专利法》规定，专利实施许可合同签订后三个月内应在国家知识产权局进行备案，但合同备案并不是合同成立的条件，但没有备案的合同，不能对抗善意第三人。如果独占许可合同没有备案，权利人违反约定又与合同外第三人签订了另一份独占许可合同并且进行了备案登记，合同外第三人就是善意第三人，在先独占许可合同的被许可方不但不能向第三人主张侵权责任，而且备案的合同可以对抗没有备案的，第三人还可以禁止在先独占合同被许可方实施专利技术。在先独占许可合同的被许可方只能依据合同的相对性原则，向权利人主张违约责任获得救济。

4.2.2 专利实施许可合同生效的条件

许可合同经合同当事人即权利人与被许可方签字盖章后即成立；依法成立的合同，自成立时生效。

合同当事人未采取书面形式签订许可合同，但一方已经履行了主要义务且相对方接受的，符合专利实施许可关系的实质条件，合同成立并生效。这种情况过去在实践中时有发生：权利人和被许可方并没有签订书面许可协议，但被许可方向权利人支付了专利使用费且权利人接受的，权利人用行动确认了其许可被许可方使用其专利的意思表示，虽然没有书面协议，但合同仍然成立并生效。

有些情况下，被许可方为控制权利人不按约定交付实施专利必要的技术资料的风险，会约定权利人交付必要资料给被许可人的同时，合同才生效，这是附生效条件的合同，合同经合同各方签字盖章成立但并不立即生效，被许可方接收到权利人提供的资料、生效条件成就的情况下，合同才生效。

权利人与被许可方也可以对许可合同附生效期限，在这类情况下，合同签订成立后也不是立即生效，生效期限届满时合同才生效。

4.3 专利实施许可合同的履行

合同当事人应该本着诚实信用的民事原则忠实全面履行合同义务，相互配合达成许可合同的目标。在一个专利实施许可合同关系中，权利人的主要义务是按约定向被许可方提供专利技术和资料、为被许可方实施专利提供必要的技术指导、技术培训；被许可方的主要义务是按约定向权利人支付许可使用费并满足实施专利技术的生产经营条件进行专利的实施。

现实中常会出现当事人一方或双方都不按合同办事的情况导致双方僵持不下、合同无法顺利履行的情形，或者合同履行过程中出现合同签订时没有预见到也没有约定的新问题，在此情况下，权利人、被许可方完全可以就合同的某些争议条款重新磋商达成一致并通过签订补充协议的方式对许可合同之前约定的内容进行修改，以推动合同的继续履行。补充协议是许可合同的组成部分，补充协议里的条款与许可合同的不一致的，一般以补充协议里的为准。

4.3.1 合同履行初期的主要权利义务

权利人应按约定向被许可方提供专利技术及相关资料、被许可方应按约定向权利人支付许可使用费。

许可合同围绕专利技术的实施展开，权利人不按约定提交专利及相关技术资料给被许可方，专利实施就无从做起；被许可方不按约定向权利人支付使用专利技术相应的对价即使用费，有违市场交易规则和公平原则，许可合同也很难履行下去。权利人有权要求被许可方按约定支付许可使用费，被许可方有权要求权利人按约定提供实施专利技术必要的技术资料。

按约定，权利人提供实施专利技术必要的技术资料的义务在后、被许可方支付许可使用费的义务在先的，被许可方未按约定支付使用费的，权利人可以行使不安履行抗辩权不向被许可方提供技术资料；权利人提供技术资料的义务在先、被许可支付使用费的义务在后的，权利人未按约定提供技术资料的，被许可方有权行使不安履行抗辩不向权利人支付使用费。

4.3.2 合同履行过程中的主要权利义务

在被许可方实施专利技术的过程中，权利人的主要义务是向被许可方提供实施专利的必要技术资料并提供必要的技术指导、技术培训，被许可方的主要义务是按约支付许可使用费并实施专利技术；权利人的主要义务就是被许可方享受的主要权利，同样地，被许可方的主要义务也是权利人享受的主要权利。

在实施专利技术的过程中被许可方可能会遇到几种状况：

（1）专利技术从未工程化、产业化。被许可方在实施的过程中可能会遇到不少的技术问题需要解决，采用惯常的技术手段就能够解决的技术问题，被许可方可以自行处理；采用惯常的技术手段无法解决，但采用权利人的技术秘密能够解决的，权利人应该给予支持，向被许可方提供技术秘密；如果出现权利人也无法解决、需要通过创造性的后续技术开发才可能解决的，权利人应该继续后续技术开发解决技术问题以履行其提供的技术必须无误、完整、有效的法定义务。当然权利人也可以与被许可方协商、由双方共同开展后续的技术开发工作

（2）专利正在被权利人或其他被许可方工程化、产业化。这种情况下，被许可方可以与权利人或其他被许可方携手进行后续开发活动共同解决技术问题，推动专利实施的顺利进行。当然，这需要权利人和其他被许可方的配合与支持，关于这一点，可在合同中事先约定清楚。

（3）专利已经被权利人或其他被许可方工程化、产业化。这种情况下，被许可方可以采用拿来主义，直接采用权利人或其他被许可方的工艺技术，当然仍然需要在合同中将该项约定为权利人的义务。根据合同，权利人没有此类约定的义务的，被许可方可与权利人通过磋商签订补充协议进行约定，签订的补充协议增加了权利人的义务，权利人很有可能要求增加许可费用，因此在签订许可合同时就将专利实施过程中可能遇到的问题及解决方案明确下来，更有利于专利的实施。

现实中，专利实施许可合同案涉及使用费纠纷的占比较大，被许可方未按约支付或足额支付使用费的情况时有发生，这侵害了权利人的合同根本权利，

权利人可以要求被许可方停止实施专利并返还已经获得的技术资料。

许可合同履行过程中可能会出现专利产品经检测达不到法定或约定标准、专利产品确定不合格，双方可签订补充协议约定不合格情况下的补救措施和处理方案。因专利技术本身缺陷导致产品不合格的，可补充约定权利人减收甚至免收许可使用费且被许可方有权单方解除合同，也可约定权利人在一定期限内完成专利技术的后续改进克服技术缺陷或进行专利技术的后续改进直至专利产品合格为止；因被许可方原因导致专利产品不合格的，可约定权利人给予被许可方进一步的技术指导及其他有关支持，若被许可方生产出的专利产品仍然不合格的，权利人有权单方解除合同。

4.4 专利实施许可合同的无效及法律责任

4.4.1 有关合同无效的法律规定

专利实施许可合同主要受《合同法》调整，鼓励交易并审慎确认合同无效是《合同法》的立法宗旨和基本原则。因此《合同法》对合同无效制定了非常严苛的条件，只有在以下几种情况下，合同才无效：

(1) 一方以欺诈、胁迫的手段订立合同，损害国家利益。

(2) 恶意串通，损害国家、集体或者第三人利益。

(3) 以合法形式掩盖非法目的。

(4) 损害社会公共利益。

(5) 违反法律、行政法规的强制性规定。

4.4.2 导致专利实施许可合同无效的主要情形

导致专利实施许可合同无效的主要在于上述第（5）条规定，即合同签订违反了法律、行政法规的强制性规定，主要有以下几种情形：

(1) 被许可专利有效期届满、因未缴纳专利年费导致专利效力终止或者已经被宣布无效，已经不是有效专利，以效力终止的专利为合同标的的专利许可合同无效。

(2) 专利实施许可合同的许可方不是专利的合法所有权人、无权许可却签订了专利实施许可合同，合同无效。

（3）非法垄断技术、妨碍技术进步或侵害他人技术成果的专利实施许可合同无效，主要有以下几种情况。

① 权利人限制被许可方在许可专利技术、技术秘密等技术基础上进行新的研究开发或者限制其使用所改进的技术。

② 权利人与被许可方交换改进技术的条件不对等，包括一方要求另一方将其自行改进的技术无偿提供给对方、非互惠性转让给对方、无偿独占或者共享该改进技术的知识产权。

③ 权利人限制被许可方从其他来源获得与权利人技术类似的技术或者与其竞争的技术。

④ 权利人阻碍被许可方根据市场需求，按照合理方式充分实施合同标的技术，包括明显不合理地限制被许可方实施合同标的技术生产产品或者提供服务的数量、品种、价格、销售渠道和出口市场。

⑤ 权利人要求被许可方接受并非实施技术必不可少的附带条件，包括购买非必需的技术、原材料、产品、设备、服务以及接收非必需的人员等。

⑥ 权利人不合理地限制被许可方购买原材料、零部件、产品或者设备等的渠道或者来源。

⑦ 权利人禁止被许可方对合同标的技术知识产权的有效性提出异议或者对提出异议附加条件。

（4）侵害他人技术成果的合同无效。

他人技术成果，是指他人利用科学技术知识、信息和经验作出的涉及产品、工艺、材料及其改进等的技术方案，包括专利、专利申请、技术秘密、计算机软件等。侵害他人技术成果是指许可合同标的技术是侵犯他人技术成果的侵权技术的情况。

许可合同标的包括专利权和技术秘密的，技术秘密被认定侵犯了合同外第三方的技术成果，则合同约定的有关技术秘密的部分无效，涉及专利权部分的仍然有效。

（5）合同履行过程中专利被宣布全部无效或部分无效的，专利实施许可合同效力终止或部分无效。

专利在许可合同签订时是有效的，但在履行过程中被宣布无效的，尚未履行部分的合同内容效力终止;专利被宣布部分无效的,无效决定导致许可合同部分无效,合同部分无效不影响合同其他部分效力,其他部分合同内容仍然有效。比较常见的许可合同部分无效的情况主要在于合同标的专利权部分无效的情况。专利权被部分无效的,仅合同里涉及专利权无效部分的内容无效,其他部分仍然有效。

专利在许可合同履行完毕后被宣告无效的,无效的决定对已经履行的专利实施许可合同不具有追溯力,许可合同有效。

还有一种例外情形,即已经申请专利但尚未授权的技术作为标的签订的专利实施许可合同,该合同并不能以无效论,除非申请最终未获授权;即使在申请最终未获授权的情况下,许可合同也不一定无效,具体情况需要具体分析。

4.4.3 合同无效的法律责任

合同无效后的法律责任,是有过错的一方赔偿对方因此所受到的损失,双方都有过错的,应当各自承担相应的责任。合同部分无效的,有过错方仅就无效部分造成对方的损失承担赔偿责任。

因权利人的过错如失效专利作为合同标的等情况导致许可合同无效的,许可方应向被许可方承担相应的违约责任。权利人应返还已经收取的专利使用费,并赔偿被许可方因履行无效合同所受到的损失。被许可方实施专利的直接投入如研究开发经费等属于被许可方因实施无效合同所受到的损失范畴,权利人应当给予赔偿。

在许可合同履行完毕后专利被宣告无效的,无效的决定对已经履行完毕的合同并不具有追溯力,但因权利人的主观恶意给被许可方造成的损失,一旦被许可方要求,权利人仍然需要承担向被许可方赔偿的法律责任;权利人没有主观恶意但收取的专利使用费过高明显违反了公平原则的,如果被许可方要求,法律规定权利人应当全部或者部分返还给被许可方。

4.5 专利实施许可合同的违约行为及其法律责任

专利许可合同成立并生效后,合同当事人不履行、不适当履行合同义务,构成违约，是专利实施许可合同的违约行为，无免责事由的情况下应向守约方承担违约的法律责任。根据法律规定，当事人一方不履行合同义务或者履行合同义务不符合约定的，应当承担继续履行、采取补救措施或者赔偿损失等法律责任。当事人不履行、不适当履行合同义务但有免责事由的并不当然承担违约的法律责任。免责事由包括法定的免责事由和约定的免责事由两类。法定的免责事由主要指因不可抗力不能履行合同的情况。不可抗力，是指不能预见、不能避免并不能克服的客观情况。至于约定的免责事由，实践中在许可合同中约定在某种或某些情形下违约方可以豁免违约责任的情况比较少见。

4.5.1　专利实施许可合同的违约行为

专利许可合同的违约行为主要包括合同当事人不履行合同义务、不当履行合同义务、延迟履行合同义务、预期不履行合同义务等，具体见表4-1。

表4-1　专利许可合同违约行为

违约行为	违约表现	违约案例
不履行合同义务	拒绝履行	权利人拒绝提供实施专利技术的必要资料；被许可方拒绝支付许可使用费等
不当履行合同义务	没有按照合同约定忠实履行义务，义务履行不当、不全面等	权利人未向被许可方提供实施专利技术的全部资料；权利人所提供的技术没有达到完整、无误、有效的程度，不能够达到约定的目标；权利人未提供必要的技术指导、未按时缴纳专利年费导致合同标的专利失效、提供给被许可方的技术侵犯合同外第三人的知识产权权利等；被许可方未支付约定的许可使用费、未履行保密义务等
延迟履行合同义务	义务人虽然履行了合同义务，但违反约定的履行时限，履行时间延迟	权利人延迟提交实施专利的技术资料、延迟进行必要技术指导等；被许可方延迟支付许可使用费等
预期违约	明示违约、默示违约	

4.5.2　违约的法律责任

合同违约的法律责任，《合同法》有明确的规定，当事人一方不履行合同义务或者履行合同义务不符合约定的，应当承担继续履行、采取补救措施或者赔偿损失等违约责任；当事人一方明确表示或者以自己的行为表明不履行合同义务的，对方可以在履行期限届满之前要求其承担违约责任；当事人一方未支付价款或者报酬的，对方可以要求其支付价款或者报酬；当事人一方不履行非金钱债务或者履行非金钱债务不符合约定的，对方可以在合理期限内要求其履行，但法律上事实上不能履行、债务的标的不适于履行或者履行费过高的除外。

具体到专利实施许可合同的违约责任，合同履行过程中可能出现当事人根本违约、部分违约的情况。违约情况不同，违约责任也不同。合同当事人根本违约致使不能达到合同目的的，守约方可以要求违约方承担违约责任并有权单方面解除许可合同；合同当事人部分违约的，守约方有权要求违约方继续履行合同义务、采取补救措施或者承担赔偿损失等违约责任。

权利人没有按约提供实施专利技术必要的技术资料的，被许可方可以要求权利人马上提供或在一定期限内提供；权利人拒不提供的，权利人构成根本违约，被许可方有权单方面解除许可合同并要求其承担违约责任；合同约定了违约金的，被许可方有权要求权利人支付违约金，没有违约金约定的，被许可方可要求权利人赔偿因其违约造成的损失，包括合同履行后可以获得的利益损失，但不得超过权利人订立合同时预见到或者应当预见到的因违反合同可能造成的损失。被许可方没有按约支付许可使用费的，权利人有权要求其立即支付或在一定期限内支付，否则被许可方构成根本违约，权利人有权单方面解除合同、有权要求被许可方按约支付违约金或赔偿损失；已经移交了实施专利技术必要的技术资料的，被许可方应该返还给权利人。

权利人只提供了实施专利技术的部分技术资料的，被许可方有权要求其继续履行合同义务提供实施专利技术必要的全部技术资料，权利人拒不提供的，权利人构成违约，被许可方有权要求其返还部分或者全部使用费，并按约支付违约金或赔偿损失；被许可方只支付了部分许可使用费的，被许可方构成违约，权利人有权要求其继续履行合同补交使用费，不补交使用费的，被许可方应当停止实施专利，交还技术资料，因其违约给权利人造成损失的，被许可方还应承担赔偿或按约支付违约金的违约责任。

合同履行过程中出现专利技术本身存在技术障碍无法实施或实施成本过高，导致专利技术产业化、市场化、获得市场及社会效益的合同目的难以实现的情况，且被许可方有足够的证据证明这一点，则权利人未能履行其提供的技术应完整、无误、有效，能够达到合同目的的法定义务，构成违约，需承担违约责任。

专利实施过程中专利技术本身存在技术障碍难以解决可能有两种情形，第一种情形是专利技术解决方案本身就存在技术缺陷难以解决导致专利无法实施；第二种是专利技术解决方案本身理论上是行得通的，但按照专利方案实施的成本过高如需要较高水平的工艺支持或者时间长投入大，专利技术实施后并不能带来预期的经济效益。无论是哪种情形，权利人应进行创造性的后续技术开发解决此类技术障碍，或采取补救措施，免收、减收许可使用费，被许可方有权单方解除合同终止合同效力，为此导致损失的，被许可方可以要求权利人赔偿损失。

许可合同履行过程中可能发生的违约情况还包括权利人没有提供必要的技术指导、被许可方没有按约保守技术秘密、被许可方未经权利人同意擅自许可合同外的第三方实施专利技术等，现实中的违约情况比较复杂，这里不再一一赘述。

4.6 典型案例及其分析

笔者对多个专利实施许可合同纠纷案进行了研读、分析后发现，专利实施许可合同纠纷案主要涉及当事各方的主要权利义务纠纷，如被许可方是否按约支付了许可使用费、是否足额支付了许可使用费、权利人提供的技术是否真实完整有效、是否提供了必要的技术指导等；法院的判案主要遵循合同自由、当事人意思自治、诚实信用、等价有偿等民事原则。因此在签订专利实施许可合同时预判合同履行过程中的各类风险并将处理方案约定到合同中去，能够较好地控制合同风险，一旦发生违约，违约方的违约责任能够依据合同约定迅速明确下来；守约一方的合同权益能够得到及时的救济；否则，守约方追究违约方违约责任的过程会复杂许多，投入的时间成本、金钱成本也会高得多，而且承受了本可避免的诉累。

4.6.1 胡彪诉苏勇发明专利实施许可合同纠纷案[①]

1. 案情简介

原告胡彪（被许可方）因与被告苏勇（权利人）履行发明专利实施许可合同引起纠纷起诉到云南省昆明市中级人民法院，原告诉讼理由及主要诉求是：被告提供虚假配方，致使原告先后投入的款项无法收回，与其他人签订的合同因无法履行也造成了100余万元的损失，请求判令被告向原告赔偿经济损失人民币200万元，并承担相应的银行同期贷款利息。被告辩称：①被告告诉过原告涉案专利正在申请过程中，并没有获得授权；②双方签订的《保密协议》尚未生效，原告未向被告支付过50万元的专利许可费；③被告提供给原告的配方是真实的，原告生产产品使用的配方与被告提供的配方不同；④原告要求被告赔偿其经济损失人民币200万元没有事实和法律依据。

2012年2月12日，甲方胡彪（被许可方）与乙方（权利人）苏勇签订一份《保密协议》，约定乙方提供磷石膏建筑用材及其制备方法（申请号：201110376132.0）给甲方并约定协议一式二份，《保密协议》生效与核心技术的书写配方及乙方承诺书到位一同生效。乙方提交了名称为"一种磷石膏建筑用材及其制备方法"的专利申请受理通知书给甲方，但未提交具体的技术内容。2012年2月22日，乙方苏勇出具一份《承诺书》给甲方胡彪，内容是：本人苏勇就保密协议的配方，承诺配方必须完整、真实、有效。如有保留使胡彪不能生产，苏勇必须承担给企业和胡彪带来的所有损失，赔偿人民币贰佰万元整并承担相应的法律责任。同日，苏勇将一份手写的核心技术（路缘石）和一份核心技术（轻质样板）交给胡彪，2012年2月22日，甲乙双方在《保密协议》文书底部签署"同意生效"字样。后法院查明这两份技术方案与原告申请的201110376132.0发明专利的技术特征不同。

《保密协议》签订后，原告出资150余万按照被告提供的配方进行了生产，但生产出的产品经云南省建筑工程质量监督检验站检测后结果为不符合质量要求。2012年4月，被告与原告在云天化国际化工红磷分公司试验生产的地砖全部出现变形、开裂，不能使用。与此同时，2012年7月原告用被告配方生产的

[①] 云南省昆明市中级人民法院（2013）昆知民初字第175号民事判决，云南省高级人民法院（2014）云高民三终字第30号民事判决。

在云天化国际化工三环分公司铺设的磷石膏仿青石地砖全部变形，致使工程报废。

2. 法院判决

云南省昆明市中级人民法院一审判决支持了原告胡彪的主要主张，判决被告苏勇于判决生效之日起三十日内赔偿原告胡彪人民币200万元。

被告苏勇不服一审判决上诉至二审法院即云南省高级人民法院，二审法院维持了一审判决，一审判决生效，权利人苏勇需赔偿被许可方胡彪200万元。本案已经结案。

3. 简要评析

（1）原告胡彪与被告苏勇当初作为甲方和乙方签订的《保密协议》及《承诺书》，虽然并不满足专利实施许可合同的形式表达，但内容实质上确立了被告苏勇是权利人、原告胡彪是被许可方的合同当事人地位且约定了许可实施专利技术的具体权利义务，仍然属于专利实施许可合同，由此引起的纠纷是专利实施许可合同纠纷。但是当初苏勇与胡彪如果按照专利实施许可合同的惯常表达格式签订许可合同，此类表达格式本身就能够引导双方明确各自的权利义务和违约行为、违约责任，预判合同履行中的各种不确定因素并进行事先约定，会最大限度地减少合同履行过程中的争议和风险。因此，参照通常的专利实施许可合同的表达格式如国家知识产权局提供的《专利实施许可合同》模板签订许可合同，应是许可合同当事人的首选。

（2）甲方胡彪与乙方苏勇2012年2月12日签订的《保密协议》约定其生效条件是核心技术的书写配方及乙方承诺书到位时合同生效；双方2012年2月22日签订了《承诺书》，乙方并将核心技术的书写配方交于甲方，此时，《保密协议》约定的生效条件已经成就，甲乙双方并于同日在《保密协议》文书底部签署"同意生效"字样。因此，无论是从形式还是实质情况评判，《保密协议》约定的生效条件都已经成就。《保密协议》于2012年2月22日生效；双方同日在《保密协议》文书底部签署"同意生效"的行为进一步确认《保密协议》已经生效。实质上，《保密协议》是附生效条件的专利实施许可合同，条件成就时合同生效。因此，在一审诉讼中，被告苏勇辩称双方签订的《保密协议》尚未生效的主张未得到法院支持。

由此可见，权利人与被许可方可以签订附生效条件的专利实施许可合同，并且一定要将合同生效的条件约定清楚,许可合同签订后成立但不生效,对合同当事各方并不具有法律约束力,条件成就时合同才生效。

(3)合同履行过程中,权利人苏勇并没有履行其提供专利技术的合同义务,其提供给被许可方胡彪实施的配方技术与《保密协议》约定的专利技术不同,已经构成根本违约;苏勇也没有履行《承诺书》关于提供的技术必须完整、真实、有效的合同义务,胡彪实施技术生产出来的产品不合格并造成了损失,苏勇也根本性地违反了合同义务,苏勇应该承担根本违约的违约责任,支付违约金或赔偿损失。《承诺书》关于苏勇赔偿人民币贰佰万元整并承担相应的法律责任的约定中的200万元整,实际上约定的是违约金。因此法院根据原告胡彪的诉讼请求判决被告苏勇赔偿胡彪200万元有事实和法律依据,被告苏勇诉讼中辩称原告要求被告赔偿其经济损失人民币200万元没有事实和法律依据的抗辩理由并不成立。

(4)因权利人苏勇未提供完整、真实、有效的专利技术的违约行为造成被许可方胡彪的损失是100余万元,而双方约定的赔偿金是200万元,显然约定的违约金过分高于造成的损失,违约方苏勇完全可以根据法律规定请求法院予以适当减少,但苏勇并没有行使法律赋予的权利,未请求法院对违约金进行调整,法院虽然意识到了约定的违约金过分高于造成的损失,但遵循合同自由、当事人意思自治的原则和民事纠纷不告不理的审判原则,没有进行调整。由此可见,合同履行过程中一旦发生违约行为,合同当事双方如果不依法维护各自的约定及法定权利,则只有损失自担了。

综上,无论是权利人还是被许可方,在签订专利实施合同时都应对自己履行合同的能力和实力做出尽可能客观的评判,以能够全面履行合同义务为前提确定合同义务,谨慎对待合同的每一个条款,否则一旦违约发生,就应该抱着愿赌服输的心态去面对、承担相应的法律责任。合同一旦签订并生效,合同各方均应全力以赴地全面履行合同义务。本案也给了我们另一个启示:签订专利实施许可合同时权利人与被许可方应对合同履行过程中可能出现的违约行为进行预判,对可能的发生违约行为、违约责任进行具体约定;合同履行中一旦违约发生,守约方就可以据此向违约一方主张具体的违约责任,操作性强、实用性强。

4.6.2 其他专利实施许可合同纠纷案

1. (2013) 民申字第1213号实用新型专利实施许可合同使用费纠纷再审案件

1) 案情简介

专利权人崔彪与柳州瓦轴轴承有限公司签订了两个新型专利的实施许可合同，履行合同过程中因许可使用费纠纷崔彪起诉到法院，之后崔彪不服一审二审判决向最高人民法院申请再审，最高人民法院依法组成合议庭对该案进行了审查并下达了(2013)民申字第1213号民事判决书，驳回了崔彪的再审申请。

2) 简要评析

本案的现实意义主要在于以下两点：

(1) 本案涉及合同部分无效的法律适用。合同约定许可使用的其中一个实用新型专利，在签约前因未缴纳专利年费已经失效，所以以无效专利为标的签订的专利实施许可合同无效，但因合同标的还涉及另一个被许可实用新型专利，该专利为有效专利，因此有关该有效专利的合同内容仍然有效。这是专利实施许可合同部分无效的典型案例。

(2) 本案涉及合同部分无效的法律后果。法律规定，合同部分无效，不影响其他部分效力的，其他部分仍然有效。所以本案中法院判决的许可使用费只剔除了失效专利对应的使用费部分。

2. (2016) 苏民终1510号发明专利实施许可合同使用费纠纷二审案件

1) 案情简介

原审被告、上诉人（被许可方）立业制药股份有限公司不服一审法院关于向原审原告专利权人余述南支付许可使用费的一审判决，上诉到二审法院江苏省高级人民法院请求撤销一审判决。二审法院经审理驳回了其上诉请求，维持了一审判决。

2) 简要评析

本案的现实意义主要在于以下几点：

第一，法律规定专利实施许可合同应该采用书面形式，但书面形式签订专利实施许可合同并不是合同成立并生效的必要条件。本案中，权利人余述南与被许可方立业制药股份有限公司并没有签订专利实施许可合同，但余述南向立业制药股份有限公司移交了实施专利技术的必要技术资料、立业制药股份有限公司也已经实施了专利技术，因此专利实施许可合同仍然成立并生效。

但是，若当初权利人余述南与被许可方签订了书面的专利实施许可合同，可能之后余述南也不至于为获得专利许可使用费承受几年的诉累。

第二，权利人与被许可方对许可使用费没有明确约定的，权利人仍然可以依据法律规定主张许可使用费的权利，被许可方仍需要履行支付使用费的法定义务。本案中，法院依据《专利法》《中华人民共和国促进科技成果转化法》等有关法律规定支持了权利人余述南要求被许可方立业制药股份有限公司支付许可使用费的主张。

第三，专利实施许可合同的被许可方没有支付许可使用费给权利人，已经构成根本违约，权利人有权单方面解除合同。本案中，被许可方立业制药股份有限公司实际实施了权利人余述南的发明专利技术但却未支付许可使用费，构成了根本违约需承担相应的违约责任，所以余述南关于单方面解除许可合同、立业制药股份有限公司停止使用专利技术的诉求得到了法院支持。

第 5 章 专利许可中常见的法律风险及其防范

一般认为,"风险（risk）"一词来源于意大利语中的单词"riscare"。在早期的运用中,风险被理解为客观的危险,体现为自然现象或者航海遇到礁石、风暴等事件。大约到了 19 世纪,在英文的使用中,风险一词常常用法文（risque）拼写,主要是用于与保险有关的事情上。现代意义的风险一词,已经大大超越了"遇到危险"的狭义含义,其核心在于"未来结果的不确定性或损失"。经过两百多年的演义,风险一词越来越被概念化,并随着人类活动的复杂性和深刻性而逐步深化,并被赋予了哲学、法律学、经济学、社会学、统计学甚至文化艺术领域的更广泛更深层次的含义,且与人类的决策和行为后果联系越来越紧密,风险一词也成为人们生活中出现频率很高的词汇。

风险根据不同的标准有不同的分类。根据风险发生的原因,风险可分为自然风险、社会风险、经济风险、政治风险。其中社会风险是指个人或团体在社会上的行为导致的风险。法律风险是社会风险的一种,它就是主要因当事人的行为导致的法律不利后果发生的可能性,在形成原因和表现形式上看,具有多样性。专利许可中的法律风险是指在专利许可过程中,许可法律关系中的当事人因对专利许可的相关法律和合同认识不足,在签订、履行专利许可合同时违反法律或者合同规定,从而导致专利许可合同当事人遭受法律不利后果发生的可能性。专利许可中的法律风险主要包括专利权主体资格风险、专利权效力风险、专利许可合同效力风险、专利许可费风险、专利权滥用风险、专利权被侵权风险及其平行进口风险等。

在知识经济时代,如何充分发挥专利价值以推动科技成果真正转化为现实生产力,越来越受到世界各国的重视。专利许可有利于专利权主体获得收益,提升市场主体创新积极性,促进专利技术的传播,为专利技术使用者节省研发费用,降低经营风险,从而真正实现专利价值。但专利许可也产生了诸多问题,如法律风险大,参与主体的防范意识缺乏,防范手段还不够彻底。所以全面认识专利许可中的法律风险，找到风险防范的策略，有利于更好地推动专利许可，提升专利运用能力。

5.1 专利许可中的专利权主体资格风险

5.1.1 专利许可中的专利权主体

专利权的主体即专利权人，是指依法享有专利权并承担与此相应的义务的人。取得专利权的方式分为原始取得和继受取得，原始取得必须经过申请和授权程序，继受取得也必须经过登记和公告才能生效。专利权人依据不同的分类标准分类不同。例如，根据专利权人的国籍不同，分为内国主体、外国主体、无国籍主体；根据取得专利权的方式，分为原始取得专利权主体、继受取得主体；根据主流的民事主体判断标准，即物质生活条件和国家法律的规定，专利权的主体分为自然人、法人、其他组织，以及个别情形下的国家（如国家成为无主作品的权利人）；根据专利权的客体不同，分为发明专利权人、实用新型专利权人和外观设计专利权人；根据专利权的权能不同，分为享有某一项专利权能或者享有几项专利权能的专利权人；根据专利权主体的个数不同，分为单一的专利权主体和共同的专利权主体；根据专利权的归属不同，专利权主体又分为发明人、设计人本人或者其所在单位、委托单位（人）。下面重点介绍发明人、设计人及其所在单位、共同发明人、外国人。

1. 发明人或者设计人

发明人或设计人，是指对发明创造的实质性特点作出了创造性贡献的人。发明人是指发明的完成人，设计人是指实用新型或外观设计的完成人。

2. 发明人、设计人所在单位

我国《专利法》的6条第1款规定，"执行本单位的任务或者主要是利用本单位的物质技术条件所完成的发明创造为职务发明创造。职务发明创造申请专利的权利属于该单位；申请被批准后，该单位为专利权人"。因此，对于职务发明创造来说，专利权的主体是该发明创造的发明人或者设计人的所在单位。这里所称的"单位"，包括各种所有制类型和性质的内资企业和在中国境内的中外合资经营企业、中外合作企业和外商独资企业。与此同时，《专利法》第6条第

3款规定,"利用本单位的物质技术条件所完成的发明创造,单位与发明人或者设计人订有合同,对申请专利的权利和专利权的归属作出约定的,从其约定"。即非职务发明创造,单位也可以基于与发明人或者设计人订立的合同,成为专利权人。

3. 委托发明人或者设计人进行发明或者设计的人或者单位

委托发明创造是指一个单位或者个人接受其他单位或者个人委托所完成的发明创造。《中华人民共和国合同法》第339条的规定,"委托开发完成的发明创造,除当事人另有约定的以外,申请专利的权利属于研究开发人。研究开发人取得专利权的,委托人可以免费实施该专利。研究开发人转让专利申请权的,委托人享有以同等条件优先受让的权利"。根据此,在委托发明创造(设计)中,委托人可根据与发明人或者设计人的约定享有全部专利权,也可能与发明人或者设计人共同享有专利权。

4. 共同发明人

它是指由两个或者两个以上的人共同完成的发明创造。对于共同非职务发明,申请专利由共同发明人共同提出,专利申请被批准后,专利权属于共同发明人。对于两个以上单位协作或者一个单位协作或者一个单位接受其他单位委托的研究、设计任务所完成的职务发明创造,申请专利的权利属于完成或共同完成发明、设计任务的单位,申请被批准后,专利权归申请单位所有或持有。

5. 受让人

它是指通过合同或者继承而依法取得专利权的单位或者个人。我国《专利法》的10条第2款规定:"中国单位或者个人向外国人、外国企业或者外国其他组织转让专利申请权或者专利权的,应当依照有关法律、行政法规的规定办理手续。"这里的"有关法律、行政法规"特指《对外贸易法》和《技术进出口管理条例》。由于外观设计不涉及技术,可以向外方自由转让外观设计申请权或专利权。[①] 对于向外方转让发明或实用新型专利权的,则要视所涉及的技术类型办理相关手续。《专利法》第10条第3款还规定:"转让专利申请权或者专利权的,当事人应当订立书面合同,并向国务院专利行政部门登记,由国务院专利行政部门予以公告。专利申请权或者专利权的转让自登记之日起生效。"为了

[①] 王迁:《知识产权法教程》(第三版),北京:中国人民大学出版社,2011年版,第286页。

保护交易安全，专利权转让需要经过登记和公告才能生效。未经登记和公告，专利权转让不能生效，受让人不是真正的专利权人。

6. 外国人

它包括具有外国国籍的自然人、法人、其他组织。我国已经加入了"保护工业产权巴黎公约"，公约第2条之（1）项规定，本联盟任何国家的国民在本联盟所有其他国家内应当享有各该国法律现在授予或者今后可能授予国民的一切利益；一切都不应损害本公约特别规定的权利。因此，外国人应当享有和国民同样的保护，在他们的权利被侵犯时享有同样的法律救济手段，但是以他们遵守对国民规定的条件和手续为限。在享有工业产权方面，公约第2条之（2）项规定，对于本联盟国家国民不得规定在其要求保护的国家必须有住所或营业所才能享有工业产权。这表明，外国人与我国国民在工业产权方面享有相同的待遇。但与此同时，该公约也允许缔约国在司法和行政程序、管辖权以及指定送达地址和委派代理人方面对外国人做出保留。[①] 这表明在涉及外国人的专利许可合同纠纷中，适用的司法、行政程序、管辖权以及指定送达地址等方面都有特别要求。

5.1.2　专利许可中专利权主体资格风险的产生原因

专利权主体资格风险产生的原因主要表现为道德因素或者心理因素。前者指专利权主体因与其不正当社会行为相联系的一种无形的风险因素，如冒充专利权人许可、假冒专利权人许可、无权代理专利权人的许可等；后者是指由于人的主观上的疏忽或者过失，导致增加风险事故发生的机会或加重损失程度的因素，如共有专利权人在未征得其他专利权人的同意的情形之下的许可行为，被许可人由于主观上的疏忽或者过失，未能认真核查，导致专利许可行为的效力受到影响。

5.1.3　专利许可中专利权主体资格风险的具体表现形式

专利权主体资格风险总体上可以根据是否具有专利权人地位而分为专利权

[①]《保护工业产权巴黎公约》第2条之（3）规定：本联盟每一国家法律中关于司法和行政程序、关于管辖权以及关于指定送达地址或委派代理人的规定，工业产权法律中可能有要求的，均明确地予以保留。

主体地位的缺失、共有专利权主体的无权处分行为、专利权主体不明确。

1. 专利权主体地位的缺失

主要存在于冒充专利权人、假冒专利权人、无权代理人作为专利许可合同主体与他人签订专利许可合同的情形。

2. 共有专利权主体的无权处分行为

我国《专利法》第15条第1款规定："专利申请权或者专利权的共有人对权利的行使有约定的，从其约定。没有约定的，共有人可以单独实施或者以普通许可方式许可他人实施该专利；许可他人实施该专利的，收取的使用费应当在共有人之间分配。"第2款规定："除前款规定的情形外，行使共有的专利申请权或者专利权应当取得全体共有人的同意。"据此，如果共有专利权人约定未经一致同意，任何一方无权单独许可专利权，若此时共有专利权人的任何一位违反约定许可他人实施专利技术并与他人签订专利许可合同，其行为势必影响到该许可合同的效力。如果共有专利权人没有约定，共有人之一可以单独许可他人实施专利，但是许可的方式仅限于普通许可，而不能是独占许可或者排他许可。之所以这样规定，其主要原因在于其他共有人也可以和其他人签订许可协议或者自己实施。[①] 因此，如果共有专利权人没有约定，共有人之一不得单独许可他人享有独占许可或者排他许可该专利权。

3. 专利权主体不明确

专利技术有职务发明也有非职务发明，有委托完成的发明也有合作完成的发明，有单独一个申请人持有的专利技术也有多个申请人共同享有专利权的专利技术，如此复杂的专利权持有现状，专利权人不是特别的明确，专利权权属纠纷也时有发生。以职务发明创造为例，我国《专利法》第6条第1款、第2款、第3款规定，职务发明创造申请专利的权利属于单位，申请被批准之后，单位为专利权人；非职务发明创造，申请专利的权利属于发明人，申请被批准后发明人是专利权人；利用本单位的物质技术条件所完成的发明创造，单位与发明人或者设计人订有合同，对申请专利的权利和专利权的归属作出约定的，从其约定。所以一件专利是职务发明还是非职务发明关系到最终专利权人的确定，发明人一旦与单位就是否是职务发明发生纠纷，势必影响到专利权人的确

---

① 苏平主编：《专利法》，北京：法律出版社，2015年版，第102页。

定。《专利法》第8条规定"两个以上的单位或个人合作完成的发明创造,一个单位或个人接受委托完成的发明创造,除协议另有约定外,申请专利的权利属于完成或者合作完成的单位或个人,申请被批准后,申请的单位和个人为专利权人。"如此规定合作发明或者委托发明存在约定不明时的风险。

此外,转让专利权应当订立书面合同。如果与他人签订专利许可合同的主体是专利权的受让人,在转让过程中未采用书面形式,除非一方已经履行主要义务,对方接受的,该合同成立。① 即使成立,如果该合同未经过登记和公告,该合同也并不能生效,受让人作为专利许可合同主体的地位也不能成立。可见无论哪种原因导致的专利权权属纠纷,都会影响到专利权人许可的资格问题,一旦现有的专利权人并非是真正的专利权人,许可合同会因为许可人资格不适而面临无效或撤销的法律风险。

5.1.4 专利许可中专利权主体资格风险的法律后果

专利许可是将专利权能的全部或者部分权能许可给他人使用的行为,许可行为是许可人与被许可人之间具有创设权利意图的表意行为,许可行为根据当事人之间的意思表示而发生法律效力。在实践中,专利许可行为通常是以专利许可合同形式表现出来的。专利许可合同有效成立的条件需具备:①专利许可合同的许可方与被许可方具有相应的民事行为能力,包括合同行为能力和相应的缔约行为能力,就缔约能力而言,它是指当事人必须在法律、行政法规及相关部门授权的权限范围内签订合同;②双方当事人意思表示真实,即应真实地反映其内心的效果意思;③专利许可合同的标的,即专利权必须确定且可能;④专利许可合同不违反法律或社会公共利益。可见,主体资格将影响专利许可合同的效力。

具体说来,在专利许可合同签订过程中,如是假冒专利权人与他人签订专利许可合同,由于其本身并不享有专利权,而是在非专利产品或者在产品的广告宣传中,标明专利权人的专利标记或者专利号,使公众误认为是他人的专利产品,这是一种欺诈行为,属于可撤销的行为。如果他人无权代理专利权人签订专利许可合同,专利许可本身有效,但未经被代理人追认,专利许可合同对

---

① 《中华人民共和国合同法》第36条:法律、行政法规规定或者当事人约定采用书面形式订立合同,当事人未采用书面形式但一方已经履行主要义务,对方接受的,该合同成立。

被代理的专利权人不发生效力，无权代理人自己承担专利许可履行不能的法律责任。这符合《合同法》第48条的规定，即"行为人没有代理权、超越代理权或者代理权终止后以被代理人名义订立的合同，未经被代理人追认，对被代理人不发生效力，由行为人承担责任。"如果他人冒充专利权人与被许可人签订许可合同，同样属于欺诈行为，该许可合同同样属于可撤销合同。

在专利许可合同履行过程中，由于专利权被宣告无效，专利权主体资格灭失，此时专利许可合同应终止或者解除，已交付的专利许可费不再退还，但因专利权人的恶意导致专利权无效的，专利权人应向专利被许可人承担相应的赔偿责任。

总体上看来，无论是哪一种专利权许可主体资格风险，都将对专利许可合同的签订或者履行带来影响。

5.2 专利许可中的专利权效力风险

5.2.1 专利许可中的专利权概述

1. 专利权的基本含义及本质

专利权（Patent Right），简称"专利"，目前并没有统一的定义。先举两则有代表性的定义。吴汉东教授将其界定为"是指法律赋予专利权人对其得到专利的发明创造在一定范围内依法享有的专有权利"。张玉敏教授则认为，专利权是民事主体依法取得的在法定的期限和地域内支配其取得专利发明创造，并禁止他人为生产经营目的实施其专利的排他性权利。[①] 一般认为，专利权是发明创造人或其权利受让人对特定的发明创造在一定期限内依法享有的独占实施权，是知识产权的一种。

专利权的本质是国家授予专利权人的一种垄断权，即有权自行实施并排除他人未经许可实施专利技术的权利。但专利权的行使也受到诸多限制。一方面，一项专利本身可能被先前的某项专利所涵盖，在后专利权人需要获得在先专利权人的许可才能实施自己的专利技术。另一方面，如果专利技术的运用受到其

---

① 张玉敏主编：《专利法》，厦门：厦门大学出版社，2017年版，第4页。

他法律的管制，则专利权人必须具备其他法律规定的资质并履行法定手续之后才能实施自己的专利。例如，新药的发明者即使获得了专利权，也不能自行销售新药，而必须完成一系列实验和报批手续，获得销售许可。再如枪支弹药的专利权人并不一定能够实施其发明，有公共安全或社会伦理关切的生物技术的专利权人也未必能够自行实施其专利技术。为此，部分学者称专利权为"一种消极权利"。①

2. 专利权的类型

目前，世界各国专利法所保护的发明创造，仅仅限于有限的法定类型。按照我国《专利法》第2条的规定，专利权分为发明专利权、实用新型专利权和外观设计专利权三种。②

1）发明专利权

发明专利权是发明创造人或受让人对其发明依法享有一定期限的垄断权。其中发明是指对产品、方法或者其改进所提出的新的技术方案。发明是人们利用自然规律解决生产生活中各种问题的技术解决方案。发明分为产品发明和方法发明两大类型。产品发明是关于新产品或新物质的发明。方法发明是指为解决某特定技术问题而采用的手段和步骤的发明。

2）实用新型专利权

实用新型专利权是实用新型创造人或受让人对其实用新型依法享有一定期限的垄断权。其中实用新型是指对产品的形状、构造或者其结合所提出的适于实用的新的技术方案。实用新型与发明的不同之处是：第一，实用新型仅限于具有一定形状的产品，不能是一种方法，如生产方法、试验方法、处理方法和应用方法等；第二，对实用新型的创造性要求不太高，而实用性较强。针对后一特点，人们一般将其称为小发明。

3）外观设计专利权

外观设计专利权是外观设计者或受让人对其外观设计依法享有一定期限的

---

① 参见王迁：《知识产权法教程》（第三版），北京：中国人民大学出版社，2011年版，第312页；崔国斌：《专利法：原理与案例》，北京：北京大学出版社，2012年版，第2页。
② 《专利法》第2条：本法所称的发明创造是指发明、实用新型和外观设计。
发明，是指对产品、方法或者其改进所提出的新的技术方案。
实用新型，是指对产品的形状、构造或者其结合所提出的适于实用的新的技术方案。
外观设计，是指对产品的形状、图案或者其结合以及色彩与形状、图案的结合所作出的富有美感并适于工业应用的新设计。

垄断权。其中外观设计是指对产品的形状、图案或者其结合以及色彩与形状、图案的结合所作出的富有美感并适于工业应用的新设计。外观设计与实用新型都可以涉及产品的形状，不同的是，实用新型是一种技术方案，所涉及的形状与产品的技术效果和功能有关；而外观设计是一种设计方案，它所涉及的形状与产品的美感有关。

不同的专利权，授权条件不同，保护期限不同。其中发明专利权的保护期限是 20 年，实用新型和外观设计专利权的保护期限是 10 年。

3. 专利权的特征

专利权是由各国主管部门依照法律规定，根据法定程序赋予发明创造申请者或者受让人的一种专有权利。它是无形财产权的一种，归纳起来，具有以下主要特征。

1) 保护对象是发明创造

著作权的保护对象是作品，商标权的保护对象是商标，人身权的保护对象是人格和身份利益，债权的保护对象是给付行为，物权的保护对象是物，而专利权的保护对象是发明创造，包括发明、实用新型和外观设计。保护对象的不同成为专利权区别于著作权、商标权、人身权、债权、物权的特点之一，从而也就决定了专利权不同于其他权利的一系列特点。

2) 具有公开性

专利的公开性是指专利技术的公开。技术公开是指专利申请人必须以说明书等专利申请档的形式充分公开其申请专利的发明创造的内容。专利主管机关也应向社会公开通报申请专利的发明创造，一方面使社会了解申请专利的发明创造，监督专利权的授予；同时也为公众提供发明创造信息和利用发明创造的机会。应该说，技术公开是发明人向社会换取专利权的条件，也是专利权人对社会应尽的义务。专利如果信息不对外公布的话，那么就没有垄断权的概念，更不用谈及专利权的利润所在了。因此，专利的公开性是专利的内在特质和规律所导致的，是专利的基本特征。

3) 具有独占性

所谓独占性也称垄断性或专有性。专利权是由政府主管部门根据发明人或申请人的申请，认为其发明成果符合专利法规定的条件，而授予申请人或其合法受让人的一种专有权。它专属权利人所有，专利权人对其权利的客体（发明创造）享有占有、使用、收益和处分的权利。

4）具有时间性

所谓专利权的时间性，即指专利权具有一定的时间限制，也就是法律规定的保护期限。各国的专利法对于专利权的有效保护期均有各自的规定，而且计算保护期限的起始时间也各不相同。我国《专利法》第42条规定："发明专利权的期限为20年，实用新型和外观设计专利权的期限为10年，均自申请日起计算。"

5）具有地域性

所谓地域性，就是对专利权的空间限制。它是指一个国家或一个地区所授予和保护的专利权仅在该国或地区的范围内有效，对其他国家和地区不发生法律效力，其专利权是不被确认与保护的。如果专利权人希望在其他国家享有专利权，那么，必须依照其他国家的法律另行提出专利申请。除非加入国际条约及双边协定另有规定之外，任何国家都不承认其他国家或者国际性知识产权机构所授予的专利权。

6）须有主管机关依法批准

专利权是一种支配权，具有强烈的排他性，对他人利益和社会公共利益均有重要的影响。为了保护社会公共利益和他人的合法权益，专利法不仅对取得专利的发明创造的类型和条件做了明确的规定，而且规定专利权的取得须由申请人依法提出申请，并由主管机关依照法定程序进行严格审查，对于那些符合专利法规定条件（包括实质条件和程序条件）的发明创造，依法予以批准。

7）具有公告性

专利权保护的客体是技术方案，是无形物，公众不能明确地加以认识。为了让权利的产生得到明确，需由国家进行审查和确认并授予专利，而后加以公告后生效。对于专利权的转让，也需经登记和公告后生效。这也是不同于债权的重要区别。专利权对抗他人的权利必须经过公告才能产生。我国《专利法》对此也作了明确的规定。

4. 专利权的取得

专利权的取得包括原始取得和继受取得。以原始取得为例，专利申请要获得授权需要满足形式条件和实质条件，形式条件主要为专利申请应当以专利法及其实施细则规定的格式，并依照法定程序履行各种必要的手续。实质条件主要为授予专利权的发明创造首先是一种技术方案或者设计方案,且不属于不授予专利权的客体范畴,也不属于违反法律、社会公德或者妨害公共利益的发明创造;其次,授予发明创造和实用新型应当具备新颖性、创造性和实用性,授予外观设计应当还具有美感性和不冲突性。

5. 专利权的内容

专利权人可以依自己的意志独立行使其专利权,具体内容如下:

1) 独占实施权

发明和实用新型专利权被授予后,除《专利法》另有规定的以外,任何单位或者个人未经专利权人许可,都不得实施其专利,即不得为生产经营目的制造、使用、许诺销售、销售、进口其专利产品,或者使用其专利方法以及使用、许诺销售、销售、进口依照该专利方法直接获得的产品。

2) 实施权限

它是指专利权人可以许可他人实施其专利技术并收取专利使用费。任何单位或者个人实施他人专利的,应当与专利权人订立实施许可合同,向专利权人支付专利使用费。被许可人无权允许合同规定以外的任何单位或者个人实施该专利。

3) 转让权

专利权可以转让。中国单位或者个人向外国人、外国企业或者外国其他组织转让专利权的,应当依照有关法律、行政法规的规定办理手续。

4) 标示权

它是指专利权人享有在其专利产品或者该产品的包装上标明专利标记和专利号的权利。

6. 专利权的保护范围

各国专利法都要求,发明专利和实用新型专利的申请人在提出专利申请时必须撰写权利要求书,且必须"清楚、简要地限定专利保护的范围"[①]。权利要求是界定专利保护的技术方案范围的核心法律档。但需要注意的是,专利权的保护范围,实际上并不仅仅限于权利要求字面描述的范围。发明或者实用新型专利权的保护范围以其权利要求的内容为准,说明书及附图可以用于解释其权

---

① 《专利法》第26条第4款。

利要求。其含义是专利权的保护范围应当以权利要求书中明确记载的必要技术特征所确定的范围为准,也包括与该必要技术特征相等同的特征所确定的范围。等同特征,是指与权利要求记载的技术特征相比,以基本相同的手段,实现基本相同的功能,达到基本相同的效果,并且是本领域普通技术人员在侵权行为发生时无需创造性劳动即可联想到的特征。

外观设计专利权的保护范围以表示在图片或者照片中的该外观设计专利产品为准。外观设计专利权的保护范围取决于两个方面:一是表示在图片或者照片中的外观设计;二是专利授权时指定的外观设计使用产品的范围。确定外观设计是否相同或近似,应当以同类产品为基础。

5.2.2 专利许可中的专利权效力风险的产生原因

专利权是通过国家法律授予发明创造者的一种垄断性权利,这种垄断使得权利人可以独占其通过创造性劳动获得的技术方案,并有权合法拒绝他人进入该技术方案所划定的垄断范围。因此,排他性是专利权的最重要属性。但专利权的这种排他性的优势地位引发了围绕着专利权的博弈。一方面,某些发明创造或者设计方案的申请人出于各种目的将本不具备授权条件的技术方案申请了专利,加之专利审查程序的漏洞,申请人从而"合理利用规则"并获得了授权;另一方面,作为与专利权人对立的社会公众,尤其是竞争者,由于受专利权排他性的阻碍无法自由利用专利技术,出于经济成本等考虑,也会"合理利用规则",如利用专利无效宣告程序、利用诉讼程序阻碍专利权人的权利行使;再者,各国专利法都规定了专利权的保护期限,保护期限届满或者在保护期限内,专利权人不缴纳维持专利权的年费或主动放弃专利权,均可能导致专利权终止。此外,专利权的保护客体具有无形性,这为其权利边界的准确划定增添了困难。

5.2.3 专利许可中的专利权效力风险的具体表现形式

专利权许可的专利权效力风险的具体表现形式有以下三种。

1. 专利权法律状态不稳定导致的法律风险

1) 专利权的授予不符合授权实质条件而无效

专利法中对于发明创造申请获得专利权规定了基本的授权条件,主要包括发明与实用新型的三性①及外观设计的授权条件②。我国《专利法》第 45 条规定,"自国务院专利行政部门公告授予专利权之日起,任何单位或者个人认为该专利权的授予不符合本法有关规定的,可以请求专利复审委员会宣告该专利权无效。"因此,这些基本授权条件的缺失或者不足将直接影响到专利权的稳定性。

2) 专利权保护期限届满前终止

专利权保护期限届满前终止的情形包含没有按照规定缴纳年费的和专利权人以书面形式声明放弃其专利权这两种情形。专利权人自专利授权的年度起,到专利保护期届满专利权终止时,每年都要缴纳一定的费用,这是专利权人的一项义务。而正确地缴纳专利年费,是维持专利权有效的前提。如果没有按规定时间缴纳或者缴纳数额不足的,可在年费期满之日起的 6 个月内补缴,同时缴纳相应数额的滞纳金,否则将丧失专利权。但专利权人可申请恢复权利。未能恢复权利的,在发出通知书 4 个月后对专利权进行失效处理。未缴纳专利年费的,专利权自应当缴纳年费期满之日起终止。

作为一种民事权利,专利权人在专利授权后可以放弃专利权。放弃专利权,应当提交书面声明。书面声明或者作为书面声明附具材料的放弃专利权证明应当有专利权人的签字盖章。如果是共有专利权,放弃专利权应当经过全体专利权人同意。因此只要有专利权人的签字盖章,或者全体专利权人的同意,专利权人可以以提交书面声明方式而放弃专利权。当然,专利权人放弃专利权、专利权人不缴纳年费而提前终止专利权,国务院专利行政部门都要对此进行登记

---

① 《专利法》第 22 条:授予专利权的发明和实用新型,应当具备新颖性、创造性和实用性。

新颖性,是指该发明或者实用新型不属于现有技术;也没有任何单位或者个人就同样的发明或者实用新型在申请日以前向国务院专利行政部门提出过申请,并记载在申请日以后公布的专利申请档或者公告的专利档中。

创造性,是指与现有技术相比,该发明具有突出的实质性特点和显著的进步,该实用新型具有实质性特点和进步。

实用性,是指该发明或者实用新型能够制造或者使用,并且能够产生积极效果。

本法所称现有技术,是指申请日以前在国内外为公众所知的技术。

② 《专利法》第 23 条:授予专利权的外观设计,应当不属于现有设计;也没有任何单位或者个人就同样的外观设计在申请日以前向国务院专利行政部门提出过申请,并记载在申请日以后公告的专利档中。

授予专利权的外观设计与现有设计或者现有设计特征的组合相比,应当具有明显区别。

授予专利权的外观设计不得与他人在申请日以前已经取得的合法权利相冲突。

本法所称现有设计,是指申请日以前在国内外为公众所知的设计。

和公告。

2. 专利授权程序复杂或者不采用实质审查授权的法律风险

世界各国对于发明专利一般都采用实审制，即一项发明专利需经过初步审查程序及实质审查程序方能得到授权。每一件发明专利申请在被授予专利权前都应当由审查员进行检索。检索是发明专利申请实质审查程序中的一个关键步骤，其目的在于找出与申请的主题密切相关或者相关的现有技术中的对比档，或者找出抵触申请档和防止重复授权的档，以确定申请的主题是否具备新颖性和创造性，或者是否符合同一项发明创造只能授予一项专利权的原则。但专利审查工作的复杂性决定了专利审查机关所授予的专利权只具有推定的效力、在对发明专利申请进行实质审查的过程中，发明的新颖性、创造性的判断是非常困难的。按照我国专利法规的规定，审查员必须将申请专利的发明与所有申请日之前的现有技术进行对比。但在实际审查中，检索手段与审查力量不可能穷尽所有的现有技术，从这一点上讲，对一项发明申请的新颖性和创造性的判断就只能是相对准确可靠。

即便申请日之前全部的现有技术都拿来与申请专利的发明进行对比，仍不能保证审查结果绝对可靠无误，因为每个审查人员的工作经验、认识水平、对法律法规理解、掌握的不同，他们在进行审查时不可避免地带入了主观的因素。事实上专利申请量大，审查人员在文档检索上也不可能毫无疏漏，出现漏检的情况不可避免，从而不能完全避免错误授权。而对于实用新型和外观设计专利，由于授权前不进行实质审查，避免错误授权同属不可能。这些均注定了无效专利或者低质量专利的产生。

3. 专利技术公开不充分导致的法律风险

专利申请人在授予专利权时，必须公开自己的技术方案。"充分公开"一词，是指按我国《专利法》第26条第3款和第4款规定的要求，即"说明书应当对发明或者实用新型作出清楚、完整的说明，以所属技术领域的技术人员能够实现为准""权利要求书应当以说明书为依据，清楚、简要地限定要求专利保护的范围"，对于权利要求书请求保护的发明和实用新型，在说明书（及其附图）中给以清楚和完整的说明，使所属技术领域中普通技术人员（以下简称为"技术人员"）能够实现；换句话说，说明书（及其附图）应当同时满足"支持""清楚""完整"和"实施"四项要求。根据我国《专利审查指南》的规定，说明书公开不充分是宣告专利权无效的法定事由，所以专利技术公开不充分的法律风险首先来自于专利权被宣告无效的风险。对于专利被许可人而言，由于专利技术公开不充分，许可合同的被许可人依据专利申请档中的说明书就不可能将专利在产业中得到运用，从而达不到实施专利的目的。

4. 专利技术保护范围不明确导致的法律风险

专利技术本身作为一项无形的技术方案，决定了它的范围难以像物权和债权那样绝对确定。在专利申请中，由于技术主题多，技术特征复杂，加之申请人撰写专利技术的水平有限或者疏忽，难免存在一些专利技术保护范围不明确的专利技术。在正常的情况下，权利要求书应当简明扼要地写明权利要求，以明确专利申请在授权后受到法律保护的范围，并且这些保护范围应当得到说明书的支持，一旦专利保护范围不清楚或者出现模糊的现象，任何单位和个人都可以在专利授权后宣告专利权无效。被宣告无效的专利权视为自始不存在，所涉及的专利技术也因为申请程序中的公开，而成为共有技术，任何人均可免费实施，在此情况下，专利实施许可合同中被许可人实施专利技术的优势便不复存在。另外，我国《专利法》中还有规定，专利权无效后对于已经实施的专利许可合同不具有溯及力，被许可人已经给付的许可费不再返还，除非明显有失公平。因此专利权保护范围不明确导致的法律风险，首先表现在专利权法律状态不稳定导致的风险。

专利权保护范围不明确，即意味着专利技术和现有技术之间的划分不清楚。面对此种情形，如与专利权人签订专利许可合同，被许可人并不能很好地区分使用的技术是现有技术还是专利权人有效的专利技术，或者他人的专利技术。如果该技术落入了他人技术方案之中，被许可人的使用行为应被认定为侵权行为。因此，对于专利许可合同的被许可人而言，专利权保护范围不明确，一旦按照许可合同提供的技术资料实施专利技术，很有可能会侵犯他人的专利权，造成被许可人需向他人赔偿，形成极其不利的竞争局面。

5.2.4 专利许可中的专利权效力风险的法律后果

专利权是专利许可合同法律关系的客体，是专利许可合同当事人权利和义务共同指向的对象。根据合同法原理，标的是合同成立的必要条件，没有标的，合同不能成立。而且，标的条款必须清楚地写明标的名称，以使标的特定化，从而能够界定权利义务。对于专利许可合同来说，有效的专利权是专利许可合同成立的必要条件，没有有效的专利权，专利许可合同不能成立。基于此，在专利许可合同签订过程中，如果专利权被宣告无效或者在保护期限届满前终止，会造成专利许可合同不能成立；如果专利许可合同已经签订，在被许可方使用该技术进行生产过程中，技术会因为专利权无效或届满前终止而失去专有性，此时可能给被许可方造成巨大影响和损失，如不能再继续生产、销售、许诺销售等；专利权人自身也要承担相应的违约责任。对于专利技术方案公开不充分或者保护范围不明确的情形，除了导致前述的法律后果外，还可能导致被许可人无法根据合同签订的技术方案实现目的，甚至承担侵权责任。

5.3 专利许可费风险

5.3.1 专利许可费的基本含义

专利许可费是指被许可方为取得技术使用权而所愿意支付的，许可方可以接受的使用费的货币表现。主要呈现以下特点：一是许可费的高低主要不是由其价值决定，而是由其未来可预期的经济效益决定，一项投入很大却无法产生经济效益的技术，不会因为成本投入高而产生较高许可费用；二是一般商品价格受供求关系影响，供求关系不同专利许可费则不同，由于技术的许可方对技术拥有合法的独占权，其占据供方比较优势，被许可方往往很难再去寻求竞争性技术，供求关系对许可费的影响并不明显；三是许可费用依靠技术的使用权获取，而不像一般商品以让渡商品的所有权为基础；四是专利技术未来能够创造的经济价值无法确定，许可费用往往采用浮动费用方法表示，与被许可方利用该技术获取的经济利益相联系。

5.3.2 专利许可费风险的产生原因

专利技术不等同于有形产品，专利技术的研制成本与其应得的技术价格往往不成正比关系。研制费用高的技术在转让、许可时，不一定能得到较高技术转让或许可费，转让、许可费的高低是以利用该技术所能带来的经济效益大小为转移，利用该技术所产生的经济效益越大，其转让、许可费也就越高；相反，所产生的经济效益越小,其转让、许可费也就越低。但是技术能否获得较高的效益在技术实施前,是一个不确定因素,对于双方当事人是一种风险,也不可能将技术许可费用估价得十分准确。而且在实践中,由于专利技术的许可方和被许可方在评估技术许可费时的出发点不同,在技术许可协议中做出确定的许可费金额也是十分困难。

5.3.3 专利许可费风险的表现形式

1. 专利许可费的计算风险

专利技术生命周期分为发展阶段、成熟阶段和衰老阶段,技术的生命周期与市场对技术的需求程度相关,而专利技术的有效期是国家赋予专利权人享有独占使用权的法定期限,与市场对技术的需求无关,在专利实施许可中,技术生命周期对许可费用影响巨大,当技术刚刚研制成功尚未精心大规模商业化阶段,实施许可费用不会太高;在技术成熟阶段,其经济效益日益被社会公众所认识,价值也随之提升;在该项技术变为夕阳技术,逐渐被其他技术所取代,技术许可费用降低,人们更多讨论新技术的实施许可费用问题。因此,在许可时,应对技术状态予以评估。

第一专利技术与第二专利技术:第一专利技术不涉及实施别人的专利,许可费的计算相对简单,而第二专利技术却需要考虑与第一专利技术所有人进行协商,支付实施第一专利技术的费用。

专利技术是否经历或正在进行专利侵权诉讼:是否经历或正面临专利侵权诉讼,对该项技术许可费用有着较大影响,被许可方往往会以专利技术曾经被第三方起诉为由,压低技术实施许可费用。

2. 专利许可费用支付方式引致的风险

一次总付(Lump-sum Payment):是指在技术许可协议中,技术的被许可方对技术实施许可费采取统一固定金额,一次付清给许可方的支付方式。一次总付使许可费不会因为将来专利价值的贬值而减少,但也不会因为其增值而有所增加,因而会由于专利未来市场价值的天然不确定性以及难以预见性产生风险。一次总付对于许可方,优点在于能够获得比较稳定的收入,风险性较低,问题在于不能分享被许可方在使用该技术进行生产、销售产品后所带来的利益;对于被许可方,一次总付使得被许可方在还没有利用专利技术生产、销售产品,获取收益之前,就预先支付一笔可观的资金,加重被许可方的经济负担。在许可费用支付后,技术的许可方不必承担由于市场变化带来的风险,风险全部转嫁到被许可方。而且技术的许可方已获取收益,不会再积极提供相关技术情报,不会提供有价值的技术改进。通常许可方可能倾向于一次总付的方式,前提是当他预计使用费下降的负面风险超过获得更大收益的正面机会时。

提成支付(Running Royalty):在合同中不规定许可费的具体金额或总价,而是规定一种计算方法,在合同有效期内,定期或按一定比例向许可方支付费用。当事人在签订专利实施许可合同时,只规定提成基础和提成比例,不规定技术被许可方应支付许可使用费总额,只是当被许可方利用技术获取实际收益时,才根据合同规定计算提成费,按期支付给许可方。对于许可方来说,提成支付方式存在一定风险,因为一旦被许可方经营不善,企业亏本,许可人可能会颗粒无收。而且通常提成费计算也较为困难,因为很难确定被许可人的哪些产品被许可专利所覆盖。确定属于实施专利带来的那些销售收入是计算使用费的前提,而专利权利范围的不确定性使这项工作非常困难,如果专利实施许可包含多项专利,这项任务就更加困难;而且无法对财务进行详细的检查,不能确定准确的使用费基数;此外不精确的使用费计算,有可能导致日后产生争议。

入门费加提成费(Initial Down Payment & Royalty):专利实施许可费用分为两大部分,一是合同约定在收到技术资料后,先支付一笔固定金额即入门费,二是滑动价格,是在项目投产后根据产品销售情况逐年支付提成,具体的支付方式与提成支付方式相同。支付入门费的原因在于:①尽快收回为技术交易所直接支付的费用;②补偿应被许可方的某些特殊要求提供的某些特殊或专门技术协助所垫付的费用;③许可方在技术许可谈判过程中,为被许可方介绍情况时技术秘密泄露的损失费用;④为被许可方提供技术支援所支付的费用;⑤在提成费用没有保证的前提下,许可方借以保证技术许可交易的一定收益。目前这种交易方式较为普遍。

3. 专利无效引致专利许可费不予返还和不予支付的风险

在一项技术被授予专利权后,该项权利排斥任何相同或类似技术的使用,即使相同或类似技术的发明人是独立完成的也是如此。正因为如此,专利权的授予条件比较明确和严格,一旦授予专利权,权利所有人就会因此形成相对于其他竞争者的垄断优势,而其他竞争者想打破这种垄断优势,除发明更为先进的技术外，还可以申请现有专利无效，使专利技术变为共有技术，以便平等地使用该技术。另一种情况是在专利权人起诉第三方侵权时，侵权人为了避免承担巨额的损害赔偿金，往往也会在起诉后提起反诉，申请专利为无效专利。无论何种情况，在专利无效申请提出后，专利权不可避免面临审查以及被宣告无效的可能。一旦专利权被宣告无效，直接受影响的就是专利许可协议，而被许可方利益的直接反映就在于专利宣告无效后专利实施许可费用问题。如被许可方采取一次支付许可使用费的方式，已经将技术使用费全部支付给权利人，或被许可方支付了较高一部分实施许可费，而被许可方尚未真正开始使用该技术，即没有利用专利技术获取任何利益，或者被许可方是在被欺骗情形下订立许可协议的，只能以无效宣告日作为被许可方停止支付的日期，而之前已经支付的技术许可费由于无效宣告不具有追溯力，而无法要求返还，这对于被许可方来说极不公平。

5.3.4 专利许可费风险的法律后果

正如前面所述，专利许可费风险有三类。对于专利许可费的计算而言，由于计算困难，无法真正计算出专利技术的价值，从而导致专利许可费过高或过低。而无论是过高或者过低，对于专利许可双方当事人来说有失公平，没有真正反映专利技术的价值。对于专利许可费的支付方式，特别是由于专利无效而带来的专利许可费风险，则是因专利被宣告无效后，被许可人的许可费不可以要求返回，如果再继续使用该技术，很可能侵犯他人专利权，此时必须要获得他人的许可，且还必须支付另外的专利许可费；对于专利权人来说，如果尚未收取许可费，则不能再向被许可人主张剩下的专利许可费。

5.4 专利许可中专利权滥用风险

5.4.1 专利许可中专利权滥用的内涵

专利权滥用，指的是专利权人应用其专利的方式超出了法律所允许的范围，因此专利权滥用的行为是一种违法的行为，不能得到法律的保护。构成专利权滥用包括以下四个条件。①专利权滥用的行为人必须是专利权人。如果行为人不是专利权人或者行为人实施该行为时专利权已经无效,那么行为人不构成专利权滥用。如果实施专利权滥用行为时专利权是有效的,之后由于某种原因导致专利权无效,则此种行为构成专利权滥用,因为专利权无效不具有溯及既往的效力。②专利权人实施专利的方式超出了法律所允许的范围,是违法行为。③行为人实施该行为时主观上有过错。一般来说,专利权人实施专利权滥用的行为都是为了获得最大的市场利益,限制、排挤竞争对手,但是专利权滥用的行为与专利侵权的行为不同,此时,滥用专利权的行为人所实施的还是行为人自己的专利权,并不存在侵犯他人专利的情况,"只是由于行为人实施专利的行为与专利法设置专利制度的目的不一致"。另外,专利侵权不以行为人主观上过错为要件,但是滥用专利权的行为要求行为人主观上有过错,否则不构成专利权滥用。④专利权滥用造成了对公共利益或者他人的损害,这种损害要求已经发生,或者如果不阻止这种滥用行为损害一定会发生。

5.4.2　专利许可中专利权滥用风险的产生原因

权利是指法律确认的主体依法应享有的权力和利益。然而,权利主体的欲望是无止境的。正如孟德斯鸠(Baron de Montesquieu)说:"有权力的人都容易滥用权力,这是千古不变的经验。"① 由此,滥用权利的现象也就成为了一种必然。专利权是专利权主体享有的一种独占性权利,就发明和实用新型专利而言,除《专利法》有规定的以外,任何单位或者个人未经专利权人许可,都不得实施其专利,即不得为生产经营目的制造、使用、许诺销售、销售、进口其专利产品,或者使用其专利方法以及使用、许诺销售、销售、进口依照该专利方法直接获得的产品。作为一种"垄断性的私权",专利权同样具有权利滥用之禀性。如果专利权被许可人是专利权人的潜在竞争对手,专利权人为了保住自己的技术优势和市场优势:许可方必然要千方百计地在专利技术实施许可协议中,对被许可方进行限制。

5.4.3　专利许可中专利权滥用风险的表现形式

根据《与贸易有关的知识产权协定》第40条的规定,专利许可合同中专利

---

① [法]孟德斯鸠:《论法的精神(上)》,张雁深,译,北京:商务印书馆,1961年版,第154页。

权滥用情形，包括独占性返授条件、禁止对有关知识产权的有效性提出异议的条件、强迫性的一揽子许可证。我国《合同法》第329条规定"非法垄断技术，妨碍技术进步"包括以下情形：限制另一方在合同标的技术的基础之上进行新的研究开发，或者双方交换改进技术的条件不对等，包括要求一方将其自行改进的技术无偿地提供给对方、非互惠性地转让给对方、无偿地独占或者共享该改进技术的知识产权；限制另一方从其他来源吸收技术；阻碍另一方根据市场的需求，按照合理的方式充分实施合同标的技术，包括不合理地限制技术接受方实施合同标的技术生产产品或者提供服务的数量、品种、价格、销售管道和出口市场，要求技术接受方接受并非实施技术必不可少的附带条件，包括购买技术接受方并不需要的技术、服务、原材料、设备或者产品等和接受技术接受方并不需要的人才；不合理地限制技术接受方自由选择从不同来源购买原材料、零部件或者设备等；禁止技术接受方对合同标的知识产权有效性提出异议。

概括起来说，专利许可中专利权滥用风险具体表现为：①搭售，即专利许可人在签订许可合同时，要求被许可人一并接受或使用其他的技术、产品或服务的行为；②强制一揽子许可，即专利权人在与被许可人签订专利许可合同时，强制将其技术和产品或者服务打包给被许可人的行为；③禁止对专利权的有效性提出异议，即专利权人在专利许可合同中规定被许可人在使用专利技术过程中不得对专利权的效力提出异议；④独家交易，即专利权人只将专利技术许可给某一个被许可人；⑤对价格、数量、地域等做出不合理的限制，即专利权人在许可合同中对被许可人使用该技术生产的产品价格、产品数量和销售地域进行不合理的约定行为；⑥禁止返授或者对被许可技术做出改进，即专利权人在专利许可合同中约定被许可人不得反授技术，也不得对被许可技术做出改进的行为；⑦要求对专利权期满后的专利技术给予许可费，即专利权人在许可合同中约定被许可人在专利权期满后继续支付许可费的行为；⑧价格歧视，即专利权人在与不同的被许可人签订合同时，约定的价格存在歧视的行为；⑨拒绝许可，即专利权人拒绝与被许可人签订专利许可合同，特别是在标准必要专利的制定或者实施过程中。

5.4.4 专利许可中专利权滥用的法律后果

专利许可中的滥用行为是一种违法行为，为法律所禁止。一般而言，权利滥用的法律后果表现为：该行为无效、权利被剥夺、权利被限制、承担民事法律责任或者行政法律责任。因此，在司法实践中，权利滥用既可以作为侵权抗辩事由，也可以作为侵权行为另行提起侵权之诉，还可以要求反垄断审查。例如，在标准必要专利许可合同中，如果专利权人拒绝许可的行为已触犯反垄断法，无论是在美国、欧洲、日本还是中国，专利权人都将承担相应的行政责任，如罚款。这正是专利许可合同中许可人面临的法律风险原因之所在。就被许可人而言，专利权人的滥用行为也可能导致被许可人支付超出正常水平的许可费，破坏了竞争秩序。

5.5 专利许可中的专利侵权风险

5.5.1 专利侵权的基本内涵

专利侵权是指任何未经专利权人的许可，以生产经营为目的实施依法受保护专利的行为。例如，未经许可制造专利产品的行为；故意使用发明或实用新型专利产品的行为；销售、许诺销售未经许可的专利产品的行为；使用专利方法以及使用、销售、许诺销售依照专利方法直接获得的产品的行为；进口专利产品或进口依照专利方法直接得的产品的行为；假冒他人专利的行为。专利侵权行为获利快，付出成本小，隐蔽性强，维权难度大，一旦存在他人的侵权行为，势必给合法使用专利技术的被许可人造成较大损失。与此同时，在专利许可合同中，专利权无效或者侵犯了他人的专利权，或者是第二专利，被许可人使用该专利技术就可能侵犯他人的专利权，需要承担赔偿责任等侵权法律责任，这对被许可人同样造成损失。

5.5.2 专利许可中专利侵权风险的产生原因

专利权是一国专利主管机关赋予发明创造者一定期限的独占权，以使发明者收回投资、获得回报，激发发明者的创造热情，进而推动着整个人类科技的进步。但是，发明创造是一项复杂的探索性活动，进行创造发明既需要大量的资金投入，又需要付出巨大而又难以显性化的艰辛劳动。而在针对专利侵权行为者的处罚中，大部分案件中赔偿数额低于侵权人给专利权人造成的直接经济损失。经济学家认为：当某人从事违法行为的预期效用超过了他花时间和利用其他资源从事其他活动所带来的效用时，此人便会从事违法行为。因此，将发明创造本身取得的艰辛和侵权行为的低成本相比，不难发现专利侵权风险存在的必然性。与此同时，技术方案或者设计方案具有无形性，加之专业性强，侵权手段隐蔽，因此正确识别侵权行为难度大。此外，在财产的保护上，一些执法者更重视有形财产，而对于专利权这种无形财产，不少执法部门没有从根本上认识到它比有形财产更有价值，导致侵权行为的查处不力。即使执法者重视查处专利侵权，部分商家和消费者专利权保护意识也不够。

5.5.3 专利许可中专利侵权风险的具体表现形式

专利许可中的专利侵权风险既有因为第三人实施侵权行为，也因为被许可人使用第二专利或许可人的专利而侵犯他人的专利权。具体表现如下。

1. 被许可人实施专利的行为属于侵犯他人专利权的行为

在专利许可主体选择中，对于被许可方而言，其面临主要风险在于许可方并非专利技术的合法权利人或者许可方拥有的专利权属于第二专利，即与他人的专利权存在交叉。例如，转让方将单位的职务专利作为非职务专利予以许可或是将员工非职务专利作为职务专利予以许可，或者许可方将与他人共有的专利技术，以单方面名义擅自予以许可，或者是被许可的专利权中的技术是在前一个专利技术的基础上经过实质性的改进而形成的新技术。在这些情形中，被许可人实施获得许可专利的行为，可能被认定为侵权行为。

2. 被许可人因他人实施专利侵权行为而面临的诉讼资格问题

专利权是一种专有权。任何其他单位或个人未经专利权人许可都不得实施其专利，否则即构成侵权。任何其他单位或个人与专利权人可以签订书面的专利许可合同，从而取得对专利权人之专利的实施权。如果通过专利实施许可合同取得专利实施权的单位或个人，即被许可人，在合同的有效期内发现有第三人在未经专利权人许可实施该专利时，该专利许可合同的被许可人的利益势必受损。但作为被许可人是否具有法定的独立的诉讼资格？如果不具有，能否通过合同约定允许被许可人提起诉讼来维护自己基于专利许可合同获得的权益？此外，被许可人的诉讼能力、诉讼财力和时间还可能影响到诉讼的提起和纠纷的解决，从而导致被许可人的利益受损。

5.5.4 专利许可中专利侵权风险的法律后果

在专利实施许可合同中，一旦涉及侵权被起诉，较长的诉讼期限、巨额的诉讼费用、不确定的诉讼结果都会带来相当大的风险。

专利许可合同根据许可模式的不同，可以分为普通许可、排他许可、独占式许可，不同类型许可合同被许可人的权利不同，根据《专利法》的相关规定，只有独占式许可合同中被许可人在第三人侵权时可以单独提起诉讼，排他式许可合同中的被许可人只有在专利权人明确表示不起诉侵权人时才可以提起诉讼，普通许可中被许可人不得对侵权人提起诉讼，除非合同中另有约定。专利许可合同的客体专利技术，在专利实施许可期间不仅被许可人可以实施，侵权人也可以同时实施，所以被许可人实施专利技术的优势便不复存在，损失在所难免。在他人侵犯专利权时却不能对侵权行为提起诉讼寻求救济的情形下，被许可人面临的法律风险可想而知。另一方面，被许可人使用并非许可方的专利技术或者属于许可方的改进专利时，极可能陷入诉讼中，使利益受损。

5.6 专利许可中常见的其他风险

5.6.1 专利平行进口风险

1. 专利平行进口的基本含义

平行进口是指在实行独立的知识产权制度的两个地区之间，没有经过进口地区知识产权人或者经过其许可的人授权的进口商，将进口地区知识产权人或者经过其许可的人投放在市场上的知识产权产品进口到进口地区的行为。根据进口的产品所包含的知识产权客体的不同，平行进口主要可以分为专利平行进口、版权平行进口、商标平行进口和集成电路布图设计平行进口等。其中，专利平行进口是指专利权利人授权在国外生产的，并合法地使用专利权的产品，未经权利人允许而进口到国内市场，与权利人或其独占被许可方的国内相同产品进行竞争的行为。在国际上由平行进口产品形成的市场通常被称为"灰色市场"。

2. 专利许可中平行进口风险的产生原因

专利平行进口风险的产生原因主要如下。①制度原因。专利权保护制度的发展是专利平行进口产生的基础。在专利平行进口中，进口的对象是专利产品。而随着知识产权国际条约的签订，专利权人可以通过更为方便的途径在许多国家同时取得专利权，与此同时，专利许可制度又使得包含相同专利权的产品广泛分布于不同国家的市场，当专利权人在国外生产、销售或者授权生产、销售的专利产品通过一定的途径进口到专利权人所在国时，就会发生专利权平行进口问题①。②经济原因。专利产品在各国之间的经济成本、价格差使得专利产品平行进口者有利可图。当不同市场上的价格差过大，使得平行进口商将一国专利产品进口到另一国出售时依旧有利润时，专利平行进口就出现了。

3. 专利许可中平行进口风险的表现形式

专利许可中平行进口风险主要表现为专利权许可人与被许可人未在合同中约定专利平行进口问题，专利权人自己生产或者许可他人生产的专利产品被平行进口至被许可人生产产品或者销售产品区域。具体可分为：第一，自己投放型平行进口。即专利平行进口的产品是由专利权人自己投放市场。它包括两种情形：①专利产品由权利人在国内生产并投放市场，最后被他人返销至国内；②专利产品由权利人在国外生产、投放市场，后被他人进口到国内。前一种情形属于返销型平行进口，后一种情形属于直接进口型平行进口。第二，同意投放型平行进口。即平行进口的专利产品是经专利权人同意投放市场。它包括三种情形：①专利产品由国内被许可人生产并投放市场，后被进口到国内，与被许可人生产的产品一样；②专利产品由国外被许可人生产并投放市场，后被进口到国内，与被许可人的产品一样；③专利产品由专利权人的母子公司、联营企业生产并投放市场，后被进口到国内。前两种被称为"许可型平行进口"，后一种被称为"关联型平行进口"。

4. 专利许可中平行进口风险的法律后果

专利平行进口对一国的国际贸易和经济发展都会产生较大影响，因此各个国家也基于本国利益和专利权保护政策在专利法上对于专利平行进口行为采取或允许或禁止的态度。我国《专利法》第11条第1款规定：发明和实用新型专利权被授予后，除本法另有规定的以外，任何单位或者个人未经专利权人许可，都不得实施其专利，即不得为生产经营目的制造、使用、许诺销售、销售、进

---

① 严桂珍：《平行进口法律规制研究》，北京：北京大学出版社，2009年版，第26页。

口其专利产品,或者使用其专利方法以及使用、许诺销售、销售、进口依照该专利方法直接获得的产品。第2款规定:外观设计专利权被授予后,任何单位或者个人未经专利权人许可,都不得实施其专利,即不得为生产经营目的制造、许诺销售、销售、进口其外观设计专利产品。根据此,学界和实务界一般认为我国禁止他人的专利平行进口行为。在专利许可中,特别是独占许可中,如果双方未对此进行约定,被许可人的独占权将与专利平行进口行为产生冲突。具体说来,被许可人一旦与专利权人签订独占实施许可协议,其在协议约定范围内就享有独占权。通常说来,独占实施许可费用更高,因被许可人在该特定领域内、在一定程度上可以抑制竞争。如果未对此进行约定,无论是专利权人自己进口专利产品还是专利权人允许他人进口专利产品到被许可人享有独占权的特殊地域,由于价格更低,容易抢占一部分市场;加之,如果专利平行进口产品的质量和声誉未达到被许可人生产销售的产品的程度,这种行为系不正当竞争行为,势必损害独占被许可人和消费者的利益,引发法律纠纷。

5.6.2 专利许可合同条款不清的法律风险①

1. 专利许可合同条款的定义及其主要条款

专利许可合同条款是双方当事人合意的结果,是合同内容的表现形式,是确定合同当事人权利和义务的根据。《中华人民共和国合同法》第12条第1款规定:"合同的内容由当事人约定,一般包括以下条款:(一)当事人的名称或者姓名和住所;(二)标的;(三)数量;(四)质量;(五)价款或者报酬;(六)履行期限、地点和方式;(七)违约责任;(八)解决争议的方法。"第二款规定:"当事人可以参照各类合同的示范文本订立合同。"专利许可合同的主要条款通常包括:"(一)当事人的名称或者姓名和住所;(二)专利许可标的;(三)专利许可类型;(四)专利权限能;(五)专利许可费;(六)后续改进技术的权利归属;(七)违约责任。"

2. 专利许可合同条款不清风险的产生原因

专利许可合同条款不清风险的产生原因主要来自四个方面。①专利许可合

---

① 需要说明的是,专利许可合同条款不清可能还涉及税务承担、准据法及争议解决方式的选择、对于产品质量瑕疵及缺陷的规定、合同履行期间的技术改进的权属、保密义务、违约责任等内容。相关内容可以进一步参考本书第4章。囿于篇幅,此处不再赘述。

同条款本身更复杂。相对而言，专利许可合同的标的涉及技术方案，这就决定了此种条款应是知识产权许可合同中内容最为复杂、专业性要求最高的一类合同。②由于专利许可合同条款在客观上内容更为复杂且容易发生缺漏、表述容易出现不清而产生歧义，这对签约双方当事人提出了更高的要求。因此，如果许可人或者被许可人认识不够或者认识能力不足，则容易导致条款不清。③当事人约定某些条款在专利合同订立后另行约定。④专利许可合同的某些条款因违法而被确认无效或为撤销。

3. 专利许可合同条款不清风险的表现形式

专利许可合同条款不清风险的表现形式主要体现如下：

1) 许可方式不清

专利许可是实现专利权经济效益的途径，其许可方式主要包括独占许可、排他许可以及普通许可，而许可方与被许可方对许可方式的约定是专利许可合同的核心内容。相对于普通许可，独占和排他许可都会因为法律的特殊规定而使得被许可方获得更多的权利，如《日本专利法》第100条的规定，独占权限人有独立排除妨碍的权利，即独立提出诉讼的权利。因此，许可方式不明确，双方当事人的利益都将受到影响，容易引发纠纷。

2) 许可期限不清

各国专利法规定了专利权的保护期限。专利许可合同的许可期限，理论上不能超过专利权的有效保护期限，这是因为一旦专利权的保护期限截止，专利权效力即终止，专利技术就进入了公有技术领域，任何人都可以自由地使用这种技术，合同的标的就会灭失。专利权的法律效力终止以后，专利权人试图通过任何隐蔽的方式继续从该技术中获得垄断性的利益都是违反专利法的政策和目标的。而如果在专利许可期限结束后，专利权的保护期限尚未截止，对于被许可人是否有权继续销售、许诺销售已生产出的产品等问题规定不清，也容易引发纠纷。

3) 许可地域不清

专利权具有地域性，即在不同的国家或者地区，依据不同的法律获得授权的专利权是独立的，相互之间并不存在依赖关系。在专利许可中，专利权人还可以对同一个国家根据需要细分地域，以确保自己的专利权价值最大化，而这与被许可人的利益密切相关。如果许可地域不明确，自然对许可双方当事人产生重要影响。

4) 许可内容不清

专利权是指政府有关部门向发明人授予的在一定期限内的排他权利。各国专利法一般规定,专利权具体包含实施权,如制造、使用、销售、许诺销售等权利,还有权限、标记权、放弃权、转让权。一般来说,专利许可的对象指的是实施权。由于实施权包含一系列权能,专利权人可以将这些权能许可给同一个人,也可以许可给不同的人。此外,专利权人还可以与被许可人约定后者能否再许可。基于此,专利许可中如许可内容不明确,双方当事人的利益势必受到影响。

5) 许可对象不清

对于权利人而言,应当明确限定被许可人的主体范围,明确是否包括被许可人的关联公司,例如子公司、母公司、兄弟公司等。有的公司一套人马两块牌子,有的公司股权结构复杂;有的集团内部各子公司分工不同,有的负责销售,有的负责生产。如果被许可对象不够明确,可能出现多个被许可人同时生产、销售的情形,权利人难以监督许可合同的履行,也有可能出现权利人竞争对手通过控制某一被许可人的股权或者与某一被许可人进行合作从而间接获得许可授权的情形,从而损害权利人的利益、违背权利人的许可初衷。[1]

4. 专利许可合同条款不清风险的法律后果

订立一个具体、明确、当事人都无疑义的专利许可合同是合同履行的关键和前提,也是人民法院审理合同纠纷的直接证据。但是,在实践中,由于各种原因,专利许可人和被许可人对应当约定的条款而未作约定或者约定不明确。约定条款不清的合同,势必导致专利许可边界模糊,给当事人履行造成困难,为纠纷的产生埋下隐患。

5.6.3 专利许可中合同未经备案的法律风险

1. 专利许可合同备案的定义及其功能

在我国,专利许可合同备案是指国家知识产权局专利局或者专利局代办处对当事人已经缔结并生效的专利实施许可合同加以留存,并对外公示的行为。

---

[1] 马远超:《专利许可中的五大法律风险与防范》,载《中国律师》,2013年第5期,第60页。

其中，对外公示的手段目前为通过"专利公报"进行公告和记载在可查询的"专利登记簿副本"中。①

备案的专利许可合同可以产生以下作用：①公开专利实施信息：即通过许可备案的公示作用，向社会公众传递这样一个信息，该专利已经许可专利权人之外的其他人实施运用，便于公众及相关单位分析、研究和跟踪专利价值，同时有利于该专利技术的推广运用。②诉前禁令证据效力：专利独占实施许可或排他实施许可的被许可人在发现有人侵犯专利权时，可以依据最高人民法院2004年《关于对诉前停止侵犯专利权行为适用法律问题的若干规定》第4条第（2）项，以专利实施许可合同备案证明为证据，要求人民法院对侵权人采取诉前禁令。③侵权赔偿参照标准：当人民法院对专利侵权民事纠纷认定清晰后，对被侵权人的损失或者侵权人的获利难以确定的，如果有在先的专利实施许可使用事实，法院可以以该专利许可使用费作为参照，确定赔偿数额。一般情况下，以许可费的1~3倍来确定赔偿数额。④被许可人向外付汇凭证：根据外汇管理局《关于加强对引进无形资产售付汇管理有关问题的通知》，要求被许可人在办理向外国许可人支付许可费时，提供专利实施许可合同备案证明。⑤参评高新技术企业：根据《高新技术企业认定管理办法》，拥有5年以上的专利独占实施权限，视为拥有自主知识产权，当事人可以专利实施许可合同备案证明来作为该自主知识产权的凭证，将其作为参评高新技术企业的条件之一。⑥对抗善意第三人：参照《最高法关于审理商标民事纠纷案件适用法律若干问题解释》第19条规定，商标使用许可合同未在商标局备案的，不得对抗善意第三人。专利实施许可合同备案所产生的效力，也可参照该司法解释理解为，经备案的专利实施许可合同可以对抗善意第三人。

2. 专利许可合同未经备案风险的产生原因

我国《专利法》第12条规定：任何单位或者个人实施他人专利的，应当与专利权人订立实施许可合同，向专利权人支付专利使用费。被许可人无权允许合同规定以外的任何单位或者个人实施该专利。《专利法实施细则》第14条第2

---

① 根据国家知识产权局公布的《专利许可合同备案和质押登记常见问题》之16，许可实践活动中存在分许可和交叉许可的情形，但是这两种许可不能作为备案并且公示的许可类型。http://www.docin.com/p-1810199024html. 最后访问日期：2018年9月27日。

款规定：专利权人与他人订立的专利实施许可合同，应当自合同生效之日起3个月内向国务院专利行政部门备案。此外，《专利实施许可合同备案办法》第4条第1款规定，申请备案的专利实施许可合同应当以书面形式订立。第5条进一步规定：当事人应当自专利实施许可合同生效之日起3个月内办理备案手续。因此，专利许可合同未经备案风险产生的原因在于未签订书面合同，或者未在规定时间内到指定机构办理备案手续，或者当事人双方没有意识到需要备案。

3. 专利许可合同未经备案风险的表现形式

专利许可合同未经备案的风险主要表现为专利许可人和被许可人以口头方式签订专利许可合同，因此不符合备案之条件；或者专利许可人和被许可人在签订书面的专利实施许可合同生效之日起3个月内未去备案，或者专利许可人和被许可人在签订书面的专利实施许可合同生效之日起3个月后才去备案，不能办理备案手续。

4. 专利许可合同未经备案的风险的法律后果

根据我国《专利法实施细则》《专利实施许可合同备案管理办法》的规定，专利实施许可合同应当办理备案登记手续。需要注意的是，专利实施许可合同备案并非是合同生效的要件，合同生效在前，合同备案在后。换言之，合同未予备案并不影响合同生效。

但是，正如前面谈到，专利许可合同备案有其特殊意义。例如，对于独占性专利实施许可合同而言，如果没有备案，权利人违反约定再次向第三方授权许可的，第三方得以善意第三人抗辩，在先独占性被许可人不得追究其侵权责任，可追究权利人违约责任；如果在先许可没有备案，权利人再次向第三方发放独占性许可并经备案的，在后独占性被许可人可以对抗在先被许可人，从而禁止在先被许可人实施专利技术方案，在先被许可人可通过追究权利人违约责任获得救济。此外，当专利独占实施许可或排他实施许可的被许可人在发现有人侵犯专利权时，向人民法院主张诉前禁令，如果不能提供专利许可合同备案的证据，其请求可能没有充分的证据支持。

5.7 专利许可中常见法律风险的防范

专利许可作为权利人行使专利权的重要方式之一，可以更好地保证专利价值的实现。但正如前面的分析，专利许可过程中存在诸多法律风险，而这些法律风险产生的原因千差万别，既有制度原因，也有管理原因，还有许可当事人自身原因；与此同时，这些法律风险的表现形式纷繁复杂。尽管如此，专利许可法律风险与法律规定或合同约定有关，具有预见性和可控制性。因此，防范专利许可法律风险，必须采取科学的应对策略，可从法律制度层面、合同内容层面、管理层面入手。

5.7.1 法律制度层面

从根本上说，专利许可法律风险的防范首先应逐步完善我国专利许可制度，合理平衡、协调许可人和被许可人的利益，实现公平、效率的价值目标，从而促进专利许可实施，推动技术创新。

1. 强化许可人对专利权的瑕疵担保责任

保证专利权的合法、有效是专利许可合同中许可人的基本义务。我国《专利法》47条中虽然规定了恶意许可人必须承担赔偿责任，但被许可人需要承担举证责任。然而，恶意是一种主观心理状态，而被许可人只能依赖外部具体行为加以推断，举证难度相当之大。为减少被许可人的法律风险，建议规定专利权人承担善意取得专利权的举证责任，否则推定为恶意，在专利被宣告无效时，应承担赔偿责任。这样，免除许可人对专利权质量瑕疵担保责任必须符合法定条件，而且由许可人承担举证责任。

2. 建立许可实施权的转让制度

专利许可在国际贸易中渐渐成为一种普遍现象，这对于技术改革和科技创新非常有利。为更好地促进专利运用，保护许可合同当事人的利益，可以建立专利许可实施权的转让制度，即允许被许可人依法将其享有的专利实施权转让给第三人。此种转让行为并不以专利权人同意为构成或生效要件，但鉴于专利实施权与专利权紧密相连且客体相互交织，其转让必然对专利权人产生一定影响，应当依法赋予专利权人一定期限内优先购买权。如果被许可人违反通知义务，导致专利权人优先购买权无法实现，则应承担相应损害赔偿责任。通知后，专利权人在合理期间内未作购买意思表示，视为同意转让。这样，既保证被许可人应有的转让自由，同时也保证专利权人对专利权的合理控制，平衡双方利益。

3. 赋予不同类型的被许可人统一的诉讼主体资格

赋予被许可人一定的诉讼权利，保证其享有诉讼主体资格，有利于被许可人在遭受侵权时及时有效地维护自己的合法利益，体现诉讼的效率和权利的及时救济。当前，各国对被许可方能否直接对侵权人提起诉讼的规定并不清楚，有的国家甚至没有做出相关规定。以我国《专利法》为例，该法第66条规定：专利权人或者利害关系人有证据证明他人正在实施或者即将实施侵犯专利权的行为，如不及时制止将会使其合法权益受到难以弥补的损害的，可以在起诉前向人民法院申请采取责令停止有关行为的措施。第67条规定：为了制止专利侵权行为，在证据可能灭失或者以后难以取得的情况下，专利权人或者利害关系人可以在起诉前向人民法院申请保全证据。第68条规定：侵犯专利权的诉讼时效为二年，自专利权人或者利害关系人得知或者应当得知侵权行为之日起计算。可见，单就法条的字面理解而言，无法确定许可使用的被许可人是否享有原告资格。尽管司法解释对此作了细化，但也仅在《关于对诉前停止侵犯专利权行为适用法律问题的若干规定》中赋予了被许可人申请诉前停止侵犯和诉讼保全的权利。[①] 但在知识产权客体多样化的前提下，司法解释未对被许可人的诉权予以系统化规定，给实践操作造成一定的困扰。加之，新类型诉讼的产生，更使原有的司法解释在适用中捉襟见肘。[②]

5.7.2 专利许可合同内容设计层面

拟定完备的合同条款，有利于减少争议和纠纷，推动交易活动顺利进行。清楚、完备的专利许可合同条款包括以下三个部分：

1. 首部

首部包括专利许可合同的基本名称、许可双方当事人的法定名称和法定地址、签约日期、地点以及鉴于条款。其中当事人的法定名称、地址不仅是当事人

[①] 此外，《最高人民法院关于审理专利纠纷案件适用法律问题的若干规定》对于诉讼主体的规定，也采用"权利人或者利害关系人"的表述。第23条：侵犯专利权的诉讼时效为二年，自专利权人或者利害关系人知道或者应当知道侵权行为之日起计算。权利人超过二年起诉的，如果侵权行为在起诉时仍在继续，在该项专利权有效期内，人民法院应当判决被告停止侵权行为，侵权损害赔偿数额应当自权利人向人民法院起诉之日起向前推算二年计算。

[②] 上海市第一中级人民法院课题组：《知识产权被许可人的诉权研究》，载《东方法学》，2011年第6期，第34页。

寄送档的依据,对于今后确定诉讼、仲裁当事人和地点也有重要意义。鉴于条款主要说明双方当事人的职业背景、签订许可协议的目的、愿望以及陈述许可方对所持技术拥有合法权利等。当协议正文与鉴于条款相冲突时,应以协议正文为主,但鉴于条款可以对协议正文进行补充解释。

2. 正文

正文包括:

(1) 定义条款:专利许可协议涉及技术性知识较多,内容也较为复杂。在国际许可证贸易中,双方当事人所在国家不同,法律规定也各不相同,协议中经常出现的术语有必要予以定义,以免日后产生诸多纠纷。

(2) 许可范围与内容条款:这也是许可协议的中心内容,具体包括拟转让技术的说明,专利技术的细节以及各类资料与专有技术的技术性能指标,多采用合同附件形式加以说明。

(3) 授权的范围与性质条款:授权的范围首先包括受让方获得的权利范围,一般包括技术的使用权、技术产品的制造权以及产品的销售权。技术许可方通常只允许技术的被许可方将技术用于合同所列产品的生产,而不允许用于协议约定之外的产品生产,如果被许可方计划将技术用于协议约定之外的产品,应在合同中予以明确规定。其次应写明被许可方利用技术生产产品所许可的销售区域,因为产品的制造容易限定在特定的工厂,而销售却需要根据许可证的种类或地域划分加以界定。技术许可方为防止被许可方的生产与自身产品构成竞争,一般都会对产品销售地域加以限制,但这种限制应该是合理的。授予权限的限制是指双方的许可协议依双方权利划分的不同,可分为独占许可协议、排他许可协议和普通许可协议。不同性质许可协议,双方权利义务各有不同,同时也将影响双方对技术使用费的约定。

(4) 专利许可费的计算或数额与支付方式:专利许可合同中的计价方法一般包括一次总算、提成支付和入门费加提成三种,可以根据双方当事人的约定对此进行明确。

(5) 技术资料的交付和保密:协议中要写明技术资料交付时间、交付条件以及在技术资料出现丢失、缺页情况的处理,此外协议中也应签订保密条款。

(6) 保证与索赔条款:保证条款是协议中要求技术许可方为其提供的技术做出担保的条款。在专利技术许可协议中,许可方应保证专利的有效性,应明确规定许可方要按期缴纳专利年费，以维持专利的有效性。如果这些条款未得到履行或履行不完全，受损方有权向违约一方要求损害赔偿。协议中也应具体规定索赔条款，明确双方责任，如规定许可方提交的技术资料不完整、不正确时，应限期免费补交、更正或修改有关技术资料，因此造成的损失，由许可方负责赔偿；如果产品无法达到协议中约定的指标，被许可方可拒绝支付使用费，并要求损害赔偿等。

（7）争议解决方式条款：争议解决方式是任何一种合同类型的必备条款。就专利许可合同而言，该条款是明确当专利许可人和被许可人因专利许可合同发生争议时，对解决方式的选择。争议解决方式一般分为两类，第一，提请人民法院诉讼解决，第二，提交仲裁机关仲裁。如果选择仲裁，需要约定仲裁机构，防止因仲裁机构约定不明或者仲裁与诉讼约定矛盾而导致仲裁协议无效，最终纠纷发生时只能无奈地选择诉讼。

3. 尾部

专利许可合同的尾部应包括专利许可合同的生效、有效期及终止等条款。专利许可合同尾部的签订日期，对合同的生效日期有着重要的法律意义。合同的有效期不能超过专利技术的保护期限。合同中应规定合同终止后的处理方法，如果合同自然终止，合同权利义务也终结。合同中如果用当事人双方的两种文字，两种文字应具有同等的效力，但最好注明哪一种文字作为合同文字，以便发生争议时及时予以解决。如果合同有附件，在许可合同的尾部应写明附件的数量，并规定附件是与正文不可分割的部分，具有同等的法律效力。

5.7.3 专利许可合同管理层面

做好专利许可合同签订前的准备，注重专利许可合同履行阶段的管理，重视相关配套制度的制定，可以有效减少专利许可的法律风险的发生。

1. 做好专利许可合同签订前的准备工作

（1）审查主体的适格性。专利许可合同双方需要各自审查对方是否具有完全行为能力，能否履行合同上的义务，若对方是自然人则应审查是否具有民事行为能力，若是企业则应审查其是否具有法人地位，是否已经注册成立等。在许可对象上还需要明确被许可人是总公司，还是某个子公司，或者某个分公司，或者是总公司和子公司等；与此同时，还要审查许可人是否有权许可专利权。

（2）审查许可的专利权的有效性。专利权是否有效，对于被许可人意义重大，这关系这专利许可实施的目的。因此，被许可人需要查看专利权人持有的专利权证上的保护期限、专利权类型、专利权人是否已经将此专利技术许可给他人使用等。

（3）重视法律专业人员的参与。专利许可合同条款系对双方权利义务关系的确定，直接关系许可人和被许可人双方之间的利益安排，是一项技术性要求高、风险性很强的经营行为，如果合同草拟不当，很有可能陷于对方设置的法律陷阱，己方需要承担更多的义务和责任，而受益明显地和义务不对等。有了纠纷，对方会以合同上的约定系双方自愿达成的结果进行抗辩，使己方遭受巨大的经济上的损失。因此，无论是如何将谈判内容以文字的形式体现在合同文本上，确保疏而不漏，还是从法律的角度对合同文本存在的可能风险进行评估和应对处理，都需要法律专业人员的参与，才能更好地避免履行专利合同中的风险，预防合同纠纷。

2. 重视对签订的专利许可合同条款的审查

1）审查专利许可合同双方名称及法定代表人

根据我国公司企业登记法律法规的规定，企业名称一般由以下几个部分构成，即行政区划、字号、行业、责任（组织）形式等几个构成要素。如果企业名称表述不规范，工商管理机关将拒绝企业注册申请。因此，如果最后签订的书面合同中双方的企业名称表述出现错误，则被错误表述的一方可能会被认定为不是合同的一方当事人，其将不能享有合同上的权利或要求其承担合同上的义务。即使需要追究对方的违约责任，也需要花费很高的人力物力来证明该表述错误的一方就是对方当事人。因此审查合同，应首先审查合同的首部部分各方的企业的名称的表述是否完整准确，法定代表人是否为营业执照上登记的法定代表人，授权代表人是否为企业授权委托书所委托授权的代理人。此外，还应该核对合同上注明的对方企业名称是否和对方营业执照上的企业名称完全一致。

2）审查专利许可合同名称和内容是否一致

我国合同法对现实生活中比较典型的合同作了类型化的规范，合同类型不同，双方的权利义务关系不同，可适用的法律规则也不一样。而名称虽为许可合同，但内容实为专利权转让合同，则合同生效的条件就不一样，适用的法律规则不同,最后的法律效果可能完全迥异。因此审查专利许可合同必须保证合同的名称与合同的内容完全一致。

3) 审查专利许可合同生效条件

一般而言,专利许可合同经双方签字盖章成立后即生效,但许可当事人双方可以约定合同成立后需待一定条件成就后或履行一定程序后才生效。如果未达成条件和履行特定程序,该合同尚未生效,不能发生履行的效果,不能要求对方履行。因此在审查专利许可合同时应注意合同生效的时间和条件,对于需要一定事件的发生或遵守法定的形式或程序后方才生效的合同,己方是否有能力保证这些条件得以实现。如果专利许可合同签订以后尚未生效,应谨慎向对方作出任何履行行为。

4) 重点审查专利许可合同标的物的条款

由于专利技术方案具有无形性,专利权能多样,专利许可方式不同,专利权具有地域性、专利侵权多发、专利侵权不易发现等特点,这决定了对专利许可合同标的物条款的审查务必小心。一般说来,应审查合同中对许可的专利权的约定是否具体、明确,包括专利技术方案的名称、具体的权利要求和技术特征、专利权是否已被许可、专利权是否具有同族专利、是否为第二专利、专利权的类型、专利权的保护期限、是否是标准必要专利等。

5) 审查专利许可费的计算和支付方式条款

专利许可费的计算和支付方式是专利许可合同的核心条款。计算和支付方式不同,对双方当事人带来的影响也不同。因此,为了确保能够及时足额地收到专利许可费,也为了保证被许可人支付许可费合理,必须严格审查许可费支付条款,从源头上控制经营风险。一般来说,双方可以对此进行约定。

6) 审查专利技术质量标准条款

专利技术是否稳定关系着专利技术本身的质量,也关系着被许可人能否正常实施。为此,应当审查专利技术所处的研发阶段、技术成熟程度,是否是属于已经完成商品化开发的专利技术成果,还是尚处于小试阶段、中试阶段的专利技术成果。

7) 审查中止、变更或者撤销、解除条款

因某种特殊原因或者法律规定,或者双方当事人的约定,专利许可合同可以中止、变更、撤销或者解除。如果专利许可合同中已约定中止、变更或者撤销、解除条款，对于此类条款要注意审查是否符合合同法的规定，是否属于一方确认的情形。

8）审查包含损害赔偿等法律责任条款

虽然在合同文本中规定一方违约时另一方享有追究其法律责任的权利，但条款写得十分含糊笼统，没有明确责任形式和赔偿金额，这种规定也不利于以后发生争议时迅速有效地确定违约赔偿责任的范围和数额。因此，审查合同时应注意合同条款是否对双方违约所应承担的法律责任作出明确的约定，包括确切的违约金和赔偿金的数额或计算方法。如果专利许可合同条款规定己方在违约的情况下应承担一定金额的违约金，对于此类条款应注意审查每一违约事项所对应的赔偿金额和可预计的损失金额，如果约定的赔偿金额过高，则己方有可能因轻微的违约事件而承担高额的损害赔偿金。因此应尽量将该条款修改为"对违约所发生的损失承担相应的赔偿金额"。

9）审查商业秘密或者技术秘密保护条款

如果专利许可合同履行涉及技术资料和经营信息的交换，建议在合同文本中增加商业秘密或者技术秘密保护条款，写明秘密事项的范围、密级和保密期限以及各方承担的保密义务和保密责任。

10）审查保证条款的必要性

如果合同条款中约定己方保证具有某种能力和资格，包括但不限于订约能力、履约能力、特别资格的许可、资格证书等，一旦己方不具备该种能力和资格，即需向对方承担违约责任，对这种条款应引起重视。因为，己方违反了保证条款的约定，或者不具有保证条款的某种能力或资格，即使不具有该能力资格并不影响合同的履行，对方也可以要求己方承担违约责任。因此，如果己方不具备对方要求的特别资格，可要求对方将该条款从合同文本中删除。

11）审查争议解决条款的确定性

争议的解决方式包括协商、调解、诉讼和仲裁等方式。就提起诉讼而言，专利许可合同争议管辖法院有原告所在地法院、被告所在地法院、合同签订地法院、合同履行地法院、标的物所在地法院。因此在需要通过法院诉讼解决争议时，各方都希望争议能在己方所在地的法院进行诉讼，从而发生法院管辖争议。但是如果能在合同中明确约定具体的管辖法院，就会避免合同争议解决前的法院关系纠纷。因此，审查争议解决条款时，无论是解决方式，还是解决地点,甚至术语的不准确,都可能涉及该条款的确定性,从而错失争议解决的最佳时机。

12) 审查是否存在限制性商业惯例条款

限制性商业管理条款违反法律的规定。被许可人在签订许可合同时,应该注意审核,并能够在专利权人提起的侵权或合同纠纷中以专利权滥用为由进行抗辩。同时,该条款因违反《反垄断法》或《反不正当竞争法》,实施限制性商业惯例的行为人应承担相应法律责任。

13) 审查合同用词的严谨规范性

任何一种合同的用语都不同于日常生活语言,需要以最简练的语言表达双方当事人最准确的意思,不得出现模棱两可的解释或者歧义。因此,要审查:

(1) 特定术语是否定义。如合同约定"甲方提供的专利产品不得存在工艺上的缺陷",根据该条款对是否存在缺陷可能在不同的语境环境中有不同的指示对象,因此在合同中就应规定所谓工艺上的"缺陷"具体包括哪些内容。

(2) 是否存在模糊词语。有些词语本身并没有具体的含义,站在不同的立场可能会有不同的解释,这种词句出现在合同中往往会导致双方从各自的角度出发作出不同的理解而产生争议,如果合同中出现这样的词语应使用更精确的词语来代替或者删除。但是,如果该词语可以通过合同解释予以确认,则可以对其予以保留。

(3) 条款表述是否具有周延性。即对某一事项进行规定时应尽量考虑所有的情况,不要留有缺口。

(4) 期限的表述是否明确。期限在法律中意义重大。期限必须规定始期和终期,否则很难计算期限开始的时间或截止的时间。如合同中约定"甲方应在30天内支付专利许可费",这个期限只有终期没有始期,30天到底从哪天起算不明确,实际上等于没有约定。

(5) 列举表述是否科学。对合同中的某些事项,如果单纯是概括性的规定可能理解起来会有一定的困难,如果通过列举的方式就会一目了然。但是,列举并非能穷尽。因此,一般需要添加"包括但不限于"的表述,否则将挂一漏万。

3. 注重专利许可合同履行阶段的管理

(1) 强化对专利许可合同履行情况及效果的检查、分析和验收,全面适当执行许可合同义务，敦促对方积极执行合同，确保合同全面有效履行，如按期向被许可人提供许可的专利技术，按时或者按约定向许可人支付许可费等。

（2）对专利许可合同对方的合同履行情况实施有效监控，一旦发现有违约可能或违约行为，应当及时提示风险，并立即采取相应措施将专利许可合同损失降到最低。

（3）及时补充专利许可合同中不清楚的条款。对于合同没有约定或约定不明确的内容，通过双方协商一致对原有合同进行补充；无法达成补充协议的，按照国家相关法律法规、合同有关条款或者交易习惯确定。我国《合同法》第61条、第62条对此进行了规定，其中第61条规定：合同生效后，当事人就质量、价款或者报酬、履行地点等内容没有约定或者约定不明确的，可以协议补充；不能达成补充协议的，按照合同有关条款或者交易习惯确定。第62条进一步规定：当事人就有关合同内容约定不明确，依照本法第61条的规定仍不能确定的，适用下列规定："（一）质量要求不明确的，按照国家标准、行业标准履行；没有国家标准、行业标准的，按照通常标准或者符合合同目的的特定标准履行。（二）价款或者报酬不明确的，按照订立合同时履行地的市场价格履行；依法应当执行政府定价或者政府指导价的，按照规定履行。（三）履行地点不明确，给付货币的，在接受货币一方所在地履行；交付不动产的，在不动产所在地履行；其他标的，在履行义务一方所在地履行。（四）履行期限不明确的，债务人可以随时履行，债权人也可以随时要求履行，但应当给对方必要的准备时间。（五）履行方式不明确的，按照有利于实现合同目的的方式履行。（六）履行费用的负担不明确的，由履行义务一方负担。"

（4）根据需要变更甚至解除专利许可合同。对于显失公平、条款约定有错误或存在欺诈行为的合同，以及因政策调整、市场变化等客观因素已经或可能导致企业利益受损的合同，按规定程序及时报告，并经双方协商一致，按照规定权限和程序办理合同变更或解除事宜。

（5）及时处理专利许可合同纠纷。在履行专利许可合同过程中发生纠纷的，应当依据国家相关法律法规，在规定时效内与对方当事人协商并按规定权限和程序及时报告。合同纠纷经协商一致的，双方应当签订书面协议；合同纠纷经协商无法解决的，根据合同约定选择仲裁或诉讼方式解决。对方当事人提出中止、转让、解除合同的，造成自己财产损失的，可向对方当事人书面提出索赔；

他人提出专利侵权诉讼或者无效诉讼,自己应积极应对诉讼。

4. 建立配套的专利许可合同管理制度

(1) 专门部门和人员负责管理制度。在知识产权时代,包含专利权在内的知识产权不仅是衡量个人财富的标准,也是提升企业竞争力和掌控国家话语权的重要法宝,因此,企业做好知识产权管理意义重大,而在各类知识产权中又以专利最为重要。由于专利许可既涉及科学技术问题,又涉及法律问题,无论哪一方面都具有很强的专业性,需要专业人士才能处理。与此同时,专门部门和人员可以更好地帮助专利许可人员提高风险防范意识。所以企业应根据自身需要设定专人负责专利许可管理,充分发挥专利许可的作用,提升专利权的价值。

(2) 对专利权的质量瑕疵与权利瑕疵进行评估的制度。主要包括三个方面:一是该专利技术被宣告无效的可能性评估;二是专利权的技术特征评估,即技术上是否先进和成熟;三是侵权评估,即一旦获准许可实施该专利权,该实施行为是否侵犯他人的专利权。利用该制度,可以预防专利许可中的法律风险。

(3) 专利信息采集或数据库追踪制度。专利分析法作为企业专利管理的工具,在国外已经是比较成熟的手段,我国政府和企业也非常重视,成效明显。在专利许可合同中,往往涉及很多专利,由于专利的类型、国家、专利权人等不同,常常会出现相同技术内容的专利,但是却在不同的国家授予专利权,此时可以借助专利检索中同族专利予以剔除,节约许可费用,避免不必要的风险。

5.7.4 加强对专利许可合同的行政管理与执法

在专利许可中,特别是涉及标准必要专利的许可中,专利权人滥用专利权拒绝许可或者利用专利权劫持被许可人的情形越来越多,各国行政部门,特别是反垄断执法部门的介入有利于专利许可市场的健康发展。在美国,联邦贸易委员会是美国重要的行政机构,隶属于美国国会,它有权管辖垄断纠纷和不正当竞争纠纷,并作出相应裁决。对于专利许可中的专利权滥用行为,联邦贸易委员会可以发布限制令或采取其他措施。

以"高通罚款案"[①]为例,成立于1985年的美国高通公司是全球3G技术、

---

① 中华人民共和国国家发展和改革委员会行政处罚决定书发改办价监处罚〔2015〕1号,http://www.sdpc.gov.cn/gzdt/201503/t20150302_666209.html. 最后访问日期:2017年4月6日。

4G 技术和下一代移动技术的佼佼者。该公司在 CDMA 技术领域拥有 3000 多项专利及专利申请，在 4G、LTE 标准领域更是主要的核心专利拥有者之一。高通公司的专利许可模式包括：①手机生产商缴纳 1 亿元人民币左右的标准授权费作为"入门费"；②CDMA 手机生产商需按销售的每台手机售价的 6% 作为技术使用费支付给高通公司；③CDMA 手机生产商如升级支持芯片的软件，需向高通公司支付额外的"授权费"；④高通公司与中国企业还签订了"免费反许可"协议。

近年，该公司因其独特的专利许可模式涉嫌垄断，不断遭致欧盟、日本、韩国等地区和国家的反垄断部门的调查。在欧洲，因争议双方和解，起诉方撤诉，欧盟委员会针对高通公司的垄断高价调查目前已终止；在日本，公平贸易委员会作出决定，要求高通公司限期改正滥用专利权的行为，包括滥用市场支配地位、迫使日本公司签署交叉授权许可协议、阻止专利持有人维权等；在韩国，公平贸易委员会已经认定高通公司滥用市场支配地位、收取歧视性差别许可费，并对高通公司处以罚款。纵观这家公司在中国的经历，也早已是跬步之积，遭致反垄断调查在所难免。2013 年 11 月，负责反垄断的执法机构——国家发展和改革委员会（以下简称国家发改委）根据《反垄断法》对高通在北京和上海的办公地进行调查。2014 年 2 月 19 日，国家发改委确认就在华市场的垄断地位、过度收取专利费和搭售的行为，对高通公司进行反垄断调查。2014 年 7 月 11 日，国家发改委发布信息，通告高通公司新到任总裁阿伯利（Derek Aberle）等人到中国就反垄断调查的有关问题交换意见并接受调查询问，同时概述了高通公司涉嫌的滥用知识产权行为，包括将标准必要专利与非标准必要专利捆绑许可；要求中国企业免费反许可；继续收取已过期或已失效专利的许可费；为专利许可合同的签订附加不合理的交易条件；拒绝芯片生产企业的专利许可请求等。同月，国家发改委确定了高通公司垄断的事实。2015 年 2 月 10 日，国家发改委公布了向高通公司罚款的具体数额为 60.88 亿元的信息。

与此同时，专利许可合同常以格式合同作为模板，部分条款可能直接排除了另一方的财产利益；部分条款内容虽然不构成反垄断法中规定的垄断行为，但仍然属于滥用专利权的行为，为此，其他行政部门，如工商行政管理部门可对此合同进行审查并要求违法当事人承担行政责任。

5.8 典型案例及分析

5.8.1 何国辉与许建设、段成房、段保胜实用新型专利技术实施许可合同纠纷案[①]

1. 案情简介

2001年4月26日，何国辉与许建设、段成房、段保胜签订一份专利许可合同，约定："1、何国辉允许许建设、段成房、段保胜在豫北地区排他实施何国辉享有的专利号分别为93215981.8、01207001.7、01207002.5的燃煤、燃气取暖器三项专利，使用期三年（合同至2004年4月26日止）。2、许建设、段成房、段保胜支付技术使用费9万元，分三年以月工资方式付清，即2001年每月工资1500元至2002年4月支付2万元、2002年每月工资2500元至2003年4月支付3万元、2003年每月工资3000元至次年4月支付4万元。3、合同第2条明确约定了具体的技术指标及其预期达到的经济指标。"关于义务方面，何国辉须于合同生效后一周内提供技术图纸并提供相关技术指导，许建设、段成房、段保胜应严格按照图纸进行生产；关于技术验收标准，合同第8条约定"生产产品符合图纸要求，达到合同第2条规定的技术指标，批量生产前，样品送省质检站检测"等内容；关于违约金或损失赔偿问题，合同第11条约定，转让方（何国辉）造成不能如期进行试制样品及批量生产，应无条件返还所收取的技术使用费，受让方如不按约支付技术使用费，应承担违约责任，即除补齐应交的使用费外，另加付每月25%的滞纳金并支付违约金5万元，同时转让方有权解除合同，收回图纸；合同第13条另约定"在合同期限内，确因产品没有市场，双方应协商解除合同，任何一方均不承担违约责任，但应支付解除合同前应交的使用费"。

合同签订当日，何国辉提供了斜拉式炉瓦、上提式炉瓦燃煤取暖器图纸各一份。但在斜拉式炉瓦燃煤取暖器生产中，何国辉两次修改设计图纸并修改了两台样机，后于2001年8月29日作出更改图纸设计书面通知，对返修造成的材

[①] 参见（2008）民申字第1127号、（2005）豫法民三终字第27号民事判决、（2004）新民三初字第022号民事判决。

料和工时费用希望双方协商解决；2001年9月10日，何国辉提供燃气气暖取暖器图纸一份，许建设、段成房、段保胜委派段德怀、段德武与何国辉一同开始燃气取暖器的试制工作，但未能试制成功；2001年10月21日，何国辉又提供了燃气水暖器图纸，进行水暖机的试制，共生产样机10台（1台为8孔炉，其余为9孔炉），但因存在向下回火现象，该燃气水暖取暖器也未试制成功，未验收合格；2001年10月21日，何国辉提供斜拉式炉瓦燃煤取暖器的修改图纸和燃气水暖取暖器待试验图纸各一份。同年11月4日，斜拉式炉瓦燃煤取暖器试制成功，双方当事人对此出具验收合格证明；2000年11月26日，何国辉向许建设、段成房、段保胜提供了普通炉瓦图纸，该产品样机于2001年3月25日经双方验收合格。2001年12月20日，普通炉瓦、斜拉式炉瓦、前移式炉瓦三种燃煤取暖器样机试制成功，双方出具合格验收证明，确认零部件制造符合设计图纸要求，整机性能经测试符合合同验收标准。

2003年8月，许建设、段成房、段保胜以原材料价格上涨、不挣钱为由决定停产，向何国辉提出解除合同。何国辉认为三人是想以其申请的外观专利继续进行生产，不同意解除合同。对于许建设、段成房、段保胜丢失的设计图纸，何国辉书面表示"可以不追究责任"。截止2003年4月26日，共收取25000元专利许可费。

一审期间，段保胜提出鉴定申请，要求对涉案燃气取暖器实用新型专利技术是否成熟、是否存在重大缺陷、是否符合双方合同约定问题进行司法技术鉴定。2004年7月20日，双方就司法鉴定事宜达成意向书，约定"按原图纸要求制作一台产品，由河南省科学院炉具及太阳能产品检测中心进行鉴定"。后何国辉以该鉴定申请系针对产品质量的鉴定，已超过一年的诉讼时效期间为由，拒绝对鉴定所需事项予以配合。2005年1月6日，一审法院下达（2004）新民三初字第022-1号通知书，认为鉴定目的在于对合同标的技术方案进行鉴定，并非针对产品质量问题进行鉴定，且何国辉也已明确表明其93215981.8"燃煤、燃气取暖器"实用新型专利技术以及01207002.5"燃气取暖器"实用新型专利技术均无实用新型专利检索报告，据此通知何国辉配合鉴定所需事项，共同按照其举证的取暖设计图纸制作样机。否则，何国辉应承担不利法律后果。因何国辉拒绝配合，该鉴定最终无法完成。

一审期间，段保胜也于2004年12月1日向专利复审委申请宣告何国辉

01207002.5"燃气取暖器"实用新型专利无效,专利复审委也已受理审查。

2. 法院裁决

河南省新乡市中级人民法院在一审裁决中的意见:"1、许建设、段成房、段保胜支付何国辉技术使用费15000元;2、许建设、段成房、段保胜交还何国辉尚保存的专利技术产品设计图纸;3、许建设、段成房、段保胜于判决生效三十日内将依据合同生产的剩余产品销售完毕;4、驳回何国辉关于许建设、段成房、段保胜支付违约金50000元的诉讼请求;5、驳回许建设、段成房、段保胜的反诉请求。"

何国辉、许建设、段成房、段保胜均不服一审判决,向河南省高级人民法院提起上诉。

二审期间,何国辉向河南省高级人民法院提交国家知识产权局专利复审委员会(以下简称专利复审委)作出的第8482号《无效宣告请求审查决定书》,其中维持了01207002.5号专利权有效;以及北京市高级人民法院作出的(2006)高行终字第235号行政判决书,其中维持专利复审委宣告专利号为01207001.7的"燃煤取暖器"专利部分无效。

二审法院认为,一审法院在涉案专利权的有效性已处于待定状态下径行判决许建设、段成房、段保胜支付何国辉技术使用费余款15000元不当,本院予以纠正。其裁判意见为:"1、撤销新乡市中级人民法院(2004)新民三初字第022号民事判决书。2、驳回何国辉的本诉请求以及许建设、段成房、段保胜的反诉请求。本诉费3500元由何国辉承担,反诉费1010元由许建设、段成房、段保胜承担。上诉费3670元由何国辉承担。"

最高人民法院再审后裁定驳回何国辉的再审申请。

3. 简要评析

专利权人对其技术享有独占的权利,即只有权利人自己才能实施该项专利或许可他人使用。专利权人以外的任何人要实施专利技术,必须事先取得专利权人的同意,即获得专利许可。这种许可一般通过专利权人与被许可人签订书面专利许可协议来完成,其主要内容是被许可人向专利权人支付费用而有偿获得该专利的使用权。它是专利权人行使专利权的一种方式,其前提就是被许可的专利为有效专利。专利一旦失效,许可合同的基础便随之丧失。在这种情况下,被许可人可以停止支付使用费,但是,如果无效的只是一揽子许可的一项或几项专利，或被许可人还使用其他专有技术，被许可方应为其余的专利和技术支付使用费。正如本案中，何国辉许可给许建设等的专利技术部分失效后，被许可人可以停止支付失效部分的专利费。与此同时，许可的专利权无效后，被许可人仅在特殊情形下可以要求返还已支付的使用费。换言之，一般情况下，被许可人不可以要求返回专利使用费。我国《专利法》第47条第1款规定："宣告专利权无效的决定，对在宣告专利权无效前人民法院作出并已执行的专利侵权的判决、调解书，已经履行或者强制执行的专利侵权纠纷处理决定，以及已经履行的专利实施许可合同和专利权转让合同，不具有追溯力。但是因专利权人的恶意给他人造成的损失，应当给予赔偿。"这是因为虽然被宣告或判决无效的专利是自始无效的，但是在宣告或判决无效之前，该专利实际上已具备形式上的有效性，被许可人实施该专利实际上受到了专利法的保护，在很大程度上阻却了未取得许可的竞争者用该专利与被许可人进行竞争，由该专利产生的商业利益在很大程度上已由被许可人占有，如还要许可人返还已支付的使用费不尽合理。因此，不返还使用费应作为一般原则。但是，如果支付的使用费明显大于获得的利益，也可以要求许可方退还部分使用费。该条第3款规定"依照前款规定不返还专利侵权赔偿金、专利使用费、专利权转让费，明显违反公平原则的，应当全部或者部分返还"。另外，如果许可人明知专利本应无效而通过欺诈的方式与被许可人订立许可协议，许可人就应当返还使用费，给被许可人造成损失的，还要赔偿损失。

5.8.2 华为诉IDC公司标准必要专利使用费纠纷案[①]

1. 案情简介

美国交互数字技术公司（Inter Digital Technology Corporation）、交互数字通信有限公司（InterDigital Communications, Inc.）、交互数字公司（Inter Digital, Inc.）三家公司（以下简称IDC公司）曾经是全球无线通信领域技术研发的重要参与者之一，拥有大量标准必要专利。其当前主要业务是收取专利许可费。华为技术有限公司（简称华为公司）是世界上知名的电信设备提供商。二者均是欧洲电信标准化协会成员，其中被告IDC公司拥有数量众多的无线通信技术

---

① 参见（2011）深中法知民初字第857号判决、（2013）粤高法民三终字第305号判决。

第5章 专利许可中常见的法律风险及其防范

领域的标准必要专利，这些专利也是中国电信领域中移动终端和基础设施的标准必要专利。但多年以来，双方对于专利许可未达成一致。2011年7月，被告在美国提起诉讼，同时向美国国际贸易委员会提出申请，以迫使原告华为公司签订不公平的专利许可协议。2011年12月6日，华为公司以被告滥用市场支配地位、实施垄断侵权为由向深圳市中级人民法院提起诉讼。原告认为，被告违反了其承诺的FRAND义务，请求法院判令：被告按照FRAND条件确定被告就其标准必要专利许可给华为公司的许可费率或费率范围。

2. 法院裁决意见

广东省深圳市中级人民法院一审认为，根据"公平、合理、无歧视"原则，标准必要专利许可使用费率应确定为0.019%。IDC公司不服一审判决，向广东省高级人民法院提起上诉。广东省高级人民法院二审认为，无论是从字面上理解，还是根据欧洲电信标准化协会和美国电信工业协会中的知识产权政策和中国法律的相关规定，"FRAND"义务的含义均应理解为"公平、合理、无歧视"许可义务，核心在于合理、无歧视的许可费或者许可费率的确定。华为公司和IDC公司均是欧洲电信标准化协会的成员，IDC公司负有许可华为公司实施其标准必要专利的义务，不得拒绝许可。根据标准必要专利的特点，考虑实施该专利或类似专利所获利润及其在被许可人相关产品销售利润或销售收入中所占比例、专利许可使用费不应超过产品利润一定比例范围等若干因素，综合考虑各个公司之间专利许可实际情况的差别，以及华为公司如果使用IDC公司在中国之外的标准必要专利还要另行支付使用费的情况，人民法院合理确定本案的专利许可使用费率不应超过0.019%。

3. 简要评析

本案是我国首例标准必要专利使用费纠纷，在知识产权法律适用上具有重要意义。本案就如何确定标准必要专利使用费问题，首次适用"FRAND"原则作为裁判论述的依据，并提出计算的具体参照因素。这些都将对今后类似案件的处理和专利法的修改提供有力支撑。FRAND许可政策要求纳入标准的必要专利的权利人应同意以公平、合理和非歧视条件向标准必要专利实施者许可自己的专利，在一定程度上对标准必要专利权利人的权利行使进行一定的限制，从而为技术标准的顺利制定和推广使用扫除了障碍。但是，该原则并未界定何为公平、合理和非歧视条件。对于FRAND许可费的确定，这已经成为一个跨越法学与经济学的问题。实际上,标准必要专利权人应向标准技术使用者收取多少专利许可费才是公平合理且无歧视,很难找到一个精确的标准答案。我国知识产权法学者张平教授认为,由于标准必要专利许可使用费问题本身的复杂性,导致无法总结出一套数学计算公式并加以适用。① 因此,在标准必要专利的许可中,利用FRAND原则确定许可费还需要进一步加以探索。

5.8.3 珠海汇贤有限公司诉南京希科集团有限公司专利侵权纠纷案②

1. 案情简介

专利发明人蒋建华于1992年8月6日向国家专利局申请"长效广谱抗菌织物的制造方法"发明专利,该发明专利的公开日为1994年2月23日,1996年10月26日被授予发明专利,专利号为ZL92109288.1,专利权人为蒋建华、马瑞敏。2000年11月30日,经国家知识产权局登记ZL92109288.1专利的专利权人变更为珠海汇贤医疗设备企业有限公司,后者又与安信纳米生物科技(深圳)有限公司签订专利独占许可使用合同,该专利许可合同进行了登记备案。2001年5月8日,珠海汇贤医疗设备企业有限公司经珠海市工商行政管理局登记其企业名称变更为珠海汇贤企业有限公司。1998年7月17日,南京希科集团有限公司与蒋建华签订了《发明专利实施许可合同书》,合同约定其公司为独占实施"长效广谱抗菌织物的制造方法"专利。而另一专利权人马瑞敏在1997年11月2日就表示同意其公司使用该专利。但该专利许可合同未登记备案。随后,珠海汇贤企业有限公司起诉南京希科集团有限公司未经其同意生产、销售侵犯专利权的产品,要求停止侵权并赔偿损失。

2. 法院判决

深圳市中级人民法院经审理认为,原告请求保护专利的原专利权人为蒋建华、马瑞敏二人,而与被告签订合同的只有蒋建华一人,且合同中明确约定需专利权人马瑞敏同意的承诺书,但该合同始终未能得到专利权人马瑞敏同意的

---

① 参见张平:《涉及技术标准FRAND专利许可使用费率的计算》,载《人民司法·案例》2014年第4期,第1页。

② 参见深圳市中级人民法院(2001)深中法知产初字第119号民事判决、广东省高级人民法院(2002)粤高法民三终字第153号民事判决。

承诺,所以该专利许可合同未生效。被告南京希科集团有限公司认为专利权人马瑞敏同意实施该专利的理由是马瑞敏于1997年11月2日对《专利使用验收协议书》表示赞同的函件,该函件是马瑞敏同意南京希科集团有限公司对该专利工业化的使用验收,协议书的有效期为1997年10月18日至1998年4月18日,即该合同的签订时间及有效期限均在蒋建华与被告签订的专利实施许可合同之前,马瑞敏并未同意1998年7月17日南京希科集团有限公司与蒋建华签订的《发明专利实施许可合同书》。我国《专利法》第12条规定:实施他人专利的单位必须与专利权人订立书面实施许可合同。该规定所指的专利权人为专利证书上登记的全部权利人,而不是部分权利人。我国《专利法实施细则》第13条规定专利实施许可合同,应当自合同生效之日起三个月内向专利局备案,而该合同未向专利局备案。被告与蒋建华之间签订的专利实施许可合同未得到专利权人马瑞敏的同意,也未取得专利权人马瑞敏的授权,该合同未成立。2000年11月30日,原告通过专利转让取得了ZL92109288.1"长效广谱抗菌织物的制造方法"专利。原告自2000年11月30日起为该专利的专利权人。原告取得专利权后,并没有许可被告南京希科集团有限公司使用该专利,被告南京希科集团有限公司在2000年11月30日以后使用该专利方法制造产品,构成对原告专利的侵权。

广东省高级人民法院认为,上诉人南京希科集团有限公司与涉案专利原专利权人蒋建华签订了《专利使用验收协议书》。该协议第5条第2款明确规定:"如验证达到本协议第4条的要求,乙方愿意进行生产、销售后,甲方必须在十五天内与乙方签订独占专利实施许可合同。"另一权利人马瑞敏对该协议书表示赞同,并表示其本人不再与第三方进行合作开发和生产涉案专利。上诉人与蒋建华签订了《发明专利实施许可合同书》,在该协议书履行中发生的纠纷,江苏省南京市中级人民法院判决:专利实施许可合同解除条件不成就,蒋建华单方解除合同的行为无效。江苏省高级人民法院的终审判决维持了南京市中级人民法院上述判决。另外,在本案专利转让中,未有证据表明,转让双方当事人将专利转让事实告知南京希科集团有限公司,专利转让后的新专利权人珠海汇贤医疗设备企业有限公司变更为珠海汇贤企业有限公司,此项变更也未有证据表明通知了南京希科集团有限公司。综合前述情况,南京希科集团有限公司只要依专利许可协议支付专利许可费,其实施该专利行为是有正当理由的,其对珠海汇贤企业有限公司的专利侵权抗辩，理由成立，基于此，判决撤销一审法院判决。

3. 简要评析

该案件一、二审法院的判决截然相反。造成南京希科集团有限公司的专利独占许可使用权与受让人珠海汇贤有限公司的专利权和安信纳米生物科技（深圳）有限公司的专利独占许可使用权权利冲突的原因在于对专利许可合同的备案效力理解不同。我国《专利法》第12条规定"任何单位或者个人实施他人专利的，应当与专利权人订立实施许可合同，向专利权人支付专利使用费。被许可人无权允许合同规定以外的任何单位或者个人实施该专利"，其中并未规定专利许可合同需要经过备案。《专利法实施细则》第14条第2款规定"专利权人与他人订立的专利实施许可合同，应当自合同生效之日起3个月内向国务院专利行政部门备案"，可见，是否备案对于专利许可合同的效力并不产生影响。但专利许可合同备案可以起到诉前禁令证据、专利许可费计算参考的依据、一定程度的对抗作用。本案一审判决将是否备案作为专利许可合同生效的要求，与法不符。

第6章　专利许可纠纷的解决方式

纠纷是人类社会存续过程中的一种不可避免的社会现象，是一种社会常态。

民事纠纷，是法律纠纷的一种，是指平等主体之间发生的，以民事权利、义务为内容的法律纠纷。从总体看，民事纠纷具有以下特点：①民事纠纷主体之间法律地位平等；②民事纠纷的内容主要是对民事权利、义务的争议；③民事纠纷主体享有自治（或可处分）的权利。

人类社会的目的不在于消灭社会冲突与纠纷，而在于避免过于激烈的社会冲突和纠纷，并寻求解决社会冲突和纠纷的有效途径。人们评价某一社会文明与社会秩序的状况，其基本依据不在于该社会冲突发生的频度和裂度，而在于纠纷解决机制的健全程度及其对社会冲突的排解能力和效果。[①] 在现代法治社会，替代性纠纷解决方式，(Alternative Dispute Resolution，ADR) 勃兴，民事纠纷解决机制多元化。按照是否有中立的第三方介入纠纷解决以及该第三方的角色，民事纠纷的解决机制分为自力救济、社会救济和公力救济。①自力救济是指纠纷主体在没有中立的第三方介入情况下，依靠自己的力量或其他私人资源解决纠纷。和解属于自力救济。②社会救济是指纠纷主体借助于社会力量作为中立的第三方介入纠纷解决的一种途径。社会救济主要包括调解和仲裁。③公力救济是指以国家公权力介入纠纷，依据法律规范和法定程序解决纠纷，并以国家强制力保障执行的救济途径。民事纠纷的公力救济主要是民事诉讼和行政裁决。[②]

专利权是国家专利主管部门依据专利法授予发明创造人或合法申请人对某项发明创造在法定期间内所享有的一种独占权或专有权。专利权是技术领域内最重要的知识产权。知识产权在本质上应是私权与人权的统一。[③]

专利权的纠纷是伴随专利权的孪生姐妹，有专利权就必然有专利权纠纷发

[①] 江伟主编：《民事诉讼法专论》，北京：中国人民大学出版社，2005年版，第7-8页。
[②] 江伟主编：《民事诉讼法学》，北京：北京大学出版社，2012年版，第1-2页。
[③] 吴汉东：《知识产权总论》，北京：中国人民大学出版社，2013年版，第113页。

生。专利权民事纠纷解决方式主要有协商、行政调处和民事诉讼三种方式。发生专利民事纠纷，当事人可以协商解决，不愿协商或者协商不成的，专利权人或者利害关系人可以向人民法院起诉，也可以请求管理专利工作部门处理。《中华人民共和国专利法》第60条规定："未经专利权人许可，实施其专利，即侵犯其专利权，引起纠纷的，由当事人协商解决；不愿协商或者协商不成的，专利权人或者利害关系人可以向人民法院起诉，也可以请求管理专利工作的部门处理。管理专利工作的部门处理时，认定侵权行为成立的，可以责令侵权人立即停止侵权行为，当事人不服的，可以自收到处理通知之日起十五日内依照《中华人民共和国行政诉讼法》向人民法院起诉；侵权人期满不起诉又不停止侵权行为的，管理专利工作的部门可以申请人民法院强制执行。进行处理的管理专利工作的部门应当事人的请求，可以就侵犯专利权的赔偿数额进行调解；调解不成的，当事人可以依照《中华人民共和国民事诉讼法》向人民法院起诉。"

专利权人享有许可实施权。许可实施权是指专利权人（许可人）通过签订合同的方式允许他人（被许可人）在一定条件下使用其取得专利权的发明创造的全部或者部分技术的权利。[①] 专利权是排他权，除法定例外情形外，他人未经许可实施专利构成侵权，因此，他人要实施专利，原则上应当与专利权人签订专利实施许可合同，取得专利权人许可。许可是专利传播的主要形式，它对促进经济技术合同，特别是促进技术传播发挥了重要作用。专利许可纠纷属于专利民事纠纷的一种类型，专利民事纠纷解决方式适用于专利许可纠纷。专利许可纠纷解决方式主要有当事人协商、行政调处、诉讼解决，其中，协商是权利人的自力救济，行政调处和诉讼解决是公力救济。

6.1 专利许可纠纷的协商解决

6.1.1 协商的概念及其特征

协商是纠纷解决的基本手段和方式，它渗透于所有纠纷解决过程，是纠纷解决的重要要素和组成部分。协商是不同于诉讼、调解、仲裁的独立的纠纷处

---

① 吴汉东主编：《知识产权法》，北京：北京大学出版社，2014年版，第161页。

理机制，其实质是各方为了实现自己利益最大化而不断调整主张或做出妥协，最终以合意的方式化解冲突的交易活动。①

协商具有以下基本特征：①主体自治，主体自由选择协商，不受外界因素强制干预；②方式灵活，协商的方式多样，程序不定，依据多元；③合意解纷，当事人通过双向沟通，达成合意，解决纠纷。

协商是一种完全自治的解决纠纷的方式，协商能够实现主体自治，并能够以相对低成本灵活高效地处理纠纷。协商性司法是一种新的程序主义，它强调通过对话、协商、妥协实现纠纷的有效解决②，实现当事人所追求的自己需要的正义。

专利许可纠纷协商过程包括协商准备、意见传递、意见反馈与合意达成四个阶段，这四个阶段并非界限鲜明，而是相互交织。无论许可方还是被许可方，双方的实质性议题通常相似。不管是属于哪个领域，不论是制造企业还是服务提供商，双方协商的起点就如处在阴阳两极两个节点，正好相反。③ 在专利许可纠纷协商中，要明确许可方和被许可方的需求、关切以及存在的风险，寻找双方的共同点，通过协商达成最为公平的和解协议。

6.1.2 专利许可纠纷协商解决的基础

1. 专利权属于民事法律关系的内容

民事法律关系是在民事主体之间发生的，符合民法规范要求的，具有民事权利、义务内容的民事关系，它是法律关系的一种类型。民事法律关系是民法调整平等主体间财产关系和人身关系的结果，是平等主体间的财产关系和人身关系与民事法律形式相结合的产物，是受到民法强制保护的民事关系。④ 民事法律关系的要素包括主体要素、客体要素和内容要素。民事权利、义务和责任构成民事法律关系的内容，民事权利在民事法律关系要素体系中居于主导地位。

专利权是一种新型的民事权利，是一种有别与财产所有权的无形财产权。

---

① 张佳鑫：《协商解纷机制的现状考察与理论透视》，载《东北师大学报（哲学社会科学版）》2011年第3期，第231页。

② 唐力：《论协商性司法的理论基础》，载《现代法学》，2008年第6期，第112页。

③ [美] 玛莎·莱斯曼·卡兹等：《知识产权许可策略》，王永生，等译，北京：知识产权出版社，2014年版，第35页。

④ 李开国：《民法总则研究》，北京：法律出版社，2003年版，第83页。

专利权是国家专利主管部门依据专利法授予发明创造人或合法申请人对某项发明创造在法定期限内所享有的一种独占权或专有权。专利权包括转让权、许可使用权等。专利许可实施权是指专利人（许可人），通过签订合同的方式允许他人（被许可人）在一定条件下使用其取得专利权全部或者部分技术的权利。有专利许可实施权就会有专利许可纠纷发生。专利许可纠纷属于平等主体之间发生的民事纠纷，可以通过协商解决。

2. 社会文化

中华民族具有悠久历史文化传统，在我国几千年的法律文化传统中，儒家思想因始终深深地影响并左右着法律文化的价值取向而成为其核心。《论语·学而》："礼之用，和为贵"，追求"和为贵"一直是中华民族几千年来所追求的价值理念，纠纷的解决以维护和谐的人际关系为重要目标。在儒家思想文化的影响下，"无讼""息讼"的观念深入人心，追求社会和谐是民众追求的价值目标。和谐的思想观念与协商的理念相契合，体现了协商机制的内涵，从而为协商解决纠纷奠定了坚实的思想基础。①

从社会角度看，目前我国正处于社会转型时期，包括文化、价值观念、利益结构等在内的所有社会要素都被卷入到这一变革的浪潮之中，各种价值观念和利益诉求之间的碰撞、冲突十分激烈。我们需要的是在各种利益之间寻求沟通、交流与合作，以防止倒退到那种缺乏生机与活力的万马齐喑、天下一统的窒息状态中。② 协商机制能够缓和社会矛盾、维持社会秩序、保障社会和谐。

3. 法律依据

专利许可纠纷属于民事纠纷，当事人可以协商解决，我国相关法律有明确规定。《中华人民共和国合同法》第 128 条第 1 款规定："当事人可以通过和解或者调解解决合同争议。"《中华人民共和国民事诉讼法》第 50 条规定："双方当事人可以自行和解。"《中华人民共和国专利法》第 60 条规定："未经专利权人许可，实施其专利，即侵犯其专利权，引起纠纷的，由当事人协商解决；不愿协商或者协商不成的，专利权人或者利害关系人可以向人民法院起诉，也可以请求管理专利工作的部门处理。"

---

① 张佳鑫：《协商解纷机制研究》，吉林大学 2011 年博士论文，第 91 页。
② 汤维建：《群体性纠纷诉讼解决机制论》，北京：北京大学出版社，2008 年版，第 245 页。

6.1.3 专利许可纠纷协商解决的利弊

专利权是一种民事财产权，专利许可纠纷属于民事纠纷，当事人可以协商解决，不一定需要通过公力救济途径来解决，"诉讼会吞噬时间、金钱、安逸和朋友"（Lawsuits consume time, and money, and rest, and friend）。通过协商以合理的方式解决专利许可纠纷，具有灵活、便捷、低成本、高效率、节约诉讼资源等优势。

专利许可纠纷协商解决弊端在于和解协议对纠纷双方当事人之间的权利义务关系缺乏终结诉讼的效力和强制执行力。和解协议性质上是民法中的合同，对当事人具有合同上的约束力。但是，和解协议本身不具有终结诉讼的效力和强制执行力。《最高人民法院关于适用〈中华人民共和国民事诉讼法〉的解释》（法释〔2015〕5号）第339条规定："当事人在二审中达成和解协议的，人民法院可以根据当事人的请求，对双方达成的和解协议进行审查并制作调解书送达当事人；因和解而申请撤诉，经审查符合撤诉条件的，人民法院应予准许。"根据该规定，和解协议如果要取得强制执行力则必须和审判权结合，以法院调解书的形式表现出来。而法院审查批准当事人申请撤诉只是宣告诉讼程序的终结，和解协议不能因此而取得强制执行的法律效力。

6.2 专利许可纠纷的行政调处

行政调处是指行政主体依申请或依职权以非诉讼程序解决社会纠纷的法律制度，是各种纠纷行政解决机制的统称。发生了专利许可民事纠纷，当事人可以选择向管理专利工作的部门申请进行调处。

6.2.1 管理专利工作的部门及职责

管理专利工作的部门是指一定级别的地方人民政府设立的管理专利工作的部门。为了保障专利行政执法质量，《中华人民共和国专利法实施细则》第79条规定："专利法和本细则所称管理专利工作的部门，是指由省、自治区、直辖市人民政府以及专利管理工作量大又有实际处理能力的设区的市人民政府设立的管理专利工作的部门。"根据该规定，省、自治区、直辖市人民政府以及符合

专利许可的基本原理与实务操作

一定法定条件的市人民政府设立的专利管理机关，才是专利法意义上的管理专利工作的部门，例如四川省知识产权局、重庆市知识产权局、深圳市知识产权局等均为管理专利工作的部门。

《中华人民共和国专利法》第 3 条规定："国务院专利行政部门负责管理全国的专利工作；统一受理和审查专利申请，依法授予专利权。省、自治区、直辖市人民政府管理专利工作的部门负责本行政区域内的专利管理工作。"根据该规定，管理专利工作的部门是地方政府机关的职能部门，负责本行政区域内的专利管理工作。

《中华人民共和国专利法实施细则》第 80 条规定："国务院专利行政部门应当对管理专利工作的部门处理专利侵权纠纷、查处假冒专利行为、调解专利纠纷进行业务指导。"根据该规定，管理专利工作的部门具有专利行政管理和专利行政执法的双重职能，这是中国专利制度的特色之一。

管理专利工作的部门的职责主要有以下几个方面：①制定本地区、本部门专利工作的规划和计划；②组织协调本地区、本部门的专利工作并进行业务指导；③筹集、管理和使用专利基金，扶植专利申请和专利技术的开发实施；④组织专利工作的宣传教育和干部培训；⑤领导本地区、本部门的专利服务机构；⑥处理本地区、本部门的专利纠纷。

6.2.2 专利许可纠纷行政调处的基本原则

专利许可行政调解，是管理专利工作的部门在日常专利管理和专利行政执法过程中，对专利许可纠纷，以专利法及相关法律法规为依据，以当事人自愿为原则，通过对当事人的说服和疏导，促使当事人平等协商、互谅互让，达成调解协议，以快速解决纠纷的行为。"坏的调停胜于好的诉讼"（Un mauvais arrangement vaut mieux quun bon procès），行政调解具有高效便民的优势。行政调解应当遵循以下原则。

1. 自愿原则

当事人自愿是调解的天然法则。调解应当充分尊重当事人意愿，不得强迫当事人接受调解方式或者调解协议。调解自愿原则包括两个方面内容。一是调解程序自愿。调解程序的开启必须以当事人在自愿基础上的同意为前提，纠纷当事人可以自由决定是否进入或者退出行政调解程序。二是调解实体自愿。调解协议的达成应当尊重当事人的自愿，必须双方自愿，不能胁迫。

2. 合法原则

合法原则是指行政调解应当符合法律、法规及规章，不得损害国家利益、公共利益和他人合法权益。从合法原则包括了两个方面：一是程序合法，要求行政机关调解行为合法；二是实体合法，要求当事人双方达成调解协议的内容合法。

3. 保密原则

除双方当事人均明确表示可以公开进行外，调解应当在保密状态下进行，调解内容和文件材料不得对外公开。作为屏蔽规则，保密原则为当事人营造了自主交流空间和防干扰系统。[①] 保密原则对于推进专利许可纠纷达成合意、促进纠纷解决具有良好的制度功效。

4. 无偿原则

无偿原则是指管理专利工作的部门调解专利许可纠纷，不得收取任何费用。行政调解的无偿性，使得其与诉讼相比具有成本低廉的优点，更容易为专利许可纠纷当事人接受。

6.2.3 专利许可纠纷行政调处的程序

专利许可纠纷行政调处的程序主要包括请求的提出、管辖、受理、立案和调解等环节。具体可参见国家知识产权局专利管理司《其他专利纠纷行政调解指南（征求意见稿）》（2016）。

1. 请求的提出

行政调解可以由一方当事人或者双方当事人提出请求。请求管理专利工作的部门调解专利纠纷的，应当提交书面请求书，一份正本以及与被请求人数相当的副本。请求书应当记载以下内容。①请求人的姓名或者名称、地址，法定代表人或者主要负责人的姓名、职务；委托有代理人的，写明委托代理人的姓名、职务、通信联系方式和代理机构的名称、地址。②被请求人的姓名或者名称、地址、法定代表人或者主要负责人的姓名、职务。③请求调解的具体事项、

---

① 徐晓明：《行政调解制度基本原则研究》，载《天津行政学院学报》，2015年第5期，第82页。

依据的事实和理由。请求书应当由请求人签名或盖章。

请求调解专利纠纷的,应当符合下列条件:第一,请求人是专利纠纷的当事人或其权利继受人;第二,有明确的被请求人;第三,有明确的请求事项和具体事实、理由;第四,属于该管理专利工作的部门的受案范围和管辖范围;第五,当事人没有就该专利纠纷向人民法院起诉,也未申请仲裁。

2. 调解请求的管辖

请求调解专利纠纷的,当事人可以请求被请求人所在地的管理专利工作的部门予以调解。管理专利工作的部门认为调解案件不属于本部门管辖的,应当告知当事人向有管辖权的部门请求调解。管理专利工作的部门对管辖权发生争议的,由其共同的上级人民政府管理专利工作的部门指定管辖;无共同上级人民政府管理专利工作的部门的,由国家知识产权局指定管辖。

3. 受理及立案

管理专利工作的部门收到上述纠纷的调解请求后,符合受理条件的,应当在5个工作日内将请求书副本送达被请求人,要求其在收到请求书副本之日起15日内提交意见陈述书,表明是否同意调解;同意调解的,可以就请求人提出的调解事项说明理由。

被请求人同意进行调解并提交意见陈述书就请求人提出的调解事项说明理由的,管理专利工作的部门应当及时立案,并发出《立案通知书》,通知请求人和被请求人调解的时间和地点。

专利纠纷涉及第三人的,应当通知第三人参加,一并进行调解。被请求人逾期未提交意见陈述书,或者在意见陈述书中表示不接受调解的,管理专利工作的部门应当在期限届满或者收到意见陈述书之日起5个工作日内制作《调解不予立案通知书》,并送达请求人。

下列行政调解请求,管理专利工作的部门不予受理:①已向仲裁机构申请仲裁的;②已向人民法院起诉的;③不属于该管理专利工作的部门的受案范围和管辖范围;④管理专利工作的部门认为不应受理的其他情形。

4. 调解工作

管理专利工作的部门受理行政调解请求后,应当在收到被请求人同意调解的意见陈述书之日起5个工作日内安排双方当事人从调解员名录中协商选定调解员,不能共同选定调解员的,由管理专利工作的部门负责人从调解员名录中指定调解员。事实清楚、情形简单的纠纷，可以由一名调解员现场组织调解；其他情形的纠纷，应当由三名以上调解员组成调解组进行调解，调解过程及其根据此制作的流程图如图 6-1 所示。

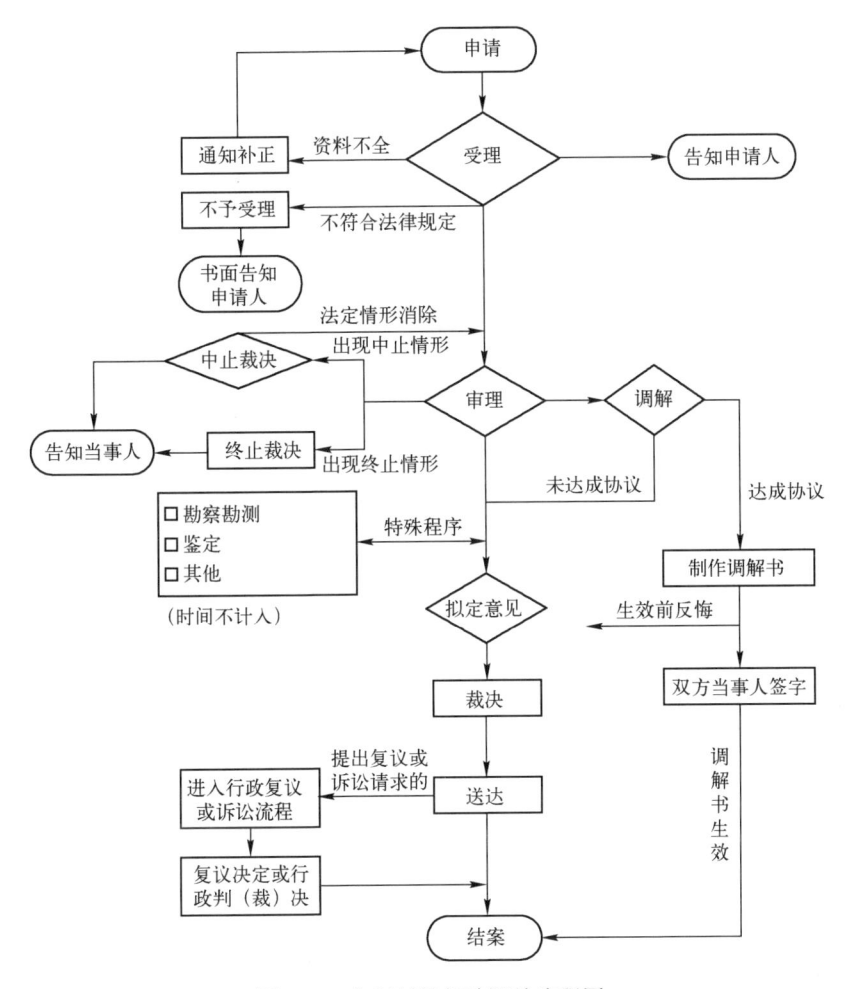

图 6-1 专利纠纷行政调处流程图

调解时，调解员应当宣布调解纪律，核对当事人身份，宣布当事人的权利和义务，宣布调解员、记录人的身份，询问当事人是否申请回避。行政调解过程中，调解员应当充分听取双方当事人的意见陈述，查明争议的基本事实，依据法律、法规、规章及政策对双方当事人进行说服、劝导，引导当事人达成调解协议。

当事人可以自行提出调解方案,调解员也可以提出调解方案供双方当事人协商时参考。管理专利工作的部门调解专利纠纷,应当制作调解笔录,记载调解时间、地点、参加人员、当事人基本情况、协商事项、当事人意见和调解结果,由当事人和主持调解的调解员核对无误后签名或者盖章。调解时,调解员应当对调解过程以及调解过程中获悉的国家秘密、商业秘密、个人隐私和其他依法不应公开的信息保守秘密,但为维护国家利益、社会公共利益、他人合法权益的除外。调解结果涉及第三人合法权益的,应当征得第三人同意。第三人不同意的,终止行政调解。

当事人通过调解达成协议的,可以签订调解协议书。当事人认为不需要签订调解协议书的,由调解员将协议内容记入笔录,并交双方当事人签字或盖章。

调解协议书应当载明下列事项:①当事人及其委托代理人的相关情况,包括姓名或名称、性别、年龄、职业、工作单位、住所、法定代表人姓名、职务;②纠纷的主要事实、争议事项;③当事人达成调解协议的内容,履行的方式和期限;④当事人违反调解协议的责任;⑤调解协议书的生效条件和生效时间;⑥其他相关事项。调解协议书应当由当事人及调解人员签名或盖章,并加盖管理专利工作的部门印章。调解协议书未明确具体的生效时间的,自双方当事人签字或盖章之日起生效。当事人应当自觉履行调解协议,不得擅自变更或者解除调解协议。

管理专利工作的部门调解专利纠纷,应当在立案之日起60日内结案。有特殊情况需要延长的,经部门领导批准,可以延长30日。

调解协议达成后,双方当事人可以向有管辖权的法院申请司法确认。经司法确认有效的调解协议,一方当事人拒绝履行或者未全部履行经司法确认有效的调解协议的,另一方当事人可以向作出确认决定的人民法院申请强制执行。[1]

6.3 专利许可纠纷的诉讼解决

司法是维护社会公平正义的最后一道防线。发生了专利许可纠纷,权利人

---

[1] 国家知识产权局专利管理司:《其它专利纠纷行政调解指南(征求意见稿)》,2016年版,第1-9页。

可以选择向法院提起诉讼,通过诉讼解决专利许可纠纷。

6.3.1 专利许可诉讼案件的管辖权

民事案件的管辖是指确定上下级法院之间以及同级法院之间受理第一审民事案件的分工与权限,它是在人民法院内部具体落实民事审判权的一种制度。

1. 级别管辖

级别管辖是指按照一定的标准,划分上下级法院之间受理第一审民事案件的分工与权限。级别管辖是对我国法院的组织系统纵向划分每一级人民法院各自管辖的第一审民事的权限和范围,以保证人民法院正确行使审判权。级别管辖解决的是人民法院内部受理第一审民事案件的纵向分工,即级别管辖存在于上下级人民法院之间。我国将案件的性质、繁简程度、影响大小等三者结合起来作为划分级别管辖的标准。

专门管辖,在性质上属于事项管辖,是指将某些特别事项规定由某些法院专门受理和审理的制度。专门管辖是根据事项确定的特殊级别管辖。

《最高人民法院关于适用〈中华人民共和国民事诉讼法〉的解释》(法释[2015]5号)第2条规定:"专利纠纷案件由知识产权法院、最高人民法院确定的中级人民法院和基层人民法院管辖。"

《最高人民法院关于审理专利纠纷案件适用法律问题的若干规定》第2条规定:"专利纠纷第一审案件,由各省、自治区、直辖市人民政府所在地的中级人民法院和最高人民法院指定的中级人民法院管辖。最高人民法院根据实际情况,可以指定基层人民法院管辖第一审专利纠纷案件。"为了保证专利案件的审判质量,促进专利案件审判队伍专业化建设,基层人民法院的管辖权,应当由最高人民法院指定,案件类型仅限于实用新型和外观设计专利民事纠纷案件。

《最高人民法院关于北京、上海、广州知识产权法院案件管辖的规定》第1条规定:"知识产权法院管辖所在市辖区内的下列第一审案件:(一)专利、植物新品种、集成电路布图设计、技术秘密、计算机软件民事和行政案件;(二)对国务院部门或者县级以上地方人民政府所作的涉及著作权、商标、不正当竞争等行政行为提起诉讼的行政案件;(三)涉及驰名商标认定的民事案件。"

根据该规定，北京市、上海市、广东省内涉及专利一审民事案件分别由北京、上海、广州知识产权法院管辖。知识产权法院职能和审级为中级人民法院，可以受理一审、二审和再审案件，知识产权法院所在市辖区内的第一审知识产权民事案件，除法律和司法解释规定应当由知识产权法院管辖外，由基层人民法院管辖，不受诉讼标的额的限制。不具有知识产权民事案件管辖权的基层人民法院辖区内知识产权案件，由所在地高级人民法院报请最高人民法院指定具有知识产权民事案件管辖权的基层人民法院跨区域管辖。当事人对知识产权法院所在市的基层人民法院作出的第一审知识产权民事和行政案件提起上诉的，由知识产权法院审理。

2. 地域管辖

地域管辖是指按照人民法院的不同辖区确定同级人民法院之间受理第一审案件的分工与权限。地域管辖解决的是人民法院内部受理第一审民事案件的横向分工，即地域管辖存在于同级人民法院之间。民事诉讼法以案件与法院辖区的不同隶属关系作为确定地域管辖的连接点标准，具体包括当事人住所地、案件事实、诉讼标的或争议标的物与法院辖区的关系等标准。

《中华人民共和国民事诉讼法》第23条规定："因合同纠纷提起的诉讼，由被告住所地或者合同履行地人民法院管辖。"根据该规定，在地域管辖上，实行"原告就被告"原则，即被告所在地的人民法院对案件有管辖权。同时，因专利或技术合同发生的纠纷，合同履行地的人民法院有管辖权。因此，因合同纠纷提起的诉讼，被告所在地及合同履行地法院均有管辖权，专利许可合同纠纷案件被告所在地及合同履行地法院均有管辖权。

3. 裁定管辖

裁定管辖是指人民法院通过裁定的形式确定第一审民事诉讼案件法院管辖的制度。裁定管辖是法定管辖的一种补充，是管辖制度灵活性的体现，具体包括移送管辖、指定管辖、管辖权移转。

移送管辖是指人民法院受理案件后，发现本法院对该案无管辖权，依照法律规定将案件移送给有管辖权的人民法院审理。《中华人民共和国民事诉讼法》第36条规定："人民法院发现受理的案件不属于本院管辖的，应当移送有管辖权的人民法院，受移送的人民法院应当受理。受移送的人民法院认为受移送的案件依照规定不属于本院管辖的，应当报请上级人民法院指定管辖，不得再自行移送。"

指定管辖是指上级人民法院以裁定方式，指定下级人民法院对某一案件行使管辖权。《中华人民共和国民事诉讼法》第 37 条规定："有管辖权的人民法院由于特殊原因，不能行使管辖权的，由上级人民法院指定管辖。人民法院之间因管辖权发生争议，由争议双方协商解决；协商解决不了的，报请它们的共同上级人民法院指定管辖。"

管辖权移转是指依据上级人民法院的决定或经其同意，将某个案件的管辖权由上级人民法院转交给下级人民法院，或者由下级人民法院转交给上级人民法院。管辖权移转实质是对级别管辖的一种变通和补充。《中华人民共和国民事诉讼法》第 38 条规定："上级人民法院有权审理下级人民法院管辖的第一审民事案件；确有必要将本院管辖的第一审民事案件交下级人民法院审理的，应当报请其上级人民法院批准。下级人民法院对它所管辖的第一审民事案件，认为需要由上级人民法院审理的，可以报请上级人民法院审理。"

4. 各级法院管辖第一审知识产权民事案件标准

《最高人民法院关于调整地方各级人民法院管辖第一审知识产权民事案件标准的通知》对各级法院管辖第一审知识产权民事案件标准进行明确规定，具体内容如下："（一）高级人民法院管辖诉讼标的额在 2 亿元以上的第一审知识产权民事案件，以及诉讼标的额在 1 亿元以上且当事人一方住所地不在其辖区或者涉外、涉港澳台的第一审知识产权民事案件。（二）对于本通知第一项标准以下的第一审知识产权民事案件，除应当由经最高人民法院指定具有一般知识产权民事案件管辖权的基层人民法院管辖的以外，均由中级人民法院管辖。（三）经最高人民法院指定具有一般知识产权民事案件管辖权的基层人民法院，可以管辖诉讼标的额在 500 万元以下的第一审一般知识产权民事案件，以及诉讼标的额在 500 万元以上 1000 万元以下且当事人住所地均在其所属高级或中级人民法院辖区的第一审一般知识产权民事案件，具体标准由有关高级人民法院自行确定并报最高人民法院批准。（四）对重大疑难、新类型和在适用法律上有普遍意义的知识产权民事案件，可以依照民事诉讼法第 39 条的规定，由上级人民法院自行决定由其审理，或者根据下级人民法院报请决定由其审理。（五）对专利、植物新品种、集成电路布图设计纠纷案件和涉及驰名商标认定的纠纷案件以及垄断纠纷案件等特殊类型的第一审知识产权民事案件,确定管辖时还应当符合最高人民法院有关上述案件管辖的特别规定。(六)军事法院管辖军内第一审知识产权民事案件的标准,参照当地同级地方人民法院的标准执行。(七)本通知下发后,需要新增指定具有一般知识产权民事案件管辖权的基层人民法院的,有关高级人民法院应将该基层人民法院管辖第一审一般知识产权民事案件的标准一并报最高人民法院批准。"

5. 基层人民法院管辖第一审知识产权民事案件标准

《最高人民法院关于印发基层人民法院管辖第一审知识产权民事案件标准的通知》(法发〔2010〕6号)对基层人民法院管辖第一审知识产权民事案件标准进行规定,详细见表6-1。

表6-1 基层人民法院管辖第一审知识产权民事案件标准

地区	基层人民法院		管辖第一审知识产权民事案件的标准
北京市	东城区人民法院		诉讼标的额在500万元以下的第一审一般知识产权民事案件以及诉讼标的额在500万元以上1000万元以下且当事人住所地均在北京市高级人民法院辖区的第一审一般知识产权民事案件
	西城区人民法院		
	崇文区人民法院		
	宣武区人民法院		
	朝阳区人民法院		
	海淀区人民法院		
	丰台区人民法院		
	石景山区人民法院		
	昌平区人民法院		
天津市	和平区人民法院		诉讼标的额在100万元以下的第一审一般知识产权民事案件
	经济技术开发区人民法院		诉讼标的额在50万元以下的第一审一般知识产权民事案件
辽宁省	大连市	西岗区人民法院	诉讼标的额在500万元以下的第一审一般知识产权民事案件
上海市	浦东新区人民法院		诉讼标的额在200万元以下的第一审一般知识产权民事案件
	卢湾区人民法院		
	杨浦区人民法院		
	黄浦区人民法院		

第6章 专利许可纠纷的解决方式

(续)

地区	基层人民法院		管辖第一审知识产权民事案件的标准
江苏省	南京市	宣武区人民法院	诉讼标的额在200万元以下的第一审一般知识产权民事案件
		鼓楼区人民法院	
		江宁区人民法院	
	苏州市	虎丘区人民法院	
		昆山市人民法院	
		太仓市人民法院	
		常熟市人民法院	
		工业园区人民法院	
	无锡市	滨湖区人民法院	
		江阴市人民法院	
		宜兴市人民法院	
	常州市	武进人民法院	诉讼标的额在100万元以下的第一审一般知识产权民事案件
		天宁区人民法院	
		常州高新技术产业开发区人民法院	
	镇江市	镇江经济开发区人民法院	
	南通市	通州区人民法院	
浙江省	杭州市	西湖区人民法院	诉讼标的额在500万元以下的第一审一般知识产权民事案件（义乌市人民法院同时管辖诉讼标的额在500万元以下的第一审实用新型和外观设计专利纠纷案件）
		滨江区人民法院	
		余杭区人民法院	
		萧山区人民法院	
	宁波市	北仑区人民法院	
		鄞州区人民法院	
		余姚市人民法院	
		慈溪市人民法院	
	温州市	鹿城区人民法院	
		瓯海区人民法院	
		乐清市人民法院	
		瑞安市人民法院	
	嘉兴市	南湖区人民法院	
		海宁市人民法院	
	绍兴市	绍兴县人民法院	
	金华市	婺城区人民法院	
		义乌市人民法院	
	台州市	玉环县人民法院	

(续)

地区	基层人民法院		管辖第一审知识产权民事案件的标准
安徽省	合肥市	高新技术产业开发区人民法院	诉讼标的额在5万元以下的第一审一般知识产权民事案件
福建省	福州市	鼓楼人民法院	诉讼标的额在50万元以下的第一审一般知识产权民事案件
	厦门市	思明区人民法院	
	泉州市	晋江市人民法院	
江西省	南昌市	南昌经济技术开发区人民法院	诉讼标的额在100万元以下的第一审一般知识产权民事案件
		南昌高新技术产业开发区人民法院	
山东省	济南市	历下区人民法院	诉讼标的额在50万元以下的第一审一般知识产权民事案件以及诉讼标的额在50万元以上100万元以下且当事人住所地均在其所属中级人民法院辖区的第一审一般知识产权民事案件
	青岛市	市南区人民法院	
湖北省	武汉市	江岸区人民法院	诉讼标的额在300万元以下的第一审一般知识产权民事案件以及诉讼标的额在300万元以上800万元以下且当事人住所地均在武汉市中级人民法院辖区的第一审一般知识产权民事案件
湖南省	长沙市	天心区人民法院	诉讼标的额在300万元以下的第一审一般知识产权民事案件
		岳麓区人民法院	
	株洲市	天元区人民法院	
广东省	广州市	越秀区人民法院	诉讼标的额在200万元以下的第一审一般知识产权民事案件
		海珠区人民法院	
		天河区人民法院	
		白云区人民法院	
		萝岗区人民法院	
		南沙区人民法院	
	深圳市	罗湖区人民法院	
		福田区人民法院	
		南山区人民法院	
		盐田区人民法院	
		龙岗区人民法院	
		宝安区人民法院	
	佛山市	南海区人民法院	
		禅城区人民法院	
		顺德区人民法院	
	汕头市	龙湖区人民法院	
	江门市	蓬江区人民法院	
		新会区人民法院	
	东莞市	东莞市第一人民法院	
	中山市	中山市人民法院	

(续)

地区	基层人民法院		管辖第一审知识产权民事案件的标准
广西壮族自治区	南宁市	青秀区人民法院	诉讼标的额在80万元以下的第一审一般知识产权民事案件以及诉讼标的额在80万元以上150万元以下且当事人住所地均在南宁市中级人民法院辖区的第一审一般知识产权民事案件
四川省	成都市	高新区人民法院	诉讼标的额在50万元以下的第一审一般知识产权民事案件
		武侯区人民法院	
		锦江区人民法院	
重庆市		渝中区人民法院	诉讼标的额在300万元以下的第一审一般知识产权民事案件
		沙坪坝区人民法院	
甘肃省	兰州市	城关区人民法院	诉讼标的额在30万元以下的第一审一般知识产权民事案件
	天水市	秦州区人民法院	
新疆生产建设兵团	农十二师	乌鲁木齐垦区人民法院	诉讼标的额在100万元以下的第一审一般知识产权民事案件以及诉讼标的额在100万元以上300万元以下且当事人住所地均在农十二师中级人民法院辖区的第一审一般知识产权民事案件
	农六师	五家渠市人民法院	诉讼标的额在100万元以下的第一审一般知识产权民事案件以及诉讼标的额在100万元以上200万元以下且当事人住所地均在农六师中级人民法院辖区的第一审一般知识产权民事案件

注：本附件所称"以上"包括本数，"以下"不包括本数

6.3.2 专利许可纠纷诉讼的原则

专利许可纠纷属于民事纠纷，在专利许可纠纷诉讼中应当坚持以下基本原则。

1. 当事人诉讼权利平等原则

当事人诉讼权利平等原则包括以下三个方面的内容：①当事人享有平等的诉讼权利；②人民法院有责任保障和便利当事人行使诉讼权利；③对当事人在适用法律上一律平等。《中华人民共和国民事诉讼法》第8条规定："民事诉讼当事人有平等的诉讼权利。人民法院审理民事案件，应当保障和便利当事人行使诉讼权利，对当事人在适用法律上一律平等。"该条规定确立了当事人诉讼权利平等原则。

2. 辩论原则

辩论原则是指当事人在专利许可纠纷案件审理过程中有权就案件事实和争议问题相互辩论，人民法院通过当事人的辩论来明辨是非，从而作出裁判的一项诉讼准则。辩论原则建立在双方当事人平等的基础上，辩论的内容广泛，适用于起诉到诉讼终结全程，辩论的方式可以书面辩论也可以口头辩论。《中华人民共和国民事诉讼法》第12条规定："人民法院审理民事案件时，当事人有权进行辩论。"该条规定确立了专利许可民事诉讼中的辩论原则。

3. 处分原则

处分原则是指专利许可纠纷诉讼当事人有权在法律规定的范围内自主决定是否行使自己享有的诉讼权利和实体权利，其处分行为受到人民法院普遍尊重的一项基本原则。处分原则以民事实体法的意思自治原则为基础。处分的对象包括民事权利和诉讼权利。处分行为表现形式多样，适用范围广泛，贯穿于诉讼的全过程。当事人行使处分权应当依法进行。《中华人民共和国民事诉讼法》第13条规定："当事人有权在法律规定的范围内处分自己的民事权利和诉讼权利。"该条规定确立了专利许可民事诉讼中的处分原则。

4. 诚实信用原则

诚实信用原则是指人民法院、当事人及其诉讼参与人在进行诉讼和审判活动中必须公正、诚实和善意。诚实信用原则在诉讼过程中表现为对法院、当事人及其他诉讼参与人的诉讼行为的规制。对当事人的制约主要表现为禁止诉讼权利的滥用和禁反言。对法院的制约主要表现为禁止滥用自由裁量权和禁止突袭性审判。《中华人民共和国民事诉讼法》第13条规定："民事诉讼应当遵循诚实信用原则。"该条规定确立了专利许可民事诉讼中的诚实信用原则。

6.3.3 专利许可纠纷诉讼的程序

1. 证据收集与保全

民事诉讼证据是指在民事诉讼中用以证明和确定案件事实的各种依据。专利许可案件诉讼中原告能否收集并提供足以证明其诉讼请求成立的证据，是决定诉讼胜负的关键。根据《中华人民共和国民事诉讼法》第63条规定，证据包括："（一）当事人的陈述；（二）书证；（三）物证；（四）视听资料；（五）电子数据；（六）证人证言；（七）鉴定意见；（八）勘验笔录"。证据必须查证属实，才能作为认定事实的根据。收集证据的途径有以下几种方式：

1) 当事人及其诉讼代理人调查收集证据

《中华人民共和国民事诉讼法》第 49 条第 1 款规定，收集、提供证据是当事人的诉讼权利之一。第 61 条对当事人的诉讼代理人调查收集证据的权利也做了明确规定。当事人及其诉讼代理人调查不能滥用，应当符合法律的规定，不能以侵害他人合法权益或者违反法律禁止性规定的方法取得证据。收集证据也是当事人的义务。当事人对自己提出的主张，有责任提供证据。当事人对自己提出的主张应当及时提供证据。人民法院根据当事人的主张和案件审理情况，确定当事人应当提供的证据及其期限。当事人在该期限内提供证据确有困难的，可以向人民法院申请延长期限，人民法院根据当事人的申请适当延长。当事人逾期提供证据的，人民法院应当责令其说明理由；拒不说明理由或者理由不成立，人民法院根据不同情形可以不予采纳该证据，或者采纳该证据但予以训诫、罚款。

2) 人民法院依职权调查收集证据

人民法院依职权调查收集证据有两种情形。第一种情形：依法主动调查收据必要的证据。涉及可能有损国家利益、社会公共利益或者他人合法权益的事实，人民法院可依职权调查取证。涉及依职权追加当事人、中止诉讼等程序事项，人民法院可自行调查收集。第二种情形：根据当事人申请调查收集证据。当事人及其诉讼代理人因客观原因不能自行收集的证据，或者人民法院认为审理案件需要的证据，人民法院应当调查收集。根据《最高人民法院关于适用〈中华人民共和国民事诉讼法〉的解释》第 94 条规定："民事诉讼法第 64 条第 2 款规定的当事人及其诉讼代理人因客观原因不能自行收集的证据包括：（一）证据由国家有关部门保存，当事人及其诉讼代理人无权查阅调取的；（二）涉及国家秘密、商业秘密或者个人隐私的；（三）当事人及其诉讼代理人因客观原因不能自行收集的其他证据。当事人及其诉讼代理人因客观原因不能自行收集的证据，可以在举证期限届满前书面申请人民法院调查收集。"人民法院应当按照法定程序，全面地、客观地审查核实证据。

3) 证据保全

证据保全是指在证据可能灭失或以后难以取得的情形下，人民法院根据当事人或者利害关系人的申请或依职权采取措施，对可能灭失或今后难以取得的证据，予以调查收集和固定保存的行为。《中华人民共和国民事诉讼法》第81条规定："在证据可能灭失或者以后难以取得的情况下，当事人可以在诉讼过程中向人民法院申请保全证据，人民法院也可以主动采取保全措施。因情况紧急，在证据可能灭失或者以后难以取得的情况下，利害关系人可以在提起诉讼或者申请仲裁前向证据所在地、被申请人住所地或者对案件有管辖权的人民法院申请保全证据。"《中华人民共和国专利法》第67条规定："为了制止专利侵权行为，在证据可能灭失或者以后难以取得的情况下，专利权人或者利害关系人可以在起诉前向人民法院申请保全证据。人民法院采取保全措施，可以责令申请人提供担保；申请人不提供担保的，驳回申请。人民法院应当自接受申请之时起四十八小时内作出裁定；裁定采取保全措施的，应当立即执行。申请人自人民法院采取保全措施之日起十五日内不起诉的，人民法院应当解除该措施。"由人民法院保全的证据，与人民法院依职权收集调查的证据有同等效力。

2. 诉前禁令

诉前禁令，又称诉前责令停止侵权行为。《中华人民共和国专利法》第66条规定："专利权人或者利害关系人有证据证明他人正在实施或者即将实施侵犯专利权的行为，如不及时制止将会使其合法权益受到难以弥补的损害的，可以在起诉前向人民法院申请采取责令停止有关行为的措施。申请人提出申请时，应当提供担保；不提供担保的，驳回申请。人民法院应当自接受申请之时起四十八小时内作出裁定；有特殊情况需要延长的，可以延长四十八小时。裁定责令停止有关行为的，应当立即执行。当事人对裁定不服的，可以申请复议一次；复议期间不停止裁定的执行。申请人自人民法院采取责令停止有关行为的措施之日起十五日内不起诉的，人民法院应当解除该措施。申请有错误的，申请人应当赔偿被申请人因停止有关行为所遭受的损失。"《中华人民共和国民事诉讼法》第101条规定："利害关系人因情况紧急，不立即申请保全将会使其合法权益受到难以弥补的损害的，可以在提起诉讼或者申请仲裁前向被保全财产所在地、被申请人住所地或者对案件有管辖权的人民法院申请采取保全措施。申请人应当提供担保，不提供担保的，裁定驳回申请。人民法院接受申请后，必须在四十八小时内作出裁定；裁定采取保全措施的，应当立即开始执行。申请人在人民法院采取保全措施后三十日内不依法提起诉讼或者申请仲裁的，人民法院应当解除保全。"

3. 起诉和受理

根据《中华人民共和国民事诉讼法》第119条规定，起诉必须符合下列条件："（一）原告是与本案有直接利害关系的公民、法人和其他组织；（二）有明确的被告；（三）有具体的诉讼请求和事实、理由；（四）属于人民法院受理民事诉讼的范围和受诉人民法院管辖。"

起诉应当向人民法院递交起诉状，并按照被告人数提出副本。起诉状应当记明下列事项：①原告的姓名、性别、年龄、民族、职业、工作单位、住所、联系方式，法人或者其他组织的名称、住所和法定代表人或者主要负责人的姓名、职务、联系方式；②被告的姓名、性别、工作单位、住所等信息，法人或者其他组织的名称、住所等信息；③诉讼请求和所根据的事实与理由；④证据和证据来源，证人姓名和住所。

人民法院应当保障当事人依照法律规定享有的起诉权利。对符合《中华人民共和国民事诉讼法》第119条的起诉，必须受理。符合起诉条件的，应当在七日内立案，并通知当事人；不符合起诉条件的，应当在七日内作出裁定书，不予受理；原告对裁定不服的，可以提起上诉。

4. 审理前的准备

人民法院应当在立案之日起五日内将起诉状副本发送被告，被告应当在收到之日起十五日内提出答辩状。答辩状应当记明被告的姓名、性别、年龄、民族、职业、工作单位、住所、联系方式；法人或者其他组织的名称、住所和法定代表人或者主要负责人的姓名、职务、联系方式。人民法院应当在收到答辩状之日起五日内将答辩状副本发送原告。被告不提出答辩状的，不影响人民法院审理。

人民法院对决定受理的案件，应当在受理案件通知书和应诉通知书中向当事人告知有关的诉讼权利义务，或者口头告知。

人民法院受理案件后，当事人对管辖权有异议的，应当在提交答辩状期间提出。人民法院对当事人提出的异议，应当审查。异议成立的，裁定将案件移送有管辖权的人民法院；异议不成立的，裁定驳回。当事人未提出管辖异议，并应诉答辩的，视为受诉人民法院有管辖权，但违反级别管辖和专属管辖规定的除外。

合议庭组成人员确定后，应当在三日内告知当事人。

5. 开庭审理及裁判

人民法院审理民事案件，应当在开庭三日前通知当事人和其他诉讼参与人。公开审理的，应当公告当事人姓名、案由和开庭的时间、地点。

开庭审理前，书记员应当查明当事人和其他诉讼参与人是否到庭，宣布法庭纪律。开庭审理时，由审判长核对当事人，宣布案由，宣布审判人员、书记员名单，告知当事人有关的诉讼权利义务，询问当事人是否提出回避申请。

法庭调查按照下列顺序进行：①当事人陈述；②告知证人的权利义务，证人作证，宣读未到庭的证人证言；③出示书证、物证、视听资料和电子数据；④宣读鉴定意见；⑤宣读勘验笔录。

法庭辩论按照下列顺序进行：①原告及其诉讼代理人发言；②被告及其诉讼代理人答辩；③第三人及其诉讼代理人发言或者答辩；④互相辩论。法庭辩论终结，由审判长按照原告、被告、第三人的先后顺序征询各方最后意见。

法庭辩论终结，应当依法作出判决。判决前能够调解的，还可以进行调解，调解不成的，应当及时判决。人民法院对公开审理或者不公开审理的案件，一律公开宣告判决。当庭宣判的，应当在十日内发送判决书；定期宣判的，宣判后立即发给判决书。宣告判决时，必须告知当事人上诉权利、上诉期限和上诉法院。人民法院适用普通程序审理的案件，应当在立案之日起六个月内审结。有特殊情况需要延长的，由本院院长批准，可以延长六个月；还需要延长的，报请上级人民法院批准。

6.4 专利许可纠纷的仲裁裁决可能性

6.4.1 仲裁概念及其特征

仲裁是指当事人在自愿基础上，由仲裁机构以第三方的身份，依法对争议作出具有法律约束力的裁决的一种解决纠纷的制度和方式。仲裁是在性质上兼具契约性、自治性、民间性的一种纠纷解决方式。

《中华人民共和国仲裁法》第2条规定："平等主体的公民、法人和其他组织之间发生的合同纠纷和其他财产权益纠纷，可以仲裁。"第3条规定："下列纠纷不能仲裁：（一）婚姻、收养、监护、扶养、继承纠纷；（二）依法应当由行政机关处理的行政争议。"根据上述规定，争议事项的可仲裁性问题，主要有两条原则：一是平等主体的公民、法人和其他组织之间发生的合同纠纷和其他财产权益纠纷，可以仲裁；二是不能仲裁的纠纷类型包括婚姻、收养、监护、扶养、继承纠纷以及依法应当由行政机关处理的行政争议。由此可见，仲裁只能解决平等主体之间的民商事纠纷，而将行政争议以及非财产民事争议排除在仲裁范围之外，并且凡是当事人无权自由处分的事项都不能通过仲裁方式加以解决。

6.4.2 专利许可纠纷仲裁裁决的基础

1. 可仲裁性概念

可仲裁性指某项争议依法可适用仲裁方式解决。它不仅涉及仲裁地的法律，也涉及裁决执行地的法律；不仅决定争议能否提交仲裁，而且直接决定仲裁裁决能否得到有效执行。具体地说，可仲裁性指仲裁范围，包括哪些纠纷可用仲裁方式解决，哪些纠纷不能用仲裁方式解决。因为仲裁这一方式只能对部分纠纷的解决发挥独特的作用，不可能用来解决所有的争议。[①]

2. 专利纠纷的可仲裁性

专利纠纷是否具备可仲裁性，《中华人民共和国专利法》及其《中华人民共和国专利法实施细则》都没有对其作出明确的规定。专利权是知识财产私有的权利形态，归类于民事权利体系。专利权虽然为私权，但是，国家对专利权制度的干预，表现为专利权在权能范围和效力范围方面受到某些限制。专利权在取得、行使和救济等方面都有国家公权力的介入，体现了国家对专利权司法自治原则的限制。因此，应当根据专利纠纷的具体类型及其性质进行甄别专利纠纷是否具备可仲裁性。

3. 专利许可纠纷的可仲裁性

专利许可纠纷是否具备可仲裁性？笔者认为专利许可纠纷具备可仲裁性。其主要理由有以下四个方面：

首先，从理论角度考量。专利权是排他权，除法定例外情形外，他人未经

[①] 李汉生等编著：《仲裁法释论》，北京：中国法制出版社，1995年版，第31页。

许可实施专利构成侵权。因此，他人要合法实施专利，原则上应当与专利权人签订专利实施许可合同，取得专利权人的许可。在实践中常见的专利许可纠纷一般围绕专利实施许可合同是否成立、生效、履行以及撤销或无效等。有关合同效力，当事人意思表示是否真实、合同是否符合法定方式、合同内容是否违反法律强制性规定而发生争议；合同履行中，交易客体是否存在瑕疵、交易客体范围以及许可费用等引发的争议等；合同消灭纠纷一般包括合同是否履行期限届满、合同是否撤销以及合同是否合法解除等。[1] 专利许可纠纷都是围绕专利实施许可合同当事人意思自治的产物而展开，是平等主体的公民、法人和其他组织之间发生的合同纠纷，并不涉及行政争议以及非财产民事争议，符合争议事项的可仲裁性。

其次，从我国实践考量。2007年4月武汉仲裁委员会依托中南财经政法大学全国知识产权研究中心的人力智力资源，设立了专业的知识产权仲裁院，之后，上海、重庆、杭州、深圳等地都相继设立了专门的知识产权仲裁中心或者仲裁院，知识产权仲裁中心或者仲裁院是根据知识产权纠纷专业性、时间性、保密性的特点而专门设置的专业纠纷解决平台。从实践来看，知识产权仲裁中心或者仲裁院仲裁事项主要集中在知识产权合同纠纷，专利实施许可纠纷属于知识产权合同纠纷，专利实施许可纠纷属于可以仲裁的范围。

再次，从域外实践考量。1994年成立了世界知识产权组织（WIPO）仲裁与调解中心，该中心受理几乎所有类型的商事纠纷。从实践来看，主要受理因知识产权合同纠纷申请的仲裁。美国专利法规定专利可仲裁事项非常广泛，几乎包含了所有专利纠纷类型，即使是专利侵权纠纷和专利有效性纠纷，也可以申请仲裁。瑞士规定涉及财产的任何争议都可以递交仲裁，显然，专利许可纠纷可以提交仲裁解决。[2] 域外实践表明，国际组织及部分国家均认可专利许可纠纷具备可仲裁性。

最后，从仲裁优势考量。仲裁具有专家办案、一裁终局、快捷便利、无地域管辖限制等特点，对专利许可合同约定仲裁的知识产权纠纷处理方式具有程

---

[1] 倪静：《论专利纠纷的可仲裁性》，载《南昌大学学报（人文社会科学版）》，2011年第4期，第75-76页。

[2] 李晓桃、袁晓东：《知识产权纠纷的可仲裁性研究》，载《科技管理研究》，2012年第16期，第181-182页。

序简约、意思自治、专业裁定、法律保障的特点。充分发挥知识产权仲裁高效便捷、专业性强、保密性好、无地域管辖限制等优势，仲裁在专利许可纠纷解决领域中必将大放异彩。

6.4.3 专利许可纠纷仲裁裁决的原则

1. 自愿原则

自愿原则是仲裁制度中的基本原则，是仲裁活动的前提和基础。当事人采用仲裁方式解决纠纷，应当双方自愿，达成仲裁协议。没有仲裁协议，一方申请仲裁的，仲裁委员会不予受理。仲裁机构由当事人双方协商选定。组成仲裁庭的仲裁员由当事人在仲裁员名册中自主选定，也可以委托仲裁委员会主任代为指定，仲裁庭的组成形式也可以由当事人约定。当事人可以约定交由仲裁解决的争议事项。

2. 独立仲裁原则

独立仲裁，指的是从仲裁机构的设置到仲裁纠纷的整个过程，都具有依法的独立性。仲裁依法独立进行，不受行政机关、社会团体和个人的干涉。仲裁委员会独立于行政机关，与行政机关没有隶属关系。仲裁组织体系中的仲裁协会、仲裁委员会和仲裁庭三者之间相对独立。

3. 根据事实、符合法律规定、公平合理解决纠纷的原则

仲裁应当根据事实，符合法律规定，公平合理地解决纠纷。此项原则是公正处理民事经济纠纷的根本保障，是解决当事人之间的纠纷所应当依据的基本准则。

4. 一裁终局原则

仲裁庭作出的仲裁裁决为终局裁决，裁决作出后，当事人就同一纠纷再申请仲裁或者向法院起诉的，仲裁委员会或者法院不予受理。

6.4.4 专利许可纠纷仲裁裁决的程序

1. 申请和受理

当事人申请仲裁应当符合下列条件：①有仲裁协议；②有具体的仲裁请求和事实、理由；③属于仲裁委员会的受理范围。当事人申请仲裁，应当向仲裁委员会递交仲裁协议、仲裁申请书及副本。仲裁委员会收到仲裁申请书之日起

五日内，认为符合受理条件的，应当受理，并通知当事人；认为不符合受理条件的，应当书面通知当事人不予受理，并说明理由。仲裁委员会受理仲裁申请后，应当在仲裁规则规定的期限内将仲裁规则和仲裁员名册送达申请人，并将仲裁申请书副本和仲裁规则、仲裁员名册送达被申请人。

被申请人收到仲裁申请书副本后，应当在仲裁规则规定的期限内向仲裁委员会提交答辩书。仲裁委员会收到答辩书后，应当在仲裁规则规定的期限内将答辩书副本送达申请人。被申请人未提交答辩书的，不影响仲裁程序的进行。

仲裁当事人起诉的处理：当事人达成仲裁协议，一方向人民法院起诉未声明有仲裁协议，人民法院受理后，另一方在首次开庭前提交仲裁协议的，人民法院应当驳回起诉，但仲裁协议无效的除外；另一方在首次开庭前未对人民法院受理该案提出异议的，视为放弃仲裁协议，人民法院应当继续审理。

申请人可以放弃或者变更仲裁请求。被申请人可以承认或者反驳仲裁请求，有权提出反请求。

2. 仲裁庭的组成

仲裁庭可以由三名仲裁员或者一名仲裁员组成。由三名仲裁员组成的，设首席仲裁员。当事人约定由三名仲裁员组成仲裁庭的，应当各自选定或者各自委托仲裁委员会主任指定一名仲裁员，第三名仲裁员由当事人共同选定或者共同委托仲裁委员会主任指定。第三名仲裁员是首席仲裁员。当事人约定由一名仲裁员成立仲裁庭的，应当由当事人共同选定或者共同委托仲裁委员会主任指定仲裁员。当事人没有在仲裁规则规定的期限内约定仲裁庭的组成方式或者选定仲裁员的，由仲裁委员会主任指定。仲裁庭组成后，仲裁委员会应当将仲裁庭的组成情况书面通知当事人。

3. 开庭和裁决

仲裁应当开庭进行。当事人协议不开庭的，仲裁庭可以根据仲裁申请书、答辩书以及其他材料作出裁决。仲裁不公开进行。当事人协议公开的，可以公开进行，但涉及国家秘密的除外。

仲裁委员会应当在仲裁规则规定的期限内将开庭日期通知双方当事人。当事人有正当理由的，可以在仲裁规则规定的期限内请求延期开庭。是否延期，由仲裁庭决定。申请人经书面通知，无正当理由不到庭或者未经仲裁庭许可中途退庭的，可以视为撤回仲裁申请。被申请人经书面通知，无正当理由不到庭或者未经仲裁庭许可中途退庭的，可以缺席裁决。

当事人应当对自己的主张提供证据。仲裁庭认为有必要收集的证据，可以自行收集。

仲裁庭对专门性问题认为需要鉴定的，可以交由当事人约定的鉴定部门鉴定，也可以由仲裁庭指定的鉴定部门鉴定。根据当事人的请求或者仲裁庭的要求，鉴定部门应当派鉴定人参加开庭。当事人经仲裁庭许可，可以向鉴定人提问。

证据应当在开庭时出示，当事人可以质证。

在证据可能灭失或者以后难以取得的情况下，当事人可以申请证据保全。当事人申请证据保全的，仲裁委员会应当将当事人的申请提交至证据所在地的基层人民法院。

当事人在仲裁过程中有权进行辩论。辩论终结时，首席仲裁员或者独任仲裁员应当征询当事人的最后意见。

当事人申请仲裁后，可以自行和解。达成和解协议的，可以请求仲裁庭根据和解协议作出裁决书，也可以撤回仲裁申请。当事人达成和解协议，撤回仲裁申请后反悔的，可以根据仲裁协议申请仲裁。

仲裁庭在作出裁决前，可以先行调解。当事人自愿调解的，仲裁庭应当调解。调解不成的，应当及时作出裁决。调解达成协议的，仲裁庭应当制作调解书或者根据协议的结果制作裁决书。调解书与裁决书具有同等法律效力。调解书应当写明仲裁请求和当事人协议的结果。调解书由仲裁员签名，加盖仲裁委员会印章，送达双方当事人。调解书经双方当事人签收后，即发生法律效力。在调解书签收前当事人反悔的，仲裁庭应当及时作出裁决。

裁决应当按照多数仲裁员的意见作出，少数仲裁员的不同意见可以记入笔录。仲裁庭不能形成多数意见时，裁决应当按照首席仲裁员的意见作出。

裁决书应当写明仲裁请求、争议事实、裁决理由、裁决结果、仲裁费用的负担和裁决日期。当事人协议不愿写明争议事实和裁决理由的，可以不写。裁决书由仲裁员签名，加盖仲裁委员会印章。对裁决持不同意见的仲裁员，可以签名，也可以不签名。裁决书自作出之日起发生法律效力。

4. 申请撤销裁决

申请撤销裁决的条件。当事人提出证据证明裁决有下列情形之一的，可以向仲裁委员会所在地的中级人民法院申请撤销裁决：①没有仲裁协议的；②裁决的事项不属于仲裁协议的范围或者仲裁委员会无权仲裁的；③仲裁庭的组成或者仲裁的程序违反法定程序的；④裁决所根据的证据是伪造的；⑤对方当事人隐瞒了足以影响公正裁决的证据的；⑥仲裁员在仲裁该案时有索贿受贿，徇私舞弊，枉法裁决行为的。人民法院经组成合议庭审查核实裁决有前款规定情形之一的，应当裁定撤销。人民法院认定该裁决违背社会公共利益的，应当裁定撤销。

当事人申请撤销裁决的，应当自收到裁决书之日起六个月内提出。人民法院应当在受理撤销裁决申请之日起两个月内作出撤销裁决或者驳回申请的裁定。

人民法院受理撤销裁决的申请后，认为可以由仲裁庭重新仲裁的，通知仲裁庭在一定期限内重新仲裁，并裁定中止撤销程序。仲裁庭拒绝重新仲裁的，人民法院应当裁定恢复撤销程序。

5. 仲裁裁决的执行

当事人应当履行裁决。一方当事人不履行的，另一方当事人可以依照民事诉讼法的有关规定向人民法院申请执行。受申请的人民法院应当执行。被申请人提出证据证明裁决有民事诉讼法第217条第2款规定的情形之一的，经人民法院组成合议庭审查核实，裁定不予执行。一方当事人申请执行裁决，另一方当事人申请撤销裁决的，人民法院应当裁定中止执行。人民法院裁定撤销裁决的，应当裁定终结执行。撤销裁决的申请被裁定驳回的，人民法院应当裁定恢复执行。

6.5 典型案例及分析

6.5.1 杨春琴与宿迁力引实业有限公司、江苏固丰管桩集团有限公司实用新型专利实施许可合同纠纷案[①]

1. 基本案情

杨春琴系 ZL20112029××××.0 号"抗震型预制混凝土实心方桩"实用新型

---

① 参见江苏省南京市中级人民法院（2014）宁知民初字第180号民事判决，江苏省高级人民法院（2015）苏知民终字第00074号民事判决。

专利的专利权人,该专利于2011年8月12日向国家知识产权局申请,发明人为朱克平、金如元、张凤臣、汤永柳、华文升、刘海鹏,2012年5月20日获得授权并公告。2012年10月17日,国家知识产权局公告该专利权人由宿迁市固丰管桩有限公司(固丰公司前身)变更为杨春琴。

2014年2月15日,力引公司(甲方)与杨春琴(乙方)、固丰公司(丙方)签订了《专利实施许可合同》。其中约定:"乙方以普通许可方式,许可甲方实施其所拥有的本协议第一条所述的名称为'抗震型预制混凝土实心方桩'的专利,甲方受让本专利的实施许可并支付相应的实施许可使用费。丙方作为乙方的保证人,参与了协商全过程,并自愿对乙方履行本合同的义务承担连带责任。第一条本合同许可实施的专利权:1、专利类型为实用新型专利。2、专利权人为杨春琴。3、专利授权日2012年5月30日。4、专利号ZL20112029×××.0。5、专利有效期2011年8月12日至2021年8月11日。6、专利年费已交至2014年8月11日。7、本专利的实施基本状况如下:乙方在本合同签署前,在江苏省徐州市范围内,已经许可一个被许可人实施本专利(乙丙双方确认该许可亦为普通许可,否则承担相应的责任)。江苏省宿迁市范围内,只许可过丙方一个被许可人实施本专利(乙方确认该许可亦为普通许可,否则承担相应的责任)。第2条乙方许可甲方以如下方式、范围、比例和期限实施本专利:1、实施方式普通许可,以及专利产品的专利标注权(在宿迁市范围内,乙方承诺不向本合同主体之外的其他方实施任何形式的关于本专利的许可)。……5、实施期限5年,自本合同生效之日起算。6、甲方支付许可实施使用费的具体支付方式和时间如下:甲方按其实施专利技术所生产的本专利产品的产量(长度)为基准向乙方支付实施该项专利的许可实施使用费:每米4元。每半年支付一次,付清该期间的应付许可实施使用费,汇至乙方指定的以下收款账号:开户银行宿迁市建行新区支行、户名江苏固丰管桩集团有限公司、账号32×××54。第12条甲乙双方应在本合同生效后3个月内,将本合同送至国家知识产权局备案。"该合同尾部甲、乙、丙三方分别签署了力引公司法定代表人陈孝虎、杨春琴和固丰公司法定代表人朱克平的名字。庭审中,双方当事人均确认,其中乙方杨春琴的签名系固丰公司的法定代表人朱克平在签署合同时当场代签,朱克平在代签时没有出示过相关的授权委托文件。杨春琴与朱克平系夫妻关系。杨春琴和固丰公司当庭陈述朱克平在签署该合同时并未与杨春琴沟通,杨春琴确认其对该合同不予追认。杨春琴认为固丰公司和力引公司未经杨春琴同意擅自处分杨春琴涉案专利的行为，以及力引公司未经杨春琴许可擅自实施涉案专利的行为，严重侵犯了其专利权。故杨春琴诉至法院，请求判令固丰公司与力引公司于 2014 年 2 月 15 日签订的《专利实施许可合同》对其不发生法律效力。

2. 法院判决

江苏省南京市中级人民法院一审法院经审理认为：2014 年 2 月 15 日朱克平以杨春琴的名义与固丰公司、力引公司签订的涉案合同系效力待定的合同，该合同是否有效取决于权利人的承认或追认。朱克平代签合同的行为属于无权代理，未经杨春琴的承认或追认，亦不构成表见代理，故涉案合同对杨春琴不发生法律效力。

力引公司不服一审判决上诉至二审法院即江苏省高级人民法院。二审法院维持了一审判决。

3. 简要评析

本案争议焦点是：朱克平以杨春琴的名义签订《专利实施许可合同》对杨春琴是否发生法律效力。朱克平以杨春琴的名义签订涉案合同不构成表见代理，涉案合同对杨春琴不发生法律效力。本案中，杨春琴系涉案专利的专利权人，在未经杨春琴本人同意的情况下，任何人均不能将涉案专利许可他人使用。虽然朱克平与杨春琴系夫妻关系，但朱克平以杨春琴的名义签订涉案合同时并未取得杨春琴的授权，朱克平也未提交杨春琴授权其签订合同的授权委托书，对此，力引公司未尽到合理的注意义务，不足以认定其在签订涉案合同时为善意且无过失，力引公司的行为不符合《中华人民共和国合同法》第 49 条中"相对人有理由相信行为人有代理权的，该代理行为有效"的情形。在杨春琴明确拒绝追认涉案合同的效力时，涉案合同对杨春琴不发生法律效力。

6.5.2 重庆瑜欣平瑞电子有限公司与公某发明专利实施许可合同纠纷案[①]

1. 基本案情

2008 年 12 月 24 日，国家知识产权局出具《发明专利证书》，该证书记载：

---

① 参见重庆市第五中级人民法院（2015）渝五中法民初字第 00313 号民事判决，重庆市高级人民法院（2015）渝高法民终字第 00333 号民事判决。

第6章 专利许可纠纷的解决方式

发明名称"电机定子铁芯的加工装置及其加工方法",发明人公某,专利号ZL200510034563.3,专利申请日2005年5月13日,授权公告日2008年12月24日,专利权的期限为二十年。

2014年1月15日,公某(作为甲方)与瑜欣平瑞公司(作为乙方)签订了关于发明专利"电机定子铁芯的加工装置及其加工方法"的《专利实施许可合同》。合同主要内容:鉴于甲方是发明技术的专利权人且同意将其持有的专利技术许可给乙方使用;乙方希望使用该专利技术且愿意支付给甲方专利实施许可费,合同期限以专利技术失效期为合同终止日。第1条专利名称、性质和内容。第2条专利技术的权属状况。第4条技术资料的提交。第5条技术指导。第6条验收标准和方式:"6.1乙方实施甲方许可使用的专利技术试制产品完成后,应按本合同约定的产品原图质量标准对该产品进行验收。6.2产品验收不合格时,双方应委派技术人员组成调查小组,调查产品不合格的原因,并依本合同约定确定双方的责任。6.3如因乙方原因导致不能试制出合同产品,甲方应协助乙方再次进行试制,超过预期12个月仍不能试制成功的,甲方有权解除授权合同,并视具体情况赔偿甲方由此造成的损失;如因甲方的原因导致试制合同产品失败,甲方应查明原因,继续协助乙方试制合同产品,仍不能试制成功的,乙方有权解除合同,甲方应退还已支付费用同时取消专利授权,并视具体情况赔偿乙方由此造成的损失。6.4验收不合格,若原因在于甲方,甲方应提出技术措施消除缺陷,并承担相应费用;若原因在于乙方,乙方应协助甲方提出补救措施,并承担相应费用。具体费用计算方法由双方另行商定。"第7条使用费及支付方式:合同总金额:税后30万元,合同签定后乙方支付10万整,乙方收到甲方图纸资料确认资料准确后支付5万元,按本合同第6条验收合格后支付合同剩余款15万整,剩余款支付前甲方需提供本合同全额工商税发票,全部税金由乙方支付。第8条违约责任:8.4乙方无正当理由逾期向甲方支付使用费的,每逾期一天应向甲方支付以逾交使用费的1%计算的违约金;逾期两个月不支付使用费的,甲方有权解除合同并取消专利实施授权,但由于甲方原因造成的逾期支付除外。

合同履行过程中,瑜欣平瑞公司已支付公某专利实施许可费15万元。2014年4月29日,瑜欣平瑞公司回复公某"参考图"的邮件。邮件称:铁芯卷绕问题，3kW 卷绕料带中性线与中心线重合，卷绕后铁芯内外径完全合格。6kW 料带中性线偏离中心线，线长长了 1.57，卷绕后外径大了 0.3mm，卷绕盘按礼拜天沟通的减小 0.05，经过 2 次调整、减小了 0.15，实际卷绕铁芯外径没有变化，瑜欣平瑞公司线切割料带，长度减少 1.57，卷绕后外径完全合格。公某认为，公某已经履行合同约定义务，瑜欣平瑞公司却未兑现合同余款，已构成合同违约。请求判令："1、瑜欣平瑞公司支付拖欠的合同余款 15 万元；2、瑜欣平瑞公司支付从 2014 年 5 月 1 日至起诉之日（2015 年 1 月 6 日）止的违约金 37.5 万元；3、瑜欣平瑞公司支付与本案诉讼有关的工作、交通、住宿等全部费用共计 5 万元；4、瑜欣平瑞公司承担本案诉讼费"。瑜欣平瑞公司答辩称："1、瑜欣平瑞公司已按约支付公某合同款项 15 万元，对应付公某合同余款 15 万元没有异议，但认为公某的付款请求没有达到合同约定的付款条件，公某只要把发票给瑜欣平瑞公司，瑜欣平瑞公司就同意付款；2、公某的第 2、3 项诉讼请求无事实和法律依据；3、违约金约定过高，应按银行同期贷款利率计算。请求驳回公某的全部诉讼请求"。

2. 法院判决

重庆市第五中级人民法院一审认为，瑜欣平瑞公司与公某签订的《专利实施许可合同》是双方的真实意思表示，不违反法律、行政法规的禁止性规定，合法有效。双方应按合同约定履行各自的义务。因双方当事人对瑜欣平瑞公司已向公某支付专利实施许可费 15 万元和瑜欣平瑞公司还应向公某支付专利实施许可费 15 万元的事实无异议，一审法院不再赘述。对于瑜欣平瑞公司辩称按合同第七条约定，应由公某先提供本合同全额工商税发票后再支付 15 万元的问题。因本案公某的主合同义务是将其持有的专利技术许可瑜欣平瑞公司使用，而瑜欣平瑞公司的主合同义务是将专利实施许可费给付公某。虽然合同约定瑜欣平瑞公司支付剩余 15 万专利实施许可费时，公某应提供全额工商税务发票，但此约定是合同附随义务，瑜欣平瑞公司不能以此为由拒绝履行主合同义务，故对瑜欣平瑞公司的该抗辩理由，一审法院不予支持。现瑜欣平瑞公司未履行主合同义务，尚欠公某专利实施许可费 15 万元，故瑜欣平瑞公司应支付公某专利实施许可费 15 万元。

对于延迟履行违约金的问题。从双方往来邮件可知，涉案的 3kW、6kW 产品最迟已于 2014 年 4 月 29 日验收合格，按合同约定瑜欣平瑞公司应在验收合格后支付剩余款 15 万元，故公某请求从 2014 年 5 月 1 日起计算违约金，一审法院予以支持。对于瑜欣平瑞公司提出"每逾期一天以逾交使用费 1% 计算"违约金的约定过高，现综合本案合同的履行情况、实际损失等综合因素，一审法院予以调整为按中国人民银行同期同类贷款利率计算延迟履行违约金。故瑜欣平瑞公司应以 15 万元为基数按中国人民银行同期同类贷款利率支付公某从 2014 年 5 月 1 日起至 2015 年 1 月 6 日止的违约金。

对于公某请求判令瑜欣平瑞公司支付与本案诉讼有关的工作、交通、住宿等全部费用共计 5 万元的请求，因双方合同对此并无约定，且公某未向法庭举示证据予以证明，该项请求无合同的约定和法律依据，一审法院不予支持。基于此，一审法院判决瑜欣平瑞公司支付公某专利许可实施费 15 万元及以 15 万元为基数按中国人民银行同期同类贷款利率支付公某从 2014 年 5 月 1 日起至 2015 年 1 月 6 日止的违约金。

被告瑜欣平瑞公司不服一审判决上诉至二审法院即重庆市高级人民法院，二审法院维持了一审判决。

3. 简要评析

本案的争议焦点：瑜欣平瑞公司迟延履行付款义务是否属于行使先履行抗辩权？瑜欣平瑞公司迟延履行付款义务是否构成违约以及承担迟延履行违约金？约定违约金是否应当调整以及如何调整？

《中华人民共和国合同法》第 60 条第 2 款规定："当事人应当遵循诚实信用原则，根据合同的性质、目的和交易习惯履行通知、协助、保密等义务。"这是关于合同附随义务的规定，可以看出，合同附随义务包括通知、协助、保密三个方面的内容。本案中，瑜欣平瑞公司与公某签订的《专利实施许可合同》约定，公某的主合同义务是将其持有的"电机定子铁芯的加工装置及其加工方法"专利技术许可给瑜欣平瑞公司使用，瑜欣平瑞公司的主合同义务是向公某支付专利实施许可费。《专利实施许可合同》第 7 条使用费及支付方式中关于"剩余款支付前甲方（公某）需提供本合同全额工商税发票，全部税金由乙方（瑜欣平瑞公司）支付"的约定属于对公某负有的协助瑜欣平瑞公司支付税金及剩余款的附随义务的约定。附随义务的未履行不影响主合同义务的履行,且本案中公某提供全额工商税发票的前提是瑜欣平瑞公司先完税,因此,瑜欣平瑞公司以公某未提供全额工商税务发票,故付款条件未成就,迟延履行付款义务是行使的先履行抗辩权,不构成违约更不应承担迟延履行违约金的理由不能成立。

《中华人民共和国合同法》第114条规定:"当事人可以约定一方违约时应当根据违约情况向对方支付一定数额的违约金,也可以约定因违约产生的损失赔偿额的计算方法。约定的违约金低于造成的损失的,当事人可以请求人民法院或者仲裁机构予以增加;约定的违约金过分高于造成的损失的,当事人可以请求人民法院或者仲裁机构予以适当减少。当事人就迟延履行约定违约金的,违约方支付违约金后,还应当履行债务。"本案中,瑜欣平瑞公司主张约定的违约金过高,要求人民法院予以适当减少,符合法律规定。《最高人民法院关于适用<中华人民共和国合同法>若干问题的解释(二)》第29条规定:"当事人主张约定的违约金过高请求予以适当减少的,人民法院应当以实际损失为基础,兼顾合同的履行情况、当事人的过错程度以及预期利益等综合因素,根据公平原则和诚实信用原则予以衡量,并作出裁决。当事人约定的违约金超过造成损失的百分之三十的,一般可以认定为合同法第114条第2款规定的'过分高于造成的损失'。"根据该规定,人民法院调整违约金,应当以实际损失为基础,综合衡量合同履行程度、当事人的过错、预期利益等多项因素予以综合权衡。法院将双方合同中关于"每逾期一天以逾交使用费1%计算违约金"的约定调整为按照中国人民银行同期同类贷款利率计算违约金符合法律规定。

6.5.3 高通股份有限公司与珠海市魅族科技有限公司专利许可纠纷案

1. 基本案情

2016年6月24日,北京知识产权法院受理了高通股份有限公司(Qualcomm Incorporated)诉珠海市魅族科技有限公司、珠海市魅族科技有限公司北京分公司涉通信标准必要专利垄断纠纷,高通股份有限公司(Qualcomm Incorporated)称,其与超过100家无线通信设备端制造商分别签订了《中国专利许可协议》,

第6章 专利许可纠纷的解决方式

其中涵盖了国内主流的手机厂商，包括中兴、华为、联想、酷派、小米、360等。2015年5月，高通股份有限公司向珠海市魅族科技有限公司发出了无线标准必要中国专利的许可条件，这个条件与其他制造商签订的许可条件实质相同。但经过协商珠海市魅族科技有限公司却拒绝高通股份有限公司的许可要约，也没有提出任何合理的反要约。因此，高通股份有限公司提出了三项诉讼请求："1、请求法院判决高通股份有限公司（Qualcomm Incorporated）向珠海市魅族科技有限公司、珠海市魅族科技有限公司北京分公司提供的专利许可条件符合《中华人民共和国反垄断法》的规定和高通股份有限公司所承担的公平、合理和非歧视的许可义务；2、请求法院判决高通股份有限公司向珠海市魅族科技有限公司、珠海市魅族科技有限公司北京分公司提供的专利许可条件，构成高通股份有限公司与珠海市魅族科技有限公司、珠海市魅族科技有限公司北京分公司之间针对移动终端中所实施的高通股份有限公司中国基本专利的专利许可协议的基础；3、请求判令珠海市魅族科技有限公司、珠海市魅族科技有限公司北京分公司赔偿损失5.2亿元。"

2016年12月30日，高通股份有限公司和珠海市魅族科技有限公司在平等谈判的基础上达成了专利许可协议，根据协议条款，高通股份有限公司授予珠海市魅族科技有限公司在全球范围内开发、制造和销售CDMA2000、WCDMA和4G LTE（包括"三模"GSM、TD-SCDMA和LTE-TDD）终端的付费专利许可。珠海市魅族科技有限公司在中国应支付的专利费用与高通股份有限公司向中华人民共和国国家发展和改革委员会所提交的整改措施条款相一致。该协议解决了高通股份有限公司和珠海市魅族科技有限公司之间在中国、德国、法国和美国的所有专利纠纷。高通股份有限公司和珠海市魅族科技有限公司已经同意采取适当步骤终止或撤回专利侵权诉讼及相关专利无效或其他相关诉讼。

2. 简要评析

高通股份有限公司与珠海市魅族科技有限公司专利纠纷通过平等谈判，最终达成专利许可协议，减少双方诉讼成本。高通股份有限公司的标准化技术帮助珠海市魅族科技有限公司在中国以及全球范围内提升其产品线，并取得强劲增长，实现各方共赢。另外说明国产手机厂商对专利不够重视，应当重视自身专利的挖掘申请以及专利保护和布局，更好融入智能手机专利生态圈。

6.5.4 湖南省长沙市岳麓区人民法院在全国首推的专利纠纷行政调解协议司法确认①

1. 基本案情

2013年5月,请求人广州某电子公司,因被请求人长沙某电子科技公司销售的某电脑机箱产品侵犯其拥有的外观设计专利独占实施权,遂向长沙市知识产权局提出处理请求,要求被请求人立即停止销售并销毁被控侵权产品,责令被请求人赔偿请求人经济损失3万元等。长沙市知识产权局依法立案受理后,多次与双方当事人进行沟通,最终使其达成一致调解意见。为使该书面调解协议具有司法判决书的效力,经双方当事人向长沙市岳麓区法院自愿申请、承诺,法院依法立案、调查、确认后,2013年7月24日,长沙市岳麓区人民法院作出(2013)岳知调确字第00001号知识产权纠纷行政调解司法确认民事裁定书。

2. 简要评析

2013年4月18日,湖南高院专利纠纷行政调解协议司法确认试点工作启动仪式在长沙市岳麓区法院举行。岳麓区法院专利纠纷行政调解协议司法确认试点工作正式启动。这是全国法院系统首次开展该项工作。

当事人之间专利侵权纠纷中的损失赔偿纠纷,专利申请权和专利权归属纠纷,发明人、设计人资格纠纷,职务发明创造的发明人、设计人的奖励和报酬纠纷,在发明专利申请公布后专利权授予前使用发明而未支付适当费用的纠纷及其他专利民事纠纷,经岳麓区人民法院辖区内的专利行政管理部门组织调解,达成的具有民事合同性质的专利纠纷调解协议,当事人可以向岳麓区人民法院申请司法确认。岳麓区法院对司法确认申请进行审查,根据审查结果作出确认裁定或驳回确认申请裁定。人民法院对调解协议作出确认裁定后,一方当事人拒绝履行或者未全部履行调解协议内容的,对方当事人可以向作出确认裁定的人民法院申请强制执行。长沙市岳麓区人民法院作出(2013)岳知调确字第00001号知识产权纠纷行政调解司法确认民事裁定书,这标志着湖南省在全国首

---

① 参见长沙市岳麓区人民法院(2013)岳知调确字第00001号知识产权纠纷行政调解司法确认民事裁定。

推的专利纠纷行政调解协议司法确认工作已经进入实质操作阶段。专利纠纷行政调解协议司法确认制度，体现了行政调解和司法确认对接的功能优势，有利于专利纠纷的实质性解决。

6.5.5 湘北威尔曼制药股份有限公司与海南康芝药业股份有限公司专利实施许可合同纠纷案[①]

1. 基本案情

2010年10月10日海南国瑞堂制药有限公司与湘北威尔曼制药股份有限公司签署《专利实施许可合同》，合同约定由湘北威尔曼制药股份有限公司将其ZL98113282.0号发明专利以普通实施许可的方式许可给海南国瑞堂制药有限公司使用；授权使用范围为"制造、使用、销售、许诺销售本专利中复方制剂【注射用头孢他啶他唑巴坦钠（3∶1）】，每支分别为1.2g（3∶1）、2.4g（3∶1）两个规格"。上述合同履行过程中，由于海南国瑞堂制药有限公司决定将涉案品种转让给海南康芝药业股份有限公司并由其生产经营，经协商，湘北威尔曼制药股份有限公司、海南康芝药业股份有限公司与海南国瑞堂制药有限公司于2011年9月30日达成共识并据此签署了《〈专利实施许可合同〉之合同主体变更暨补充协议》，并且，湘北威尔曼制药股份有限公司与海南康芝药业股份有限公司于2011年9月27日就ZL98113282.0号发明专利的实施许可签订了《专利实施许可合同》。之后，双方因履行合同发生争议。

申请人湘北威尔曼制药股份有限公司因与被申请人海南康芝药业股份有限公司专利实施许可合同纠纷向清远仲裁委员会提出的仲裁请求：裁令被申请人立即支付合同款人民币250万元；裁令被申请人立即支付违约金人民币1000万元；裁令被申请人（在付清全部应付款项前）立即停止生产、销售（含许诺销售）"注射用头孢他啶他唑巴坦钠（3∶1）"药品（包括1.2g和2.4g两个规格）；裁令被申请人提供其（包括海南国瑞堂制药有限公司）2012和2013年度实际生产销售"注射用头孢他啶他唑巴坦钠（3∶1）"药品的数量（包括1.2g和2.4g两个规格）；本案申请人律师费人民币50万元以及仲裁费用（含财产保全费用）

[①] 参见（2014）清仲字第203号裁决，（2015）粤知法立民初字第11号民事裁定，（2015）粤知法专民仲字第1号民事裁定，（2015）粤高法立民终字第326号民事裁定。

由被申请人承担；被申请人在仲裁裁决后未履行付款义务的，应当按照《中华人民共和国民事诉讼法》第253条之规定加倍支付迟延履行期间的债务利息。

2014年11月14日清远仲裁委员会作出（2014）清仲字第203号裁决书，裁决如下："1、被申请人向申请人支付专利使用费人民币250万元；2、被申请人向申请人支付违约金人民币250万元；3、被申请人在本裁决送达之日至实际付清本裁决第1项、第2项应付专利使用费和违约金之前停止生产、销售（含许诺销售）'注射用头孢他啶他唑巴坦钠（3:1）'药品（包括1.2g和2.4g两个规格）；4、被申请人在本裁决送达之日向申请人提供其（包括海南国瑞堂制药有限公司）2012年度和2013年度实际生产销售"注射用头孢他啶他唑巴坦钠（3:1）"药品的数量（包括1.2g和2.4g两个规格）；5、被申请人向申请人支付律师费人民币50万元；6、本案仲裁费79000元，由申请人承担50%，即39500元；被申请人承担50%，即39500元。（本案仲裁费申请人已向本会预缴，被申请人应承担的仲裁费应迳付至申请人。）本案仲裁反请求费用31557.5元由被申请人承担。"

海南康芝药业股份有限公司不服该仲裁裁决，向广州知识产权法院申请撤销（2014）清仲字第203号仲裁裁决。广州知识产权法院于2015年3月11日作出（2015）粤知法立民初字第11号民事裁定，裁定认为海南康芝药业股份有限公司起诉要求撤销的仲裁裁决是由清远仲裁委员会作出的。根据《中华人民共和国仲裁法》第58条的规定，起诉人应向清远市中级人民法院提出申请，故裁定不予受理。海南康芝药业股份有限公司因不服广州知识产权法院做出的该民事裁定，向广东省高级人民法院提起上诉。广东省高级人民法院依法组成合议庭对本案进行审理，并作出（2015）粤高法立民终字第326号民事裁定：撤销广州知识产权法院（2015）粤知法立民初字第11号民事裁定；并指令广州知识产权法院对本案进行审理。之后，广州知识产权法院审理认为清远市仲裁委员会广州分会向当事人送达的《仲裁人员名册》并非正式文本，违反法定程序，可能影响案件正常裁决，作出（2015）粤知法专民仲字第1号民事裁定书，裁决撤销（2014）清仲字第203号仲裁裁决。

第6章 专利许可纠纷的解决方式

2. 简要评析

1）关于管辖权的问题

广州知识产权法院认为，海南康芝药业股份有限公司起诉要求撤销的仲裁裁决是由清远仲裁委员会作出的。根据《中华人民共和国仲裁法》第58条的规定，起诉人应向清远市中级人民法院提出申请，裁定不予受理。广东省高级人民法院认为，根据全国人大常委会《关于在北京、上海、广州设立知识产权法院的决定》第2条、《最高人民法院关于北京、上海、广州知识产权法院案件管辖的规定》第1条、第2条和第3条以及《最高人民法院关于同意广东省深圳市两级法院继续管辖专利等知识产权案件的批复》的规定，广州知识产权法院对广东省内除深圳两级法院管辖辖区以外的专利、植物新品种、集成电路布图设计、技术秘密、计算机软件的民事和行政案件以及涉及驰名商标认定的民事案件实行跨区域管辖。本案海南康芝药业股份有限公司申请广州知识产权法院撤销的（2014）清仲某第203号《裁决书》是对专利实施许可合同纠纷的裁决，清远仲裁委员会的所在地位于广东省，且不在深圳市两级法院管辖知识产权案件的辖区之内，根据《中华人民共和国仲裁法》第58条的规定，海南康芝药业股份有限公司可以向广州知识产权法院申请撤销裁决。

2）关于撤销仲裁裁决的问题

海南康芝药业股份有限公司在仲裁期间先后收到标有"清远仲裁委员会广州分会"的《仲裁员名册》和标有"清远仲裁委员会广州联络处"的《仲裁员名册》各一本，上述两本仲裁员名册与清远仲裁委员会仲裁员名册在人员构成、数量上存在不同，且均不是清远仲裁委员会仲裁员名册的正式文本。《中华人民共和国仲裁法》第25条第1款规定，仲裁委员会受理仲裁申请后，应当在仲裁规则规定的期限内将仲裁规则和仲裁员名册送达申请人，并将仲裁申请书副本和仲裁规则、仲裁员名册送达被申请人。清远仲裁委员会《仲裁规则》第5条第4款规定，当事人应从本会的仲裁员名册中选定仲裁员。基于此，清远仲裁委员会应当向当事人送达该委仲裁员名册。在仲裁期间，仲裁机构向当事人送达的仲裁员名册并非清远仲裁委员会仲裁员名册的正式文本，违反法定程序，可能影响案件正确裁决。《中华人民共和国仲裁法》第58条："当事人提出证据证明裁决有下列情形之一的，可以向仲裁委员会所在地的中级人民法院申请撤销裁决：1、没有仲裁协议的；2、裁决的事项不属于仲裁协议的范围或者仲裁委员会无权仲裁的；3、仲裁庭的组成或者仲裁的程序违反法定程序的；4、裁决所根据的证据是伪造的；5、对方当事人隐瞒了足以影响公正裁决的证据的；6、仲裁员在仲裁该案时有索贿受贿，徇私舞弊，枉法裁决行为的。人民法院经组成合议庭审查核实裁决有前款规定情形之一的，应当裁定撤销。人民法院认定该裁决违背社会公共利益的，应当裁定撤销。"本案中，清远仲裁委员会仲裁的程序违反法定程序，应当对（2014）清仲字第 203 号仲裁裁决予以撤销。

第7章 特殊类型的专利许可

7.1 国防专利

7.1.1 国防专利概述

1. 国防专利制度的发展

1）起步阶段（1985—2004年）

1985年4月1日，首批国防专利申请的受理，拉开了我国国防知识产权工作的序幕。1990年7月30日，经国务院、中央军委批准，当时的国防科工委颁布实施《国防专利条例》，标志着我国国防专利制度正式确立。2004年9月17日，国务院、中央军委颁布实施新的《国防专利条例》，这部法规成为我国国防知识产权领域现阶段重要的专门法规。

这一阶段，初步建立了我国国防知识产权法规制度，国务院和中央军委联合颁布了《国防专利条例》明确了知识产权管理相关内容，初步形成了一支包括国防专利审查人员、代理人员、管理和研究人员在内的专门人才队伍。

2）推动阶段（2005—2008年）

2008年6月5日，国务院发布《国家知识产权战略纲要》，同年12月12日国务院办公厅印发了《实施国家知识产权战略纲要任务分工》。这两份文件，明确了国家知识产权战略的目标、重点、任务和措施，标志着我国国防知识产权工作进入到推动阶段。

在这期间，国防专利申请量年均增长率达30%，2010年一年的申请量就相当于2005年之前20年的总和。目前，以信息化为特征的高技术领域国防专利比例也不断增大。据统计，物理与电学领域的国防专利申请量占总量的比例，由2000年的38%跃升为2010年的55%，到2009年我军拥有自主知识产权先进武器装备比 10 年前增加了 15 倍①。

3）全面实施阶段（2009 年至今）

2009 年以来，原总装备部会同各相关方面，成立了国防知识产权战略实施领导小组，组织制定了《国防知识产权战略实施方案》，全面启动了国防知识产权战略实施工作。2012 年 8 月，国防知识产权战略实施工作会议举行，期间发布了我国《国防知识产权战略实施专项任务实施方案》，提出了 65 项工作任务，标志着国防知识产权战略实施工作已由论证阶段转入了全面实施阶段。

2. 国防专利的定义

我国《专利法》中并没有直接给出国防专利的概念，只有保密专利的概念，《专利法》第 4 条规定，申请专利的发明创造涉及国家安全或者重大利益需要保密的，按照国家有关规定办理。"国防专利"一词只出现在我国国务院《专利法实施细则》②和《国防专利条例》③中。

多数国防专利申请是由完成相关国防科研任务的国防科研机构及其科研人员提交的，除此之外，国防专利机构定期派人到国务院专利行政部门查看普通专利申请，发现其中有涉及国防利益或者对国防建设具有潜在作用需要保密的，经国务院专利行政部门同意后转为国防专利申请。

3. 国防专利权的内容

国防专利权属于专利权，是知识产权的下位概念。根据《国防专利条例》第 32 条的规定，"除《中华人民共和国专利法》和本条例另有规定的以外，未经国防专利权人许可实施其国防专利，即侵犯其国防专利权……"，这里的实施方式与普通专利的实施方式是相同的，即以生产经营为目的的制造、使用、销售、许诺销售和进口。

---

① 数据来源及阶段划分参考：中国国防报，http://mp.weixin.qq.com/s/q1augJOmq0rtZs3VTtxx5g，最后访问日期：2017 年 8 月 3 日。

② 参见我国《专利法实施细则》第 8 条：发明专利申请涉及国防方面的国家秘密需要保密的，由国防专利机构受理；国务院专利行政部门受理的涉及国防方面的国家秘密需要保密的发明专利申请，应当移交国防专利机构审查，由国务院专利行政部门根据国防专利机构的审查意见做出决定。

③ 参见《国防专利条例》第 2 条：国防专利是指涉及国防利益以及对国防建设具有潜在作用需要保密的发明专利。

第7章 特殊类型的专利许可

然而，国防专利公共品的属性，密切关系国家安全利益，所以对于国防专利权的行使进行了一定方式的限制。例如，国防专利转让审批程序的规定，可以对国防专利权人选择专利被转让方进行限制。通过采取国防专利的指定实施的方式，可以限定国防专利权人出于自身利益考量不实施国防专利或者收取高额实施许可费的行为。

4. 国防专利的特殊性

1）专利类型

《国防专利条例》第2条对国防专利的范围进行了界定，国防专利是指涉及国防利益以及对国防建设具有潜在作用需要保密的发明专利。不同于普通专利，国防专利只包含发明专利，不包括实用新型专利和外观设计专利。涉及国防利益或者对国防建设具有潜在作用被确定为绝密级国家秘密的发明不得申请国防专利。国防专利申请以及国防专利的保密工作，在解密前依照《中华人民共和国保守国家秘密法》和国家有关规定进行管理。

2）保密性

国防专利的保密性是指涉及国防利益以及对国防建设具有潜在作用需要保密的发明专利。在我国，需要进行保密的专利分为两类：一是国防专利；二是其他保密专利。其中国防专利由中国人民解放军总装备部（中国共产党中央军事委员会装备发展部）国防专利局管理相关工作。

国防专利的保密性要求主要体现在以下两个方面：一是国防专利申请及审查的保密性。首先，对于可申请专利的技术密级进行限制，对于绝密级技术不得申请国防专利；此外，审查及授权过程中，国防专利不得公开。二是国防专利实施的保密限制。在国防和军队建设领域，许多智力成果涉及国家安全，要求保密。国防科技工业企业在投资和知识产权转让等活动中，都受到严格的保密限制。国防知识产权向国内的中国单位和个人转让时，要经过国防科工委或总装备部审批。国防知识产权需要解密后或者经过批准后才可以产业化。此外，国防知识产权不得向外商企业、外国资本和外国人转让。

国防专利的保密性决定了其相对于普通专利在权利的获取和管理上具有特殊性，具体表现在以下方面：

（1）管理机构。广义上的国防专利管理工作，包括专利申请阶段的审查和专利权行使阶段的管理。就专利申请的审查阶段而言，普通专利由国家知识产权局受理和审查,国防专利由总装备部国防知识产权局受理和审查,具体工作由国防专利审查中心承担。国防专利机构设立国防专利复审委员会,负责国防专利的复审和无效宣告工作。

就专利权行使阶段而言,国防专利权的实施履行审批程序,国防专利机构应当自授予国防专利权之日起3个月内,将该国防专利有关文件副本送交国务院有关主管部门或者中国人民解放军有关主管部门,国务院有关主管部门或者中国人民解放军有关主管部门会在4个月内就该国防专利的实施提出书面意见,并通知国防专利机构。

(2)申请要求。在专利申请类型上,普通专利申请包括发明、实用新型和外观设计三种类型,而国防专利申请只有发明一种类型。在保密性要求上,国防专利申请有保密要求,即申请国防专利的发明创造,应当是保密的,并且对于涉及国防利益或者对国防建设具有潜在作用被确定为绝密级国家秘密的发明不得申请国防专利。

(3)专利代理机构。需要委托专利代理机构申请国防专利和办理其他国防专利事务的,根据《国防专利条例》的规定,应当委托国防专利机构指定的专利代理机构办理。目前我国可以代理国防专利申请的代理机构,均是由总装备部国防知识产权局指定的共34家国防专利代理机构,表7-1给出了34家国防专利代理机构的信息。

表7-1 34家国防专利代理机构[①]

序 号	机 构 名 称
1	核工业专利中心
2	中国航空专利中心
3	重庆大学专利中心
4	成飞(集团)公司专利中心
5	电子科技大学专利中心
6	中国工程物理研究院专利中心
7	中国航天科技专利中心
8	工业和信息化部电子专利中心

---

① 数据来源:国家知识产权局网站:www.sipo.gov.cn,最后访问日期:2017年8月3日,可扫P91二维码。

(续)

序　号	机　构　名　称
9	中国兵器工业集团公司专利中心
10	中国航天科工集团公司专利中心
11	中国船舶专利中心
12	中国有色金属工业专利中心
13	中国人民解放军空军专利服务中心
14	中国人民解放军总后勤部专利服务中心
15	中国人民解放军第二炮兵专利服务中心
16	国防专利服务中心
17	中国人民解放军海军专利服务中心
18	中国人民解放军防化研究院专利服务中心
19	首钢总公司专利中心
20	北京理工大学专利中心
21	中国和平利用军工技术协会专利中心
22	大连理工大学专利中心
23	哈尔滨工业大学专利中心
24	上海航天局专利中心
25	总装工程兵科研一所专利服务中心
26	南京理工大学专利中心
27	华中科技大学专利中心
28	湖南省国防科学技术工业办公室专利中心
29	中南大学专利中心
30	国防科技大学专利服务中心
31	贵州国防工业专利中心
32	中国科学院西安专利中心
33	西北工业大学专利中心
34	陕西电子工业专利中心

3）不完全市场性

依据经济学理论，国防成果属于公共物品，不具有完全市场属性，自由市场机制不完全适用于国防和军队建设领域。国防知识产权的行使要受到政府的监督。例如，国防专利权人转让专利权的交易行为需要报送国务院国防科学技术工业主管部门、总装备部审批。此外,还存在着国防专利指定实施的模式。国务院有关主管部门、中国人民解放军有关主管部门,可以允许其指定的单位实施本系统或者本部门内的国防专利。

2002年国家科技部、财政部《关于国家科研计划项目研究成果知识产权管理的若干规定》对计划项目知识产权的归属明确了以下原则:科研项目研究成果及其形成的知识产权,除涉及国家安全、国家利益和重大社会公共利益的以外,国家授予科研项目承担单位。项目承担单位可以依法自主决定实施、许可他人实施、转让、作价入股等,并取得相应的收益。同时,在特定情况下,国家根据需要保留无偿使用、开发、使之有效利用和获取收益的权利。

4) 利益分配复杂性

为实现鼓励创新的目的,知识产权的制度设计往往强调对创新主体的激励。在产权界定和利益分配上,通常遵循"谁创造,谁拥有"的原则。大多数国防专利由国家投资产生,在确定其权益分配时,需要对多种因素进行综合考量。除必须考虑国家安全因素外,还要考虑激励创新,促进技术转移的需要。

7.1.2 国防专利许可合同的签订

1. 国防专利许可合同原则

国防专利权属于特殊的专利权,其特殊性主要体现在:保密性、不完全市场性及利益分配复杂性方面。针对国防专利签订的许可合同,除了应当符合签订普通专利许可合同的一般原则外,还应当坚持以下几项原则。

(1) 保密原则。《国防专利条例》第24条对国防专利许可保密性提出要求。国防专利权人许可国外的单位或者个人实施其国防专利的,应当确保国家秘密不被泄露,保证国防和军队建设不受影响。并向国防专利机构提出书面申请。由国防专利机构进行初步审查后,及时报送国务院国防科学技术工业主管部门、总装备部审批。

(2) 审批原则。审批原则主要是指签订国防专利许可时,对于指定许可以及许可外国单位或者个人实施专利的,需要报经国务院有关主管部门或中国人民解放军有关主管部门批准。只有经过批准之后,才可以签订实施许可合同。

2. 许可合同签订方式

根据《国防专利条例》第 22 条和 23 条的规定，国防专利许可合同签订方式包括指定许可和非指定许可两种方式。

指定许可是指，国务院有关主管部门、中国人民解放军有关主管部门，可以允许其指定的单位实施本系统或者本部门内的国防专利。国防专利指定许可又包含两种情况：一是实施本系统或本部门内的国防专利；二是实施本系统或者本部门以外的国防专利。

非指定许可是指国防专利权人和被许可人通过协商、签订专利许可合同的方式。

3. 许可合同签订主体

关于国防专利权的主体，《国防专利条例》并没有直接明确规定。由于普遍存在着国防专利是受政府资助产生的，并且国防专利与国家安全、国防安全密切相关，所以存在着国防专利权人应为国家的说法。但是《国防专利条例》第 6 条采用的是"被授予国防专利权的单位或者个人"的提法。由此可知，国防专利许可的主体应当是国防专利权人，而国防专利权人应当是被授予国防专利权的单位或者个人，而不是国家。

4. 许可合同标的

国防专利权的客体所指的发明也不是所有的发明，而是涉及国家利益或者对国防建设具有潜在作用，并且需要保密的产品，其产业化后形成的产品多为武器装备性军品。

根据国防专利产生来源的不同，可以分为国家资助产生的国防专利以及非国家资助产生的国防专利。其中，国家资助产生的国防专利主要是指军工领域的专利，一般是在国家大量投资下产生的，它的出现背景大多建立在大科学、大技术和巨型工程基础上，其知识产权的交易行为和交易市场具有很强的行政性。

5. 专利实施许可费

实施他人国防专利的，应当向国防专利权人支付国防专利使用费。国防专利使用费采取合同优先的确定原则。实施使用国家直接投入的国防科研经费或者其他国防经费进行科研活动所产生的国防专利，符合产生该国防专利的经费使用目的的，可以只支付必要的国防专利实施费。在我国现行的国防科研体系中，政府调拨的国防经费是研究的主要资金来源，多数国防技术成果都由此类经费支持的项目所产生。这实际上决定了多数国防专利在投入实施时，需要向研究单位支付的只是成本性质的"实施费"。

国防专利实施费，是指国防专利实施中发生的为提供技术资料、培训人员以及进一步开发技术等所需的费用。科研合同另有约定或者科研任务书另有规定的，从其约定。国防专利指定实施的实施费或者使用费的数额，由国防专利权人与实施单位协商确定；不能达成协议的，由国防专利机构裁决。

6. 许可程序

《国防专利条例》第 21 条规定，国防专利机构应当自授予国防专利权之日起 3 个月内，将该国防专利有关文件副本送交国务院有关主管部门或者中国人民解放军有关主管部门。收到文件副本的部门，应当在 4 个月内就该国防专利的实施提出书面意见，并通知国防专利机构。

国防专利许可按照签订方式的不同，分为指定许可和非指定许可，二者在许可程序上存在一定差别。

1）指定许可的许可程序

对于需要指定实施国防专利的，应当履行报批程序，即向国防专利机构提出书面申请，由国防专利机构依照《国防专利条例》第 3 条第 2 款规定的职责分工报国务院国防科学技术工业主管部门、原总装备部批准后实施。国防专利机构对国防专利的指定实施予以登记，并在《国防专利内部通报》上刊登。

根据《国防专利条例》第 3 条规定，国家国防专利机构负责受理和审查国防专利申请。国务院国防科学技术工业主管部门和中国人民解放军总装备部分别负责地方系统和军队系统的国防专利管理工作。

2）非指定许可的许可程序

对于非指定许可的情况，许可方和被许可方签订许可实施合同。实施他人国防专利的单位应当与国防专利权人订立书面实施合同，合同中按照《国防专利条例》规定向国防专利权人支付费用，并报国防专利机构备案。实施单位不得允许合同规定以外的单位实施该国防专利。

7.1.3 国防专利许可合同纠纷处理

国防专利的许可分为指定许可和非指定许可两种方式。指定许可主要是指国务院有关主管部门、中国人民解放军有关主管部门可以指定单位实施国防专利，被实施的国防专利可以是本部门或本系统内的专利，也可以为本部门或本系统外的专利，指定许可外部专利的，还应当履行申请审批程序。非指定许可是指，专利许可双方通过订立许可合同的方式来实现。本部分主要针对非指定许可合同的纠纷处理进行介绍。国防专利许可合同纠纷的处理，可以采取以下几种方式，分为诉讼机制下的民事诉讼和行政诉讼，非诉讼机制下的行政调解和行政处理。

1. 诉讼方式

国防专利许可合同纠纷可以采取诉讼的解决方式。签订许可合同的双方就许可费等问题产生纠纷的，属于民事纠纷的，适用于国防知识产权的民事诉讼程序。如果专利许可合同纠纷涉及国防专利行政部门，主要是国防专利行政相对人对国防专利行政部门所作的决定、裁决等行政行为，国防专利复审委员会的复审决定，国防专利管理机关的决定不服而提起的行政诉讼，适用于国防知识产权的行政诉讼程序。

2. 非诉讼方式

国防专利许可合同纠纷处理的非诉讼程序是相对于诉讼程序而言的，它主要包括国防知识产权纠纷的行政调解和行政处理方式。

（1）行政调解。国防专利纠纷的行政调解方式，就是国防知识产权局在当事人的请求下，本着自愿、合法的原则，就双方当事人的民事纠纷进行调解并制作行政调解书的纠纷解决方式。我国《国防专利条例》第31条明确规定，国防专利机构应当事人请求，可以对国防专利申请权和国防专利权归属纠纷、国防专利发明人资格纠纷、职务发明的发明人的奖励和报酬纠纷、国防专利使用费和实施费纠纷进行调解。

（2）行政处理。我国国防知识产权纠纷的行政处理是指国防知识产权局依职权对国防知识产权纠纷依法进行处理，并制作行政处理决定书的纠纷解决方式。主要有国防知识产权局对国防专利的侵权纠纷案件、国防专利对内转让决定案件、国防专利对外许可决定案件、国防专利指定实施决定案件、国防专利指定实施许可费决定案件、国防著作权侵权案件、国防技术秘密侵权案件可以进行行政处理。

然而，目前我国国防知识产权纠纷的诉讼解决机制并不完善，存在着审理周期长、保密和公开矛盾等问题,实践中,国防专利许可纠纷产生后,当事人往往会选择国防知识产权纠纷的行政调解机制和行政处理机制来解决纠纷。

7.2 标准必要专利的许可

7.2.1 标准必要专利概述

标准必要专利(Standard-Essential Patent,SEP)是指标准化组织在制定某些标准时,部分或全部标准草案由于技术上或商业上的原因没有其他可替代方案,而这些技术方案已经申请了专利,当这样的标准草案成为正式标准后,实施该标准时必然要涉及其中含有的专利技术,从而形成了"标准必要专利"。标准必要专利的产生,必然和标准化组织产生紧密的关联,因此,为了更全面地了解标准必要专利的内涵,有必要参考各标准化组织给出的标准必要专利的界定,如表7-2所列。

表7-2 主要标准化组织的标准必要专利定义

标准组织	标准必要专利定义
国际标准化组织/国际电工委员会(ISO、IEC)	标准需要获得全部或部分实施某项专利的授权时,则即为标准必要专利
国际电信联盟(ITU)	任何可能完全或部分覆盖标准草案的专利或专利申请
美国电气及电子工程师学会(IEEE)	某项标准草案的标准条款(无论其是强制性的还是可选择性的)一定会使用到的专利权利要求(包括专利申请的权利要求),而且在该草案被批准之时,没有其他商业上或技术上可替代的方案存在
欧洲电信标准协会(ETSI)	必要专利是被技术标准包含的并且是如果不使用该专利将不可能实施标准的专利,避免侵权的唯一方法是获得专利权人的许可,这类专利为"必要"专利
国家标准化管理委员会(SAC)	国家标准中涉及的专利应当是必要专利,即实施该项标准必不可少的专利

7.2.2 标准必要专利形成过程

标准的实施具有强制性,专利权具有垄断性。如果将专利权与标准进行捆绑,专利权人可以借助标准的强制性,强化专利权的垄断优势。专利持有人可以借助标准的平台获得更为广大的市场空间和专利许可机会，实现利益最大化。尤其在以累积创新为特征的技术密集型产业中，跨国公司积极参与到标准的制定工作中，同时加大了对标准必要专利的布局力度。

标准必要专利的形成过程是专利形成过程和标准形成过程的有机融合。一项专利能否最终成为标准必要专利存在着较强的不确定性，最终结果主要受两类因素的影响。一是标准化进程中，标准参与方提出的技术标准是否能最终被标准化组织采纳，确定为事实的标准。标准制定阶段，无论是否参与标准的制定，标准草案往往需要经过反复的探讨及修改，标准从启动到发布一般需要3年甚至更长的时间，这个过程中间，可能因为技术和市场环境的变化，使得当初提出的技术标准方案的商业价值降低，无法最终被确立为技术标准。二是与技术标准相关的专利所覆盖的技术是否能够成为该技术标准实施过程中必不可少的技术，以及该专利是否最终能够由专利申请获得专利授权。专利与标准的结合，需要一个漫长的过程，本部分对标准必要专利的形成过程进行简单的介绍，为更好地分析标准必要专利的战略模式提供参考，图7-1给出了标准必要专利的形成过程示意图。

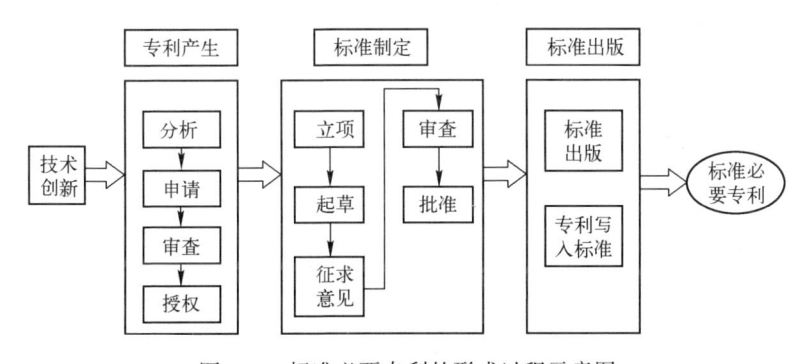

图7-1 标准必要专利的形成过程示意图

7.2.3 标准必要专利许可模式

一般专利的许可模式无外乎普通许可、独家许可、独占许可、交叉许可以及分许可，表现为专利权作为私权通过许可实施的方式获得收益的方式。标准必要专利相对于一般专利来说具有独特性，标准必要专利兼具专利权的私权属性和标准的公共属性，因此涉及标准必要专利的许可模式，也具有一定的特殊性，按照许可费确定原则的不同，标准必要专利的许可模式可以分为 FRAND 模式、固定价格许可模式以及免费许可模式。

1. FRAND 模式

世界范围内主要的国际标准化组织普遍采取的 FRAND 模式，都规定了该模式下的专利政策，核心内容主要包括两个方面：事先专利披露政策和 FRAND 许可原则。

1）FRAND 原则

专利权人在向标准化组织申请将自己的专利纳为标准必要专利时，通常要将自己的专利充分披露并且需要作出遵循"公平、合理、非歧视"原则的承诺，也就是 FRAND 原则。在国际上，"公平、合理、非歧视"原则已经对大多数国家的标准必要专利的许可起到了潜移默化的作用。

"公平、合理"意味着标准必要专利权人在许可实施者实施其标准必要专利时，对其收取的许可费应当公平合理，标准必要专利权人不得以其专利纳入标准为由，收取高额的许可费，以杜绝权利的滥用。"合理"原则主要可以从两个方面来分析。一方面，"合理"原则要保证专利权人从自己的专利中取得足够的回报。一项专利能够被纳入标准足以说明这项专利的价值，也可以从中看出专利权人为此付出了辛勤的劳动，投入了大量的人力、物力和财力。因此，"合理"原则理应保证专利权人取得足够的回报。但是，"合理"原则还应当避免一种情况，那就是标准必要专利权人利用其进入标准的优势，趁机收取高额的许可费或者附加一些不合理的条件。一项合理的许可费，应该是在一项专利被纳入标准之前，双方当事人通过谈判协商的方式确定的事前许可费。另一方面，"合理"原则也强调了激励创新的重要性。这也要求必须保证专利权人能够取得足够的回报，以此激发专利权人对创新继续进行投资，形成对专利权人参与标准制定的有效激励。

"非歧视"意味着在专利许可的过程中，所有的标准必要专利实施者被许可的范围以及许可费率的收取应该大致相同，不得对某些实施者存在歧视的现象。"非歧视"原则是 FRAND 原则中最具有争议的一项原则，对于许可费的"大致相似"这一问题，很多学者有不同的观点。因为在具体的专利实施中，要通过比较的方法来确定专利权人是否违背了"非歧视"原则。

2）专利信息披露政策

事先披露原则是指标准的相关利益者根据标准组织的规定向标准组织披露

标准中所涉及的专利及专利权人的信息,并由标准组织向社会公布该标准中并入的专利技术的信息。

该原则要求披露的内容主要有披露的义务主体、披露内容、披露的信息范围、披露的时间、是否强制披露、违反披露义务的后果以及对披露的信息是否检索等。

ISO、IEC 和 ITU 等国际标准组织对标准中专利信息的披露有共同的专利披露政策,CEN/NELEC 欧洲区域标准组织也有相同的专利披露政策[1]。

2. 许可条件事先披露模式

事先披露许可条件模式要求标准必要专利权人在作出 FRAND 许可承诺时,就必须充分披露其专利许可条件。披露的条件大多数是关于许可费的收取以及某些合同上的限制条件等。

3. 固定价格许可模式

固定价格许可模式通常有两种方式:一是标准组织对全球发布固定的、统一的标准许可费,完全公开其许可费率。这种方式是对全球公开的,只要实施者认可标准组织公开的许可费率,向其支付合理的许可费,就能够使用其标准必要专利。二是会员制,也就是对加盟的企业会员进行收费。这种方式对于不同的企业收费标准是有差别的,一般来说,盈利高的企业被收取的许可费要多于盈利低的企业,从这方面来看,这样做违背了 FRAND 原则。

4. 免费许可模式

免费许可是指标准组织不向实施者收取许可费。需要注意的是,免费许可模式不是说专利权人放弃其权利,而是专利权人并不把专利许可费率作为许可协议的一部分。在专利权人与标准实施者签订的许可协议中,双方可以设定许可合理期限和条件,如有关管制法、使用领域、互惠、担保等条款。近些年来,特斯拉、丰田、松下等专利巨头均对外免费开放其专利,策略性地运用免费许可模式,有利于专利技术的推广和市场占有率的提高。

7.2.4 标准必要专利许可的一般原则

专利权,作为一种法定的垄断权,赋予权利人就特定专利技术排他性使用

---

[1] 张联珍、郜志雄:《技术标准中的专利许可模式研究》,载《特区经济》,2014 年第 6 期,第 185-186 页。

的独占性权利。专利与技术标准结合以后，经营者欲实施标准，必然要实施某专利技术或某专利技术的某项权利要求。在实施标准时必然要被实施的专利技术，通常被称为标准必要专利，如实施标准时必然要实施某项专利技术的某项权利要求，则该权利要求通常被称为标准必要专利权利要求。

标准与专利的结合，就可能存在专利权人滥用专利标准化给自己带来的强势地位，拒绝向竞争对手许可实施专利技术，导致竞争对手因无法执行技术标准而被排除在市场之外，或者借助标准实施的强制性向被许可人索取高额专利使用费，形成专利"劫持"的问题。而如果标准必要专利持有人不收取或者收取过低的专利许可费，又会挫伤专利权人参与标准制定的积极性，不利于标准纳入最先进的技术，影响标准的及时推广，从而影响社会公众的利益。

在这种情况下，为了平衡专利权人与标准实施者的利益，国际上主要标准化组织纷纷制定知识产权政策，鼓励成员披露标准所涉及的必要专利，并承诺实行"公平、合理、无歧视"许可，由此形成了公平、合理、无歧视专利许可的基本原则。"合理"是指许可方式、许可费合理，能够平衡标准必要专利权人和标准实施方的利益。"无歧视"是指，在相同交易条件下，标准必要专利权人应当对不同的标准实施者采取基本相同的许可费率，不能存在明显的差别许可费收取方式。

7.2.5 标准必要专利许可费的确定

标准必要专利使用费的计算标准，是世界范围内关于标准必要专利纠纷的焦点问题，明确FRAND许可费的判断原则、方法及因素，可以帮助专利权人及标准实施者对许可费有合理的预期，有利于促成许可协议的达成。

华为诉IDC公司是我国关于标准必要专利许可费纠纷的第一案，打破了我国在标准必要专利纠纷处理上的空白，为司法实践中许可费的确定原则和考量因素提供了一定的参考。在这之前，美国作为标准必要专利竞争的主要市场，近年来爆发的大量标准必要专利纠纷案件，相当一部分是关于标准必要专利使用费计算问题，相关判例确定了关于标准必要专利使用费计算的主要标准。对域外司法实践经验的梳理，了解不同国家处理类似问题的裁判思维与解决方法，为我国处理标准必要专利纠纷提供了有益参考。

第7章 特殊类型的专利许可

1. 标准必要专利许可费确定的原则及方法

1）FRAND 原则

随着全球创新技术的加快，标准和专利作为一种技术推广和市场营销的重要手段，已经不可避免地结合在一起。近年来，由于许多国家鼓励创新，专利申请量逐渐增加，不少高质量的专利已经被纳入标准必要专利。为了平衡专利权人、标准化组织与标准实施者之间的利益，FRAND 原则应运而生。

符合 FRAND 原则的标准必要专利许可费应该符合几个条件：首先，FRAND 许可费应该增强标准必要专利权人的积极性，所以，这个许可费必然要使标准必要专利权人认为是合理的，并且要让标准必要专利权人觉得其付出得到了回报，这样才能促进创新；其次，许可费的计算还应该促进标准必要专利的推广，要让实施者从中获利。然而，由于 FRAND 原则的界定非常模糊，所以实践中要想完全依赖 FRAND 原则确定合理的许可费是有一定困难的，还需要依赖具有较强可操作性的计算方法。

2）计算方法

第一，"基础许可费+调整"法。

国际上，目前对于标准必要专利的许可费的计算方法并没有具体规定。但是在微软诉摩托罗拉的案件中，Robart 法官基于"Georgia-Pacific 因素"，结合 FRAND 原则，为计算标准必要专利的许可费提供了一种可操作的具体方法，即"基础许可费+调整"。

为了更好地介绍本案例中采用的计算方法，以下内容采取案例介绍和分析的方式展开。

案件介绍：摩托罗拉的两个专利组合一个涉及 H.264 视频编码的 ITU 标准（以下简称"H.264 专利组合"），另一个涉及 802.11 无线区域网的 IEEE 标准（以下简称"802.11 专利组合"）。ITU 和 IEEE 的专利政策规定参与标准制定的专利权人必须根据 FRAND 条款许可专利。

2010 年 10 月 21 日和 29 日，摩托罗拉给微软发函，要求以每台装置价格的 2.25% 为许可费把它的两个专利组合许可给微软。收到摩托罗拉的函件后，微软提出诉讼，指控摩托罗拉违反了 FRAND 条款。第二天，摩托罗拉起诉微软，要求法院禁止微软使用摩托罗拉的 H.264 专利。随后，微软修改了诉状，指控摩托罗拉的申请禁令的诉讼违反 FRAND 条款造成合同违约①。

摩托罗拉要求按照终端产品整机的 2.25% 收取许可费。微软向欧盟反垄断机关投诉摩托罗拉收取离谱的专利许可费用，滥用专利权进行市场垄断。该案由陪审团决定是否违反 FRAND 义务，Robart 法官最终决定的许可费率：H.264 标准必要专利组合 FRAND 许可费率为 0.555~16.389 美分/台，下限为 0.555 美分/台；802.11 标准必要专利组合 FRAND 许可费率为 0.8~19.5 美分/台，平均为 3.471 美分/台。

在本案中，法官首先采取了"假设性双边协商方法"，也就是在专利许可协议谈判开始，假设谈判双方都有意愿促成专利许可协议的签订，双方会就各种影响许可费的因素进行综合考虑。进而，借鉴了在 1970 年"Georgia-Pacific Corp. v. U. S. Plywood-Champion Papers, Inc."一案中法院确定的 15 项在假想谈判中应考虑的因素（"Georgia-Pacific 因素"）。在确定最终许可费时，首先确定一个作为参考的许可费作为分析基础。然后，参考"Georgia-Pacific 因素"对技术许可费进行调整，对于上述因素对许可费的调整，主要是考虑"Georgia-Pacific 因素"对许可费应产生的影响。最终确定了"基础许可费+调整"的方法计算许可费。

Georgia-Pacific 中涉及的 15 项因素在法律界得到了广泛的认可，这些要素对司法审判中确定 FRAND 许可费来说具有重要意义。表 7-3 为"Georgia-Pacific 因素"原文以及 Robart 法官作出修改的对照表。

表 7-3 "Georgia-Pacific 因素"及为计算 FRAND 许可费所做的修改②

序号	"Georgia-Pacific 因素"	为计算 FRAND 许可费所做的修改
1	专利权人对涉案专利曾收取的专利许可费（以证明或试图证明其为既成许可费）	更改为：在专利权人作出 RAND 许可承诺的情况下，或其他类似的谈判中，专利权人对涉案专利曾收取的许可费
2	被许可人为使用与涉案专利类似的其他专利所付的许可费	与因素 1 类似，应考察被许可人为类似的标准必要专利的所支付的 RAND 许可费

---

① 参见张俊燕等：《标准必要专利的 FRAND 许可定价——基于判决书的多案例研究》，载《管理案例研究与评论》，2016 年第 10 期，第 457-471 页。

② 图表来源：张吉豫：《标准必要专利"合理无歧视"许可费的计算原则与方法》，载《知识产权》，2013 年第 8 期，第 29 页。

第 7 章　特殊类型的专利许可

（续）

序号	"Georgia-Pacific 因素"	为计算 FRAND 许可费所做的修改
3	许可的性质和范围，是独占许可还是非独占许可，是否限制许可的地域或制成产品的销售对象	无修改
4	许可者通过拒绝许可他人使用其发明，或通过在许可中设置为维持垄断权所设计的特殊条件，以维持其专利垄断权的既定政策和市场计划	不再考虑。这是因为在专利权人对标准化组织有 RAND 许可承诺的情况下，标准化组织的 RAND 许可通常明确要求标准必要专利的权利人以 RAND 条款授权给所有实施标准者，因此专利权人不能再通过拒绝许可等方式来维持其对该专利技术的独占
5	许可者与被许可者之间的商业关系，例如，他们是否是同一地区同一商业领域中的竞争对手，或他们是否分别是发明者和推广者	不再考虑。原因与因素 4 不被考虑的原因类似。RAND 许可要求专利权人不能在许可中歧视竞争对手
6	被许可人销售专利产品对促进其自身其他产品销售的影响；该发明对于带动许可人的非专利产品销售的既有价值；以及这种衍生销售或附带销售的程度	考虑因素 6 时，要关注于除去专利技术被标准采用所带来的价值之外的、专利技术自身的价值
7	专利有效期和许可期限	RAND 许可承诺要求许可人给予的许可期限应可达到专利有效期，因此这一因素通常对 RAND 许可费影响较小
8	专利产品的既存获利能力；商业成功情况；当前的市场普及率	要关注于除去专利技术被标准采用所带来的价值之外的、专利技术自身的价值
9	如果存在可与此项专利财产取得相似结果的旧模式或设备，该专利相对于旧模式或设备的作用和优势	在确定 RAND 许可费时，应考虑的比较对象是在制订标准时可用的替代技术
10	专利发明的性质；许可人拥有和制造的体现该专利发明的商业产品的特征；为使用过该发明的人所带来的利益	在确定 RAND 许可费时，此因素及因素 11 均关注于该专利发明对标准的技术层面的贡献以及对实施者及其产品的技术贡献。在考察时要将专利技术自身的价值与其被标准采用所带来的价值区分开
11	侵权者对该发明已经使用的程度；以及任何可检验该使用的价值的证据	见上
12	在该特定商业领域或类似的商业领域中，为获许使用该发明或相似发明的花费在利润或售价中通常所占的比例	此因素应在涉及 RAND 许可的商业实践中进行考察，不应以没有进行 RAND 承诺的专利许可费所占比例作为参照对象
13	在可实现利润中应该归因于该发明的部分（区别于非专利元素、制造过程、商业风险或侵权人增加的重要特征或改进）	无修改
14	具有资格的专家的证词	无修改

(续)

序号	"Georgia-Pacific 因素"	为计算 FRAND 许可费所做的修改
15	如果许可人（例如专利权人）和被许可人（例如侵权人）都理性并自愿地尝试达成协议，双方（在侵权发生之时）可能达成的许可费金额；即一个谨慎的被许可人——在一项商业计划中希望获得许可来制造和销售覆盖该专利发明的特定商品——愿意支付的许可费金额，支付该金额后被许可人仍能够获得合理的利润，并且这一金额是会被一个愿意放弃许可的谨慎的专利权人所愿意接受的	考虑假想谈判时，为达成协议，标准必要专利的权利人所提出的 RAND 许可条件必须符合 RAND 许可承诺的目的，即通过避免专利套牢和专利堆积，促进标准的广泛使用

第二，增值法。

所谓增值法是指切割出被纳入标准的专利技术的经济价值，与其他未被纳入标准的替代专利技术相比较，计算出该专利技术具体价值的方法。由于不同企业就专利价值很难达成共识，导致利用增值法计算专利许可费的过程非常复杂，故该法在实践中并未得到广泛的使用。

第三，比较法。

所谓比较法是指在交易条件基本相同的情况下，标准必要专利权人应该对不同的专利实施者收取基本相同或相似的许可费。如果标准必要专利权人给予某一被许可人比较低的许可费，而给予另一被许可人比较高的许可费，通过对比，后者有理由认为其受到了歧视待遇，标准必要专利权人因此也就违反了无歧视许可使用的承诺。

2. 标准必要专利许可费计算基数确定原则

最终支付的许可费通常为在专利许可费计算基数中确定的一定比例。因此，确定合理的专利许可费的关键是如何合理地确定专利许可费计算的基准。关于计算基数的争议主要包括：究竟是应当将整个终端产品作为计算专利许可费费率的基数还是应当将体现专利技术的那个零部件作为该专利许可费的费率基数。在确定计算基数时，主要包括以下三种原则。

1）分配原则[①]

美国在标准必要专利相关的系列案件中，确立了一套计算许可费基数的规

[①] 参见孔繁文、彭晓明：《标准必要专利许可费计算基数之初步法律研究》，载《中国发明与专利》，2017 年 3 期，第 94-98 页。

则。在 1984 年的 Garretson v. Clark[①] 案中，在计算合理的许可费时，不应该以侵权产品的总价作为计算基础，如果专利只占了产品或服务的一小部分，法院应该以专利所涉及的产品利益部分作为判决基础。法院认为"整台设备的整体价值，作为一个可销售物品，（应该）合理而合法地归因于专利特征。"

2）最小可销售单元原则

在 Cornell Univ. v. Hewlett-Packard Co. 一案中，依据了合理的许可费应该视作"足以补偿侵权损害"的最小侵权赔偿的原则，法律依据是 35U.S.C. § 284. 的"侵权人使用发明情况而定"。当多组件产品的最小元件被诉侵权时，许可费通常不会依据整件商品来计算，而是基于最小可销售专利实施单元。

3）整体市场价值理论

在 Wi-Lan v. Alcatel-Lucent 一案中，法院确立了整体市场价值理论，认为如果专利特征促进了整个多组件产品的需求量，那么专利权人可以按照整个产品的盈利的百分比收取许可费。整体市场价值原理是普遍规则的例外。

随着专利大战在世界范围内的蔓延，我国涉及标准必要专利案件也逐渐增加。2015 年，中国发改委也曾对高通涉嫌滥用在无线通信标准必要专利许可市场及无线通信终端基带芯片市场的支配地位，实施垄断行为进行了调查，并于 2015 年 2 月作出发改办价监处罚［2015］1 号《行政处罚决定书》，对高通处以 2013 年度销售额 8%的罚款，计 60.88 亿元人民币。

除此之外，我国关于标准必要专利典型的案件还有华为公司诉交互数字公司（IDC）滥用市场地位垄断案，该案中，深圳中院根据"公平、合理、无歧视"原则，参考了苹果公司向 IDC 支付的费率，将标准必要专利许可使用费率确定为 0.019%，案件争议的焦点也是标准必要专利使用费的计算问题。

3. 标准必要专利许可费率的比较

FRAND 原则的规定比较模糊，想要确定标准必要专利的许可费只能从以往案例中得到启示。由于我国的技术发展比较晚，关于标准必要专利的案件并不多，因此，我们只能从国外的一些经典判例中积累经验，以应对我国会出现的

[①] Garretson v. Clark, 111 U.S. 120, 121, 4 S. Ct. 291, 28 L. Ed. 371, 1884 Dec. Comm'r Pat. 206 (1884).

情况。从国外的判例中,我们可以很容易模仿他们关于标准必要专利许可费率的计算,下面就对一些经典的案例进行分析比较,详见表7-4。

表7-4 典型案件中许可费率比较

案件主体	争议焦点	许可费率	判决结果
苹果与摩托罗拉	侵权赔偿的数额和禁令救济的实施	2.25%	立证不足,驳回双方请求
微软与摩托罗拉	许可费是否超出FRAND许可费	2.25%	法官确定许可费率
爱立信与友讯	许可费的确定	0.5美元/台	陪审团确定许可费
Innovatio与思科	许可费的确定	9.56美分/WiFi芯片	法官确定许可费
华为与IDC	是否滥用市场支配地位进行歧视性许可	2%	法院判决许可费
CSIRO与思科	许可费计算基础	30183933美元	法官判决赔偿金额
金桥科技与苹果	是否侵权以及许可费计算基础	0.05%~0.07%	苹果公司未侵权
苹果与CW	许可费计算基础:是否一次性支付	78美分/产品	苹果未侵权
数据来源:根据案例信息整理			

7.2.6 标准必要专利许可合同纠纷处理方式

国际标准化组织所确立的原则性条款,FRAND的目的在于取得来自专利权人不可撤销的许可承诺,并为日后纠纷的解决提供一个准则。但是,标准化组织FRAND许可原则普遍存在的问题是,均未规定当其成员不履行FRAND义务时,应采取何种必要措施以确保FRAND义务的履行,也没有建立标准必要专利的有效纠纷解决机制。当纠纷发生时,绝大多数标准化组织置身事外。当事人无法向国际标准化组织寻求保护,因此只能诉诸司法途径解决纠纷。通过对域内、外涉及标准必要专利合同纠纷解决方式的梳理,诉讼、仲裁和调解是解决上述纠纷的主要方式。

1. 诉讼

标准必要专利许可合同的纠纷主要包括:标准必要专利权人禁止许可纠纷以及许可费违背FRAND原则纠纷。从合同法的角度来看,标准必要专利许可一般都是通过合同完成的。在我国,专利许可合同属于"技术转让合同",可以适用合同法有关合同订立、合同效力、合同履行、变更和转让、合同权利义务终止、违约责任、法律适用等规定。同时，由于 FRAND 原则具有合同性质，这就与专利许可合同统一起来。在其他法律制度不能解决标准必要专利许可相关问题时，合同法可以作为兜底性的规定来适用。

标准必要专利许可合同纠纷本质上仍然属于民事纠纷，当事人双方可以自由处分自己的诉权。从全球范围来看，涉及标准必要专利许可合同的纠纷，普遍选择诉讼的纠纷解决方式。除了合同纠纷法律关系之外，还涉及强制许可、滥用市场支配地位、侵权纠纷等法律关系。

2. 仲裁

与诉讼相比，仲裁机制对于解决知识产权纠纷具有专业性、保密性、一裁终局和灵活性等优点。标准必要专利的许可方和专利的实施者（专利的被许可方或潜在被许可方）就合同条款产生争议或纠纷时，可以采取商事仲裁的纠纷解决机制。《合同法》第 128 条规定了合同纠纷的仲裁解决方式，当事人如果不愿和解、调解或者和解、调解不成的，可以根据仲裁协议向仲裁机构申请仲裁。涉外合同的当事人可以根据仲裁协议向中国仲裁机构或者其他仲裁机构申请仲裁。但是，采取仲裁方式解决标准必要专利许可纠纷的前提是，许可合同中包含有效的仲裁协议。

3. 调解

知识产权纠纷的调解机制主要包括诉讼调解、人民调解、行政调解、行业调解、有关知识产权自治性组织调解等。就目前我国知识产权纠纷的调解实践而言，诉讼调解和行政调解是较为常用的方式。诉讼调解具有一定的司法公信力与司法强制力，相比较其他调解方式，更容易被纠纷双方采纳。标准必要专利许可的标的具有技术性复杂性高、标准影响范围广、许可费金额高等特点，对于判断许可费是否符合 FRAND 许可原则，如何确定合理的许可费以及充分、合理考量许可费影响因素等问题，均对调解主体的专业性提出了较高的要求，因此，一般的人民调解等方式并不适合。除了采取传统的诉讼调解和行政调解的方式之外，可以考虑采用行业调解的方式。知识产权纠纷调解协议或和解协议具有民事合同的性质，当事人可对其申请司法确认，经法院审查后赋予其强制执行力。

7.3 专利强制许可

专利权是赋予专利权人的有限的独占权,其范围和效力应当体现权利人利益与公共利益的平衡。一方面,专利权人的权益应得到有效保障,否则专利制度便不能发挥鼓励创新的作用;另一方面,专利权人的权利应受到一定限制,不宜绝对或者过强,否则就会阻碍发明创造的推广应用和经济社会的发展。因此,各国专利法均有关于专利权的例外的限制性规定。我国《专利法》设置的专利强制许可就属于上述例外情况,其目的是更好地维护国家利益和公共利益。

7.3.1 专利强制许可的定义

专利强制许可(compulsory license),也称非自愿许可(non-voluntary license),是指当专利法规定的特殊条件满足时,国家专利主管机关不经专利权人许可,授权他人实施发明专利或者实用新型专利的一种法律制度。

7.3.2 专利强制许可的理由

根据请求专利强制许可的理由,可以将专利强制许可分成以下几种类型:不实施时的强制许可、根据公共利益需要的强制许可、从属专利的强制许可等。

1. 不实施时及垄断行为的强制许可

《专利法》第48条规定了两种可以申请专利强制许可的情形:

第一种情形,专利权人自专利权被授予之日起满三年,且自提出专利申请之日起满四年,无正当理由未实施或者未充分实施其专利的;第二种情形,专利权人行使专利权的行为被依法认定为垄断行为,为消除或者减少该行为对竞争产生的不利影响的。

(1) 实施主体能力的限制。此种情况下,请求强制许可单位还应当具备实施发明或者实用新型的条件,请求强制许可的单位应当提供必要的证明材料,向国家知识产权局表明其实施条件。

(2) 授予强制许可的前提条件。具备实施条件的单位在提出强制许可请求前,事先曾为获得专利权人的实施许可努力与专利权人接触过,并曾以合理的条件与专利权人商谈,但是在合理长的时间内没有能够获得专利权人的许可。

技术领域、市场前景、同类技术的使用费、作出发明或实用新型投入的资金等，都可以作为判断条件是否合理的因素，在申请专利强制许可时，可以从上述方面提供证明材料。

2. 公共利益需要的强制许可

专利强制许可是对社会公共利益的有效保障，出于以下几种公共利益的考虑，可以申请专利强制许可。①当国家出现紧急状态或者非常情况时，国务院专利行政部门可以给予实施发明专利或者实用新型专利的强制许可。②为了公共利益的目的，主要是指为了国民经济以及公共卫生、人民健康等情况需要授予强制许可。上述两种情形，由专利行政部门指定具有实施条件的单位实施有关专利技术。③为了公共健康目的，对取得专利权的药品，国务院专利行政部门可以给予制造并将其出口到符合中华人民共和国参加的有关国际条约规定的国家或者地区的强制许可。

3. 从属专利的强制许可

《专利法》第51条对从属专利的强制许可做出了规定："一项取得专利权的发明或者实用新型比前已经取得专利权的发明或者实用新型具有显著经济意义的重大技术进步，其实施又有赖于前一发明或者实用新型的实施的，国务院专利行政部门根据后一专利权人的申请，可以给予实施前一发明或者实用新型的强制许可。在依照前款规定给予实施强制许可的情形下，国务院专利行政部门根据前一专利权人的申请，也可以给予实施后一发明或者实用新型的强制许可。"

所谓从属专利，是指前后两个专利之间在专利权的保护范围上存在着从属关系，在后专利的权利要求所要求保护的技术方案落入在先专利的专利保护范围之内。在这样的情况下，在后专利的专利权人虽然获得了专利权，但是却不能随意实施其专利技术，要实施就必须获得在先专利的专利权人的许可。同时，在先专利权的保护范围虽然覆盖了在后专利的技术方案，但是在先专利权人未经在后专利权人许可，也不可实施在后专利权，否则也构成侵权。对于从属专利的技术方案来说，无论是在后专利的专利权人还是在先专利的专利权人，不经过对方的同意，都不能予以实施。

现实生活中，在先和在后专利权人出于各自的利益考虑，可能不愿意许可另一方实施其专利权，在这种情况下，会导致先进的技术无法及时推广实施，不利于社会技术的进步。为了防止出现这样的情况，有必要在某些情况下批准给予强制许可，即依法强制在先专利的专利权人许可在后专利的专利权人实施其专利。

此种专利强制许可类型的专利权人可以是单位，也可以是个人，无论是单位还是个人，都必须具备实施有关发明或者实用新型专利的条件。

4. 半导体技术的限于公共利益的目的强制许可

《专利法》第 52 条对限于公共利益的目的半导体技术的强制许可做出了规定"强制许可涉及的发明创造为半导体技术的，其实施限于公共利益的目的和依法认定为垄断行为的情形"。

根据 TRIPS 协议第 31 条（c）的规定，未经权利人许可而实施该专利的范围和期限应当受到实施目的的限制，在涉及半导体技术的情形下，只能限于为公共的非商业性使用，或者用于经司法或行政程序确定为反竞争行为而给予的补救[①]。为了消除我国加入世界贸易组织可能存在的法律障碍，将原《专利法实施细则》第 72 条第 4 款后半部分的规定移入《专利法》中。

7.3.3 专利强制许可的程序

1. 申请程序

根据专利实施人的不同，专利强制许可分为指定许可和申请许可两种类型。指定类许可由国务院专利行政部门指定实施单位，无需实施单位提交申请。以下仅针对申请强制许可类型，概括专利强制许可的程序。

1）提交专利权强制许可申请

对于申请强制许可这种类型，申请人须向中国专利局提出强制许可的申请，同时需要提交一份《强制许可请求书》。

2）经由国务院专利行政部门审查后作出决定

专利局在收到申请人的强制许可申请后，应当审查请求书及相关证明是否属实，同时应当在审查的过程中听取专利权人陈述自己的意见。

3）登记和公告

国务院专利行政部门作出的给予实施强制许可的决定，应当及时通知专利

[①] 参见尹新天：《中国专利法详解》，北京：知识产权出版社，2012 年版，第 412 页。

权人，并予以登记和公告。

4）强制许可的取消

给予实施强制许可的决定，应当根据强制许可的理由规定实施的范围和时间。强制许可的理由消除并不再发生时，国务院专利行政部门应当根据专利权人的请求，经审查后作出终止实施强制许可的决定。

2. 证明要求

(1) 对于《专利法》第48条第1款（不实施专利）以及第51条（从属专利）给予强制许可的，申请人提出相关的证据必须满足相关的证明要求，即申请人在向国务院专利行政部门提出专利实施强制许可申请时，应当提出未能以合理条件与专利权人签订实施许可合同的证明。必须向国务院专利行政部门提交有关证据，证明其未能以合理条件与专利权人签订专利实施许可合同的情况。具体包括证明实施范围的合理、许可使用费的合理性的证据。

(2) 强制许可请求人要提交的未能以合理条件与专利权人签定许可合同的证明，应当是向专利权人发出的具体要约。专利实施许可合同的要约必须是书面的。要约中的条件是否合理，要视发明或者实用新型的具体情况来确定，例如发明或者实用新型的市场前景、同类技术的使用费、完成发明或者实用新型所需的资金等，都可以是考虑的因素[①]。

7.3.4　强制许可使用费的确定

《专利法》第57条规定："取得实施强制许可的单位或者个人应当付给专利权人合理的使用费，或者依照中华人民共和国参加的有关国际条约的规定处理使用费问题。付给使用费的，其数额由双方协商；双方不能达成协议的，由国务院专利行政部门裁决。"该条明确了强制许可费的确定原则。

1. 强制许可费的支付原则

专利实施强制许可，目的是为了防止专利权人对其专利技术的不适当垄断，但并不意味着被许可方可以免费实施专利权人的专利，专利权人仍然享有请求实施其专利的人包括取得强制许可而实施其专利的单位或者个人支付专利使用费的权利。

---

① 参见尹新天：《中国专利法详解》，北京：知识产权出版社，2012年版，第418页。

2. 许可费计算方式

许可费由取得实施强制许可的单位或者个人与专利权人按照公平合理的原则协商确定。双方经过协商，对使用费数额达成了一致的，即应按双方协商的数额作为强制许可使用费，由取得实施强制许可的单位或者个人支付给专利权人。

如果双方没有就使用费的数额达成一致意见的，应当向国务院专利行政部门提出申请，请求国务院专利行政部门对使用费数额作出裁决，并以裁决的数额作为强制许可使用费，由取得实施强制许可的单位或者个人按此数额支付给专利权人。

7.3.5 专利强制许可的限制

专利强制许可是对专利权人行使专利权的限制，对于请求实施强制许可的被许可人，其实施专利权也存在着一定的限制性条件。通过这些限制性条件，充分保障专利权人的利益。《专利法》第56条对专利强制许可的限制条件进行了规定，主要是限定了专利强制实施许可的类型。强制许可不能是独占性的，在授予强制许可的情况下，被许可人仅获得实施发明或者实用新型专利的普通使用权，专利权人照样有权自己实施和许可他人实施其专利。取得实施强制许可的单位或者个人不享有独占的实施权，并且无权允许他人实施。获得强制许可的单位或者个人"无权允许他人实施"，是指不得许可他人实施该专利，即不得进行分许可。

7.3.6 专利强制许可纠纷的救济

《专利法》第58条规定专利权人对国务院专利行政部门关于实施强制许可的决定不服的，专利权人和取得实施强制许可的单位或者个人对国务院专利行政部门关于实施强制许可使用费的裁决不服的，可以自收到通知之日起三个月内向人民法院起诉。这提供了针对专利强制许可的救济途径。

专利法关于强制许可请求的批准程序采用的是行政程序，专利权人如果对国家知识产权局作出的决定或裁决不服的，可以向人民法院起诉。关于强制许可，专利权人可以提起的诉讼有两类：一是对国家知识产权局作出的批准强制许可的决定不服的纠纷案件，主要是关于强制许可的批准是否符合专利法规定的条件产生争议的案件,例如关于请求强制实施许可的一方是否为公共利益的目的的认定产生争议的;二是关于实施强制许可使用费的产生纠纷案件,这类诉讼案件主要针对使用费的裁决是否合理产生的争议。

7.4 指定许可

7.4.1 指定许可的概念

《专利法》第14条规定:"国有企业事业单位的发明专利,对国家利益或者公共利益具有重大意义的,国务院有关主管部门和省、自治区、直辖市人民政府报经国务院批准,可以决定在批准的范围内推广应用,允许指定的单位实施,由实施单位按照国家规定向专利权人支付使用费。"指定许可是我国专利制度中的一个特有的制度,体现了"中国特色"。

专利权是一种独占权。根据《专利法》第11条和第12条的规定,任何人实施他人的专利,必须得到专利权人的许可,订立许可合同,并支付使用费。但第11条又规定,在本法另有规定的情况下,第三人未获得专利权人的许可也可以实施他人的专利。"指定许可"就是这些例外情况中的一种。

《专利法》制定"指定许可"例外情况的出发点在于,专利权的客体涉及发明创造,而发明创造的实施不仅与专利权人的利益相关,在某些情况下也与国家利益或者公共利益密切相关。但是,专利权人出于自身利益的考虑,在某些情况下往往会限制其专利的实施,不愿意其专利得到广泛应用。当上述情况发生时,为了保障国家利益和公共利益,有必要通过国家行政权力强制对某些主体享有的专利权进行推广应用,允许指定的单位实施。因此,国有企事业单位的发明专利,如果对国家利益或者公共利益具有重大意义,国务院有关主管部门和省、自治区、直辖市人民政府报经国务院批准,可以决定在批准的范围内推广应用。

7.4.2 指定许可的类型

当专利权的垄断性对社会公众和国家利益造成损害时,通常采取限制手段,可以平衡专利权人和社会公众的利益。根据我国《专利法》的规定,专利分为普通专利和保密专利,其中保密专利中又包含了国防专利。国防专利与国家安全密切相关,具有一定的公共品属性,为了平衡国防专利权人和国家安全利益,国防专利制度中也对国防专利设置了指定实施的限制。因此,我国专利指定许可可以分为普通专利的指定许可和国防专利的指定许可。

7.4.3 指定许可的条件

1. 普通专利

(1) 被采取指定许可的专利,必须是对国家利益或者公共利益具有重大意义的发明专利。所谓"对国家利益和公共利益具有重大意义",是指对经济建设、科技进步、国家安全、环境保护、病疫防治等具有重要意义,需要推广应用。

(2) 指定许可的决定权,只能由国务院有关主管部门和省、自治区、直辖市人民政府在报经国务院批准后行使。其他任何国家机关都无权决定指定许可。

(3) 指定许可的实施范围,只限于在批准推广应用的范围内,由指定实施的单位实施。个人不能作为指定许可的被许可人。在实际推广与实施过程中不得超出批准的范围。这里所说的范围,包括时间范围、地域范围和行业或专业领域范围等。非指定实施单位,不得擅自实施该发明专利。

(4) 被指定的实施单位的专利实施权不是无偿取得的,实施单位应当按照国家规定向专利权人支付使用费。这种指定许可必须具有明确的合理性,必须考虑作为专利权人的国有单位的自身利益,在确定使用费数额时,应当考虑专利权人研究开发该项发明创造所花成本、实施单位实施这项发明创造所能得到的经济收益、实施该发明创造的规模和年限以及支付费用的方式和时间等因素。

2. 国防专利

根据《国防专利条例》第22条的规定,国防专利指定许可包含两种情况:一是实施本系统或本部门内的国防专利;二是实施本系统或者本部门以外的国防专利。其中,国务院有关主管部门、中国人民解放军有关主管部门,可以允许其指定的单位实施本系统或者本部门内的国防专利。如果要指定实施本系统或者本部门以外的国防专利,需要报经国务院有关主管部门或中国人民解放军有关主管部门批准。

《国防专利条例》并未就指定许可应满足的具体条件作出规定,只对指定许可做出了程序上的限定。

7.4.4 指定许可的限制

1. 对专利权主体的限制

在专利权的主体上,专利推广应用的对象仅限于国有企事业单位以及中国集体所有制单位和个人的专利,不包括外国人、三资企业、中国私营企业以及其他混合所有制单位的专利。国有企业事业单位财产的最终所有者是国家,国有企业事业单位享有法人财产权。而专利权作为财产权的表现与存在形式之一,国有企业事业单位的专利权的最终所有者也是国家,国家有权根据其所代表的国家利益与公共利益的需要,决定其作为终极所有人的发明专利权的实施。

2. 对专利类型的限制

在专利的种类上,予以推广应用的对象仅限于发明专利,不包括实用新型专利和外观设计专利。根据《专利法》规定的专利授权条件来看,发明专利的创造性要求最高,相对于现有技术做出的技术性贡献明显大于实用新型的创造性贡献,因此,实用新型和外观设计一般不会涉及重大的国家利益和公共利益,不存在因为专利权人阻碍、限制专利实施而给公共利益带来不利影响的情况,没有必要予以强制推广。

3. 实施范围的限制

指定许可的实施范围,只限于在批准推广应用的范围内,由指定实施的单位实施。个人不能作为指定许可的被许可人。在推广与实施过程中不得超出批准的范围,包括时间范围、地域范围和行业或专业领域范围等。非指定实施单位,不得擅自实施该发明专利。

7.4.5 指定许可的救济

根据行政复议法的规定,对国务院有关主管部门或者省、自治区、直辖市人民政府作出的具体行政行为不服的,可以向作出决定的部门或者机关申请复议;对复议决定不服的,可以向国务院申请裁决,由国务院作出终局裁决。因此,根据行政复议法,对于具体行政行为,国务院的裁决是终局的。

7.5 典型案例及分析

7.5.1 华为公司诉 IDC 公司标准必要专利许可费率纠纷案[①]

1. 基本案情

本案当事人一方华为公司是中国电信设备提供商，经营范围包括开发、生产、销售程控交换机、数据通信设备、无线通信设备等电信设备。另一方为美国 IDC 公司加入了"ETSI""TIA"（美国电信工业协会）等多个电信标准组织，参与了各类无线通信国际标准的制定，拥有大量无线通信技术标准必要专利，以许可他人实施其专利作为主要的营利模式。华为公司与 IDC 公司均是欧洲电信标准化协会（ETSI）的会员。

华为公司明确其生产相关通信产品必须符合包括中国联通、中国电信、中国移动分别使用的 WCDMA、CDMA2000、TD-SCDMA 标准在内的无线通信技术标准。IDC 公司认可其在 WCDMA、CDMA2000、TD-SCDMA 标准等中国现行的无线通信技术标准中拥有必要专利。IDC 公司在 ETSI 网站中对其在各类标准中拥有的标准必要专利和专利申请作了声明，并承诺遵 FRAND 义务。IDC 公司在 ETSI 声称的必要专利，对应中国电信领域的移动终端和基础设施之技术标准，也是中国的必要专利，原、被告双方对该事实均无异议。

从 2008 年 11 月开始，华为公司与 IDC 公司就涉案专利许可使用费问题在深圳等地进行了多次谈判。IDC 公司向华为公司多次发出要约，从要约内容来看，IDC 公司的拟授权许可为包括 2G、3G 和 4G 标准必要专利在内的其所有专利之全球性的、非排他性的、应支付许可费的许可，且要求原告将其所有专利给予被告免费许可。IDC 公司授权给苹果、三星等公司的专利许可条件，与被告向原告发出的要约条件进行比较，无论是按照一次性支付专利许可使用费为标准，还是按照专利许可使用费率为标准，被告拟授权给原告的专利使用费均远远高于苹果、三星等公司。

[①] 参见深圳市中级人民法院（2011）深中法知民初字第 857 号，广东省高级人民法院（2013）粤高法民三终字第 305 号。

虽然华为公司与 IDC 公司就标准必要专利的许可进行了多次的谈判,但就许可费问题均未能达成一致。在此期间,IDC 公司于 2011 年 7 月 26 日在美国特拉华州法院对华为公司提起专利侵权诉讼,称华为公司制造、使用、销售、进口的产品涉嫌侵犯了其在美国享有的专利,请求美国特拉华州法院初步并永久禁止华为公司等继续实施其专利并作出赔偿。同日还向美国国际贸易委员会(ITC)起诉华为公司侵犯其标准必要专利权,请求美国国际贸易委员会对华为公司等相关产品启动 337 调查并发布全面禁止进口令、暂停及停止销售令。

华为公司认为,与给予苹果、三星等公司的标准必要专利许可使用费相比,被告对原告存在歧视性的差别待遇,且在双方谈判过程中,IDC 公司突然在美国联邦法院和美国国际贸易委员会同时起诉原告,以逼迫华为公司接受该歧视性条件,IDC 公司违背了其承诺的 FRAND 义务。2011 年 12 月 6 日,华为公司向深圳市中级人民法院提起诉讼,请求判令:按照公平、合理、无歧视(FRAND)条件判决确定 IDC 公司就其中国标准必要专利许可华为公司的许可费率或费率范围。

华为公司认为 IDC 公司作为标准必要专利持有人负有以符合 FRAND(即公平、合理、无歧视)条件对华为公司进行中国标准必要专利授权的义务,IDC 公司向华为公司所提出的四次专利许可报价及条件均违反了 FRAND 义务,请求人民法院就 IDC 公司的全部中国标准必要专利,按照 FRAND 条件,判决确定许可华为公司费率或费率范围。

2. 法院判决

本案一审双方争议的焦点问题为:IDC 公司就其中国标准必要专利是否负有以 FRAND 条件对华为公司授权的义务;IDC 公司向华为公司所提出的专利许可报价及条件是否有违 FRAND 义务;IDC 公司全部中国标准必要专利许可华为公司怎样的许可费率或费率范围符合 FRAND 条件。

深圳市中级人民法院一审认为,公平、合理、无歧视许可的前提条件是"许可"的存在。第一,对于愿意支付合理使用费的善意的标准使用者,标准必要专利权人不得径直拒绝许可,否则将不恰当地将技术标准使用者排除在市场竞争之外,危及他人基于对技术标准的信任所作的各种投资的安全,有悖于专利法的宗旨以及技术标准的内在要求。第二,落实公平、合理、无歧视原则应平衡标准必要专利相关当事人之间的利益，既保证专利权人能够从技术创新中获得足够的回报，同时也避免标准必要专利权利人借助标准所形成的强势地位索取高额许可费率或附加不合理条件。第三，公平、合理、无歧视原则的核心在于合理、无歧视，关键在于许可费率的合理，而许可费的合理既包括许可费本身的合理以及许可费相比较的合理。第四，从许可费自身的合理来说，至少应考量以下因素。一是许可使用费数额的高低应当考虑实施该专利或类似专利的所获利润，以及该利润在被许可人相关产品销售利润或销售收入中所占比例。技术、资本、被许可人的经营劳动等因素共同创造了一项产品的最后利润，专利许可使用费只能是产品利润中的一部分而不应是全部，且单一专利权人并未提供产品全部技术，故该专利权人仅有权收取与其专利比例相对应的利润部分。二是专利权人所作出的贡献是其创新的技术，专利权人仅能够就其专利权而不能因标准而获得额外利益。三是许可使用费的数额高低应当考虑专利权人在技术标准中有效专利的多少，要求标准实施者就非标准必要专利支付许可使用费是不合理的。四是专利许可使用费不应超过产品利润一定比例范围，应考虑专利许可使用费在专利权人之间的合理分配。基于此，一审判决确定被告就其中国标准必要专利给予原告华为公司合适的许可费率。

IDC公司不服一审判决上诉至二审法院即广东省高级人民法院，二审法院维持了一审判决。

3. 简要评析

1）何为标准必要专利FRAND许可？

专利与技术标准结合以后，经营者欲实施标准，必然要实施某专利技术或某专利技术的某项权利要求。此类专利或权利要求即为标准必要专利或标准必要专利权利要求。

为确保标准制定参与者及将来的实施者掌握相关专利信息从而明智决策，避免专利权人滥用专利标准化给自己带来的强势地位，拒绝向竞争对手许可实施专利技术，导致竞争对手因无法执行技术标准而被排除在市场之外，或者防止专利权人借助标准实施的强制性向被许可人索取高额专利使用费，形成专利讹诈。标准组织对纳入标准的专利的专利权人规定了的FRAND不可撤销许可的义务。"合理"是指许可方式、许可费合理，能够平衡标准必要专利权人和标准实施方的利益。"无歧视"是指，在相同交易条件之下，标准必要专利权人应当对不同的标准实施者采取基本相同的许可费率,不能存在明显的差别许可费收取方式。

2)标准必要专利权人与标准实施者之间的法律关系?

标准必要专利的专利权人做出的 FRAND 承诺,并不意味着专利权人与标准实施者或者潜在的实施者已经签订专利许可协议①。只有双方进入谈判阶段,标准必要专利权人针对许可对象,提出具体许可费率及条件,才可以称为要约;也只有针对标准必要专利权人的要约,标准实施者予以承诺,方谈得上合同成立。

3)标准必要专利 FRAND 费率如何确定?

FRAND 许可费率的确定,既包括许可使用费本身合理,也包括许可使用费相比较的合理。就本案来说,法院从以下因素判决确定原告应支付给被告的许可使用费率:一是考虑无线通信行业的大致获利水平,以确定特定无线通信产品中应支付的标准必要专利许可使用费的比例;二是考虑被告方在无线通信领域所声明的标准必要专利的数量情况、质量情况,被告方在业内的地位、研发投入等,以保障被告方获得与其在无线通信技术领域的贡献相适应的回报;三是参考被告方之前已达成协议并收取的可量化的使用费率标准,如参考被告方已授权给苹果、三星等公司的许可使用费率;四是考量原告只要求被告方在中国的标准必要专利的授权许可,而不是被告方在全球范围的标准必要专利的授权许可。

7.5.2 国外专利实施许可纠纷案

1. "Microsoft Corp. v Motorola Inc." 许可费率纠纷案

2013 年美国地区法院判决的 "Microsoft Corp. v Motorola Inc." 一案是美国法院首次对标准必要专利组合的合理无歧视许可费做出裁决,对我国司法实践中关于 RAND 许可费的计算有一定的借鉴意义。

1)基本案情

"Microsoft Corp. v. Motorola Inc." 一案中,涉案专利为国际电信联盟(International Telecommunication Union,ITU)制定的 H.264 数字视频编解码标准及

---

① 叶若思、祝建军、陈文全:《标准必要专利使用费纠纷中 FRAND 规则的司法适用》,载《电子知识产权》,2013 年第 4 期,第 54-61 页。

美国电器和电子工程师协会（Institute of Electrical Electronics Engineers，IEEE）制定的 802.11 无线标准中摩托罗拉的专利。微软指控摩托罗拉就其标准必要专利所提出的许可费违反了合理且无歧视许可的合同义务。

审理过程：美国地区法院法官 James L. Robart 在审理中首先明确了摩托罗拉对 RAND 许可的承诺构成其与标准化组织之间的有效合同。鉴于涉案双方对 RAND 许可的理解不同，因而需要确定合理的 RAND 许可费范围。本案中，为了计算合理许可费，采取了一种"假想谈判"的方法。也就是在专利许可协议谈判开始，假设谈判双方都有意愿促成专利许可协议的签订，双方会就各种影响许可费的因素进行综合考虑，在这之后谈判达成的许可费就是合理许可费。

在 1970 年"Georgia-Pacific Corp. v. U. S. Plywood-Champion Papers，Inc."一案中，法院确定了 15 项在假想谈判中应考虑的因素，并在之后的司法实践中广泛接受。在综合专家证人证词的基础上，Robart 法官提出计算 RAND 许可费应遵循如下原则[①]：

（1）确定合理非歧视许可费的合适方法应该认识到标准化组织所要求 RAND 承诺旨在避免专利劫持，并努力达成这一目标。

（2）确定合理非歧视许可费的合适方法应该能够应对许可费累积的问题，也就是考虑到多个标准必要专利权人收取的累积专利许可费是可以接受的。

（3）RAND 承诺应该被解释为要求专利权人基于其专利技术自身的经济价值来收取合理的许可费，应区别于该专利技术被纳入标准所带来的价值。

在遵循上述原则的基础上，法官 James L. Robart 对"Georgia-Pacific 因素"进行了调整，确定了适用于计算 RAND 许可费的方法为：①考察摩托罗拉的 H.264 和 802.11 专利组合，确定每个专利组合对相应标准的重要性和对微软产品的重要性；②选择较理想的专利许可费比较对象，并基于此确定 RAND 许可费，经过比较认为，相关专利联盟的许可费是比较合适的参考对象。

2) 简要评析

2013 年美国地区法院判决的"Microsoft Corp. v Motorola Inc."一案是美国法院首次对标准必要专利组合的合理无歧视许可费做出裁决，对我国司法实践中关于 RAND 许可费的计算有一定的借鉴意义。

---

① 参见张吉豫：《标准必要专利"合理无歧视"许可费的计算原则与方法》，载《知识产权》，2013 年第 8 期，第 29 页。

第7章 特殊类型的专利许可

第一,如何理解"合理无歧视"许可原则?

绝大部分标准化组织的合理无歧视许可原则实际上都只是比较抽象的原则,并没有进行明确而具体的约定,把众多不确定性交由市场和事后的司法程序来解决。

本案中,法官将"合理无歧视"许可认定并解释为标准化组织与参与标准制定者之间的合约,认为应在理解合理无歧视许可背景的基础上,依照合同目的来解释"合理"与"无歧视"的具体含义,并以此作为计算合理无歧视许可费的基本原则。在符合合同目的这一原则下,合适的合理无歧视许可费计算方法应有利于建立先进标准以及促进标准的推广。对 RAND 许可的解释应按照能够达成权利人与标准化组织的合约目的(专利政策的目的)来进行。

第二,确定专利许可费的关键考量因素。

虽然尚不存在将"Georgia-Pacific 因素"转换为专利许可费的统一公式,但是,本案中参考"Georgia-Pacific 因素",专利本身对标准及标准实施者产品的价值贡献是决定许可费的关键因素,同时还强调应当区分专利本身的价值与专利被纳入标准所带来的价值。将专利本身对标准及标准实施者产品的价值贡献作为确定许可费关键因素,有助于避免专利套牢、许可费堆积和歧视性许可问题。例如,因素9为专利相对于替代技术的优势[1],可以由对比使用专利技术相比其他替代技术可以为哪一方面指标带来怎样的改进等方面来判断。专利对标准的技术贡献还可从该专利技术在整个标准中处于哪一部分、在标准中所占比例如何等方面来进行考察。

第三,确定专利许可费的方法。

在本案中,法官认可了采用"基础许可费+调整"的方法计算许可费。首先确定一个作为参考的许可费作为分析基础,然后,参考"Georgia-Pacific 因素"对技术许可费进行调整,对于上述因素对许可费的调整,主要是考虑"Georgia-Pacific 因素"对许可费应产生的影响。

目前我国司法审判中标准必要专利的合理无歧视许可费界定仍有较大不明确性。上述确定许可费的原则、方法及考量因素,对于我国关于标准必要专利

---

[1] 参见张吉豫:《标准必要专利"合理无歧视"许可费的计算原则与方法》,载《知识产权》,2013年第8期,第29页。本案中调整后的第9类因素为"在确定 RAND 许可费时,应考虑的比较对象是在制定标准时可用的替代技术。

许可费确定标准和方法的可操作性和可预测性具有一定的启示。

2. 印度多吉美专利强制许可纠纷案[①]

1）基本案情

2005年德国拜耳制药公司和美国生物技术制药企业Onyx药业共同研制开发的多吉美（Nexavar 索拉非尼）获得FDA批准，用于治疗晚期肾细胞癌，2007年该药又获得FDA批准成为唯一的肝癌靶向治疗药物。多吉美可抑制多种细胞内和细胞表面的激酶，包括血管内皮生长因子受体。血管内皮生长因子受体参与肿瘤细胞的信号转导、细胞凋亡和血管生成。

2008年，拜尔公司赢得肝癌及肾癌药物多吉美的印度专利。但是，2012年3月12日，印度首次行使强制许可规则，允许印度国内的制药公司Natco制药生产及销售拜耳肾癌药物多吉美的仿制药，理由是多吉美对印度患者来说过于昂贵。根据印度《专利法》，在某一专利授权3年后，国内公司可以向该专利的原始权利公司提出许可请求。如果未能达成一致，国内公司可以向印度知识产权局申请强制许可。尽管事实上多吉美仍在专利有效期内，其药物专利将于2020年到期。

根据印度《专利法》，当某一药品的专利持有人以不恰当的价格销售这种药品时，可以强制专利持有人转让生产特许权。许可判决要求Natco公司支付6%的销售提成给拜耳作为专利使用费。由于Natco公司销售的多吉美仿制药价格非常便宜，比较而言，这点提成就显得有点微不足道了。根据许可，Natco公司能够一直销售其仿制药直到2021年，其价格不高于每月8880卢比（约合178美元）。Natco公司称，拜耳公司的品牌药售价高达每月284428卢比（约合5690美元）。Natco公司认为"这开辟了一条新的途径，使那些受苦受难的广大民众能够以低廉实惠的价格获得挽救其生命的药物"。Natco公司预计其仿制药的年销售额将达到600万美元。

2012年5月拜耳对印度专利局的裁决向知识产权上诉委员会提出上诉。知识产权上诉委员会驳回了该上诉。

2）简要评析

如何从立法的角度提高强制许可理由及认定的可操作性？

[①] 参见宋瑞霖、桑国卫、程音齐：《印度专利案件裁决对中国的启示》，载《中国新药杂志》，2014年第15期，第1726-1733页。

Natco公司声称其申请符合印度《专利法》中规定的强制许可适用的所有情形：(a) 公众对于该专利发明的合理需求未得到满足，或者 (b) 公众不能以合理的可支付价格获取该专利发明，或者 (c) 该专利发明未在印度领土范围内使用。基于以上3个理由，印度知识产权局局长签署了此项强制许可[①]。

Natco公司在其申请中称，目前这种药只能在印度最大的4个城市（德里、孟买、钦奈和加尔各答）获取，仅能满足对此药需求的1%。并且，一个月用量需要花费280428卢比（约合5700美元），远高于大部分印度人的经济承受能力。

我国在1984年颁布的专利法中已对强制许可做出规定，但是迄今为止，中国从未启动过强制许可程序。其原因是多方面的，而原因之一是《专利法》关于申请强制许可的理由，例如："紧急状态"或者"非常情况"、"公共利益目的"难以界定，该案中Natco公司根据印度《专利法》关于强制许可的规定，提出了符合法律规定且有针对性的强制许可理由，并结合支撑上述理由的证据，进行充分的论证。相比之下，印度《专利法》从立法层面对申请专利强制许可的理由规定可操作性较强。如何能够通过调整专利法关于强制许可的立法，解决我国当前面临的公共健康领域的问题，是我国第四次专利法修改的重要议题，一个具有灵活、可操作性和可预见性的强制许可制度，将大大有助提高中国重大疾病药品的供应保障能力。因此，立法中应考虑明确专利强制许可的相关规则，提高强制许可制度的可实施性。

---

① 段然：《印度颁布首个药品强制许可》，载《中国发明与专利》，2012年第5期，第36页。

第8章 专利许可中的相关文件参考范本和重点法律法规

8.1 专利许可标的的尽职调查文本

尽职调查,一般是指对指定企业的规模、资产负债、信用状况、社会评价、出资人情况等进行调查、分析等的一系列活动[1]。在专利许可活动中,许可方和被许可方了解所涉及的专利有效性、归属情况、专利权行使的限制、专利的价值,调查和核实相关信息,降低法律风险,为许可活动顺利高效地进行打下基础。

国外律师曾表示,要对进行许可转让的技术以及客户开发该技术的历史过程有所了解,对在搜索特定技术专利过程中出现的任何问题以及和所有权有关的问题,都要进行积极探索,因为任何以后的分歧都有可能导致诉讼[2]。可见,对专利许可标的进行尽职调查,是需要非常深入和全面,考验着调查人的专业能力和耐心。

现提供专利许可标的的尽职调查文本供读者参考:

××专利许可的尽职调查请求

致:××(许可方)

自:××(被许可方)

  此调查是针对我方与贵公司就本次××专利("所涉及专利")许可的调查。

  为了使我方能够更全面且详细地考虑许可事宜,掌握签订许可合同所需的各方面情况,希望贵公司能够提供所涉及专利的更多文件和信息。

---

[1] 杨铁军主编:《企业专利工作实务手册》,北京:知识产权出版社,2013年版,第272页。
[2] [英]埃里克·亚当斯、[英]罗威尔·克雷格、[英]玛莎·莱斯曼·卡兹等:《知识产权许可策略:美国顶尖律师知识产权动态分析及如何草拟有效协议》,王永生、殷亚敏,译,北京:知识产权出版社,2014年版,第16页。

第 8 章 专利许可中的相关文件参考范本和重点法律法规

一、关于所涉及专利的有效性、稳定性调查

一份关于授权许可的"所涉及专利"的 Excel 表格，包括以下内容：

1. 专利名称；

2. 专利号；

3. 专利类型；

4. 权利到期日；

5. 发明人；

6. 原申请人；

7. 专利有效的国家/地区；

8. 所在的专利家族及具体专利；

9. 优先权日；

10. 已经发生或正在进行的任何诉讼或其他程序的完整和准确的详细信息；

11. 受让人；

12. 所涉及专利权利有效的证明文件、年费缴付收据副本。

二、关于贵公司为合法的专利权人并拥有处分权的调查

1. 贵公司为所涉及专利的专利权人，或者通过相关合法协议获得专利权人的授权而拥有相应的处分权的证明文件。

2. 贵公司获得专利权人资格以及相应处分权的过程是否符合相关法律的规定，与关联方之间是否存在合法有效的协议。

3. 是否存在其他的共同专利权人，以及专利交易是否已经得到这些专利权人的书面授权。

4. 贵公司与发明人等有关的其他关联方的利益是否能够得到合法、合理的照顾。是否与发明人签订了合法的收益分配协议，并在过往历史中进行了良好的履行。[1]

5. 贵公司全套的工商登记资料。

三、专利权的行使限制调查

1. 在先权利的调查。贵公司过去是否就所涉及专利对其他人发放了许可，或进行了质押担保，或者以专利权入股，请提供相应证明文件。

---

[1] 杨铁军主编：《企业专利工作实务手册》，北京：知识产权出版社，2013 年版，第 274-275 页。

2. 以贵公司提供的专利及技术，能否生产出你方所描述的产品，或达到所描述技术效果。是否需要使用第三方的专利技术才能实现。请提供相应证明文件。

四、许可费调查

如何计算准授权许可费用的全部细节，包括但不限于：

1. 贵公司所依赖的任何可比较的第三方许可条款的细节；

2. 贵公司（以及如果存在专利池，该专利池许可人）所签订的任何许可协议的详细信息；

3. 贵司所依赖的任何文件的副本；

4. 贵公司（或许可人）在过去 5 年内出售、转让、或专有许可的任何与所涉及专利相关的标准基本专利的细节以及以下内容：买方、受让人或专有被许可人的身份，交易条款；该交易进行之后对于许可费用的变更；

5. 根据迄今为止的许可方案已经订立的任何其他许可（包括此类许可的详细条款）的详细信息，包括：有关贵司已经签订的同所涉及专利相关的许可；所涉及专利的专利所有人已经签订的同所涉及专利相关的许可；由任何所涉及专利的任何前专利所有人所签订的许可。①

五、其他

秉着诚信合作的原则，希望贵公司在_____工作日内，以书面形式提供以上内容的真实准确信息。

此致

敬礼

×××公司

×年×月××日

通常，在获得对方提供的信息后，己方或代理人据此撰写一份尽职调查报告，对专利许可活动中的法律风险、问题点等进行梳理和评价，供决策者参考，

---

① 标准基本专利的尽职调查请求，Origin Limited，最后访问日期：2017 年 5 月 21 日，http://www.origin.co.uk/wp-content/uploads/2017/04/%E6%A0%87%E5%87%86%E5%9F%BA%E6%9C%AC%E4%B8%93%E5%88%A9%E7%9A%84%E5%B0%BD%E8%81%8C%E8%B0%83%E6%9F%A5%E8%AF%B7%E6%B1%82.pdf.

第8章 专利许可中的相关文件参考范本和重点法律法规

以便在接下来的工作中予以解决。

8.2 专利许可合同文本

知识产权具有非物质性，不发生有形的交付。所以在订立许可合同时，应当以书面形式，以保证民事法律关系的稳定性。

当事人提交的专利实施许可合同应当包括以下内容：

(1) 当事人的姓名或者名称、地址。

(2) 专利权项数以及每项专利权的名称、专利号、申请日、授权公告日。

(3) 实施许可的种类和期限。

国家知识产权局统一制订了专利实施许可合同范本，供当事人使用，若当事人采用其他合同文本的，应当符合《中华人民共和国合同法》的规定。

8.2.1 专利实施许可合同

专利实施许可合同[①]

(国家知识产权局范本)

专利名称 _____
专利号 _____
许可方名称 _____
地址 _____
代表人 _____
被许可方名称 _____
地址 _____
代表人 _____
合同备案号 _____
签订地点 _____
签订日期 ____年 ____月 ____日
有效期限至 ____年 ____月 ____日

[①] 专利实施许可合同文本，国家知识产权局网站：http://www.sipo.gov.cn/bgxz/zlglbg/doc7.doc，最后访问日期：2017年4月6日。

前言（鉴于条款）

——鉴于许可方_____（姓名或名称 注：必须与所许可的专利的法律文件相一致）拥有_____（专利名称 注：必须与专利法律文件相一致）专利，该专利为_____（职务发明创造或非职务发明创造），专利为_____（九位），公开号为_____（八位包括最后一位字母），申请日为___年___月___日，授权日为___年___月___日，专利的法定届满日为___年___月___日。并拥有实施该专利所涉及的技术秘密及工艺；

——鉴于被许可方_____（姓名或名称）属于_____领域的企业、事业单位、社会团体或个人等，拥有厂房_____，_____设备，人员_____及其他条件，并对许可方的专利技术有所了解，希望获得许可而实施该专利技术（及所涉及的技术秘密、工艺等）；

——鉴于许可方同意向被许可方授予所请求的许可；

双方一致同意签订本合同

第一条　名词和术语（定义条款）

本条所涉及的名词和术语均为签定合同时出现的需要定义的名词和术语。如：

专利——本合同中所指的专利是许可方许可被许可方实施的由中国专利局受理的发明专利（或实用新型专利或外观设计专利）专利号：_____发明创造名称：_____。

技术秘密（know-how）——指实施本合同专利所需要的、在工业化生产中有助于本合同技术的最佳利用、没有进入公共领域的技术。

技术资料——指全部专利申请文件和与实施该专利有关的技术秘密及设计图纸、工艺图纸、工艺配方、工艺流程及制造合同产品所需的工装、设备清单等技术资料。

合同产品——指被许可方使用本合同提供的被许可技术制造的产品，其产品名称为：_____。

技术服务——指许可方为被许可方实施合同提供的技术所进行的服务，包括传授技术与培训人员。

销售额——指被许可方销售合同产品的总金额。

净销售额——指销售额减去包装费、运输费、税金、广告费、商业折扣。

纯利润——指合同产品销售后，总销售额减去成本、税金后的利润额。

改进技术——指在许可方许可被许可方实施的技术基础上改进的技术。

普通实施许可——指许可方许可被许可方在合同约定的期限、地区、技术领域内实施该专利技术的同时，许可方保留实施该专利技术的权利，并可以继续许可被许可方以外的任何单位或个人实施该专利技术。

排他实施许可——指许可方许可被许可方在合同约定的期限、地区、技术领域内实施该专利技术的同时，许可方保留实施该专利技术的权利，但不得再许可被许可方以外的任何单位或个人实施该专利技术。

独占实施许可——指许可方许可被许可方在合同约定的期限、地区、技术领域内实施该专利技术，许可方和任何被许可方以外的单位或个人都不得实施该专利技术。

分许可——被许可方经许可方同意将本合同涉及的专利技术许可给第三方。

等等。

第二条　专利许可的方式与范围

该专利的许可方式是独占许可（排他许可、普通许可、交叉许可、分许可）；

该专利的许可范围是在某地区制造（使用、销售）其专利的产品；（或者）使用其专利方法以及使用、销售依照该专利方法直接获得的产品；（或者）进口其专利产品（或者）进口依照其专利方法直接获得的产品。

第三条　专利的技术内容

许可方向被许可方提供专利号为＿＿＿＿＿＿＿＿，专利名称为＿＿＿＿＿＿
＿＿＿＿＿＿＿＿＿＿＿＿＿＿＿＿＿＿＿＿＿的全部专利文件（见附件1），同时提供为实施该专利而必须的工艺流程文件（见附件2），提供设备清单（或直接提供设备）用于制造该专利产品（见附件3），并提供实施该专利所涉及的技术秘密（见附件4）及其它技术（见附件5）。

第四条　技术资料的交付

1. 技术资料的交付时间

合同生效后，许可方收到被许可方支付的使用费（入门费）（￥、$＿＿＿＿＿
＿＿＿万元）后的＿＿＿＿＿＿日内，许可方向被许可方交付合同第三条所述的全部资料，即附件（1~5）中所示的全部资料。

自合同生效日起，_____日内，许可方向被许可方交付合同第三条所述全部（或部分）技术资料，即附件（1~5）中所示的全部资料。

2. 技术资料的交付方式和地点

许可方将全部技术资料以面交、挂号邮寄，或空运方式递交给被许可方，并将资料清单以面交、邮寄或传真方式递交给被许可方，将空运单以面交、邮寄方式递交给被许可方。

技术资料交付地点为被许可方所在地或双方约定的地点。

第五条 使用费及支付方式

1. 本合同涉及的使用费为（¥、$）_____元。采用一次总付方式，合同生效之日起_____日内，被许可方将使用费全部汇至许可方账号，或以现金方式支付给许可方。

2. 本合同涉及的使用费为（¥、$）_____元。采用分期付款方式，合同生效后，_____日内，被许可方即支付使用费的_____%即（¥、$）_____元给许可方，待许可方指导被许可方生产出合格样机_____台_____日后再支付_____%即（¥、$）_____元。直至全部付清。

被许可方将使用费按上述期限汇至许可方账号、或以现金方式支付给许可方。

3. 使用费总额（¥、$）_____元，采用分期付款方式。

合同生效日支付（¥、$）_____元。

自合同生效日起_____个月内支付（¥、$）_____元_____个月内再支付（¥、$）_____元，最后于_____日内支付（¥、$）_____元，直至全部付清。

被许可方将使用费按上述期限汇至许可方账号，或以现金方式支付给许可方。

4. 该专利使用费由入门费和销售额提成二部分组成。

合同生效日支付入门费（¥、$）_____元。

销售额提成为_____%（一般3%~5%），每_____个月（或每半年、每年底）结算一次。

被许可方将使用费按上述期限汇至许可方账号，或以现金方式支付给许可方。

5. 该专利使用费由入门费和利润提成两部分组成（提成及支付方式同4）。

6. 该专利使用费以专利技术入股方式计算，被许可方与许可方共同出资（¥、$）_____万元联合制造该合同产品，许可方以专利技术入股股份占总投资的_____%（一般不超过20%），第____年分红制，分配利润。

支付方式采用银行转账（托收、现金总付等）。现金总付地点一般为合同签约地。

7. 在4、5、6情况下许可方有权查阅被许可方实施合同技术的有关账目。

第六条　验收的标准与方法

1. 被许可方在许可方指导下，生产完成合同产品_____个（件、吨、等单位量词）须达到许可方所提供的各项技术性能及质量指标（具体指标参数见附件6）并符合：

国际_____标准；
_____国家_____标准；
_____行业_____标准。

2. 验收合同产品。由被许可方委托国家（或某一级）检测部门进行，或由被许可方组织验收，许可方参加，并给予积极配合，所需费用由被许可方承担。

3. 如因许可方的技术缺陷，造成验收不合格的，许可方应负责提出措施，消除缺陷。

第二次验收仍不合格，许可方没有能力消除缺陷的，被许可方有权终止合同，许可方返还使用费，并赔偿被许可方的部分损失。

4. 如因被许可责任使合同产品验收不合格的，许可方应协助被许可方，进行补救，经再次验收仍不合格，被许可方无力实施该合同技术的，许可方有权终止合同，且不返还使用费。

5. 合同产品经验收合格后，双方应签署验收合格报告。

第七条　对技术秘密的保密事项

1. 被许可方不仅在合同有效期内而且在有效期后的任何时候都不得将技术秘密（附件4）泄露给本合同当事双方（及分许可方）以外的任何第三方。

2. 被许可方的具体接触该技术秘密的人员均要同被许可方的法人代表签订保密协议，保证不违反上款要求。

3. 被许可方应将附件4妥善保存（如放在保险箱里）。

4. 被许可方不得私自复制附件4，合同执行完毕，或因故终止、变更，被许可方均须把附件4退给许可方。

第八条　技术服务与培训（本条可签订从合同）

1. 许可方在合同生效后_____日内负责向被许可方传授合同技术，并解答被许可方提出的有关实施合同技术的问题。

2. 许可方在被许可方实施该专利申请技术时，要派出合格的技术人员到被许可方现场进行技术指导，并负责培训被许可方的具体工作人员。

被许可方接受许可方培训的人员应符合许可方提出的合理要求。（确定被培训人员标准）

3. 被许可方可派出人员到许可方接受培训和技术指导。

4. 技术服务与培训的质量，应以被培训人员能够掌握该技术为准。（确定具体标准）

5. 技术服务与培训所发生的一切费用，如差旅费、伙食费等均由被许可方承担。

6. 许可方完成技术服务与培训后，经双方验收合格共同签署验收证明文件。

第九条　后续改进的提供与分享

1. 在合同有效期内，任何一方对合同技术所作的改进应及时通知对方。

2. 有实质性的重大改进和发展，申请专利的权利由合同双方当事人约定。没有约定的，其申请专利的权利归改进方，对方有优先、优价被许可，或者免费使用该技术的权利。

3. 属原有基础上的较小的改进，双方免费互相提供使用。

4. 对改进的技术还未申请专利时，另一方对改进技术承担保密义务，未经许可不得向他人披露、许可或转让该改进技术。

5. 属双方共同作出的重大改进，申请专利的权利归双方共有，另有约定除外。

第十条　违约及索赔

对许可方：

1. 许可方拒不提供合同所规定的技术资料，技术服务及培训，被许可方有权解除合同，要求许可方返还使用费，并支付违约金_____。

2. 许可方无正当理由逾期向被许可方交付技术资料，提供技术服务与培训的，每逾期一周，应向被许可方支付违约金_____，逾期超过_____（具体时间），被许可方有权终止合同，并要求返还使用费。

3. 在排他实施许可中，许可方向被许可方以外的第三方许可该专利技术，被许可方有权终止合同，并要求支付违约金_____。

4. 在独占实施许可中，许可方自己实施或许可被许可方以外的第三方实施该专利技术，被许可方有权要求许可方停止这种实施与许可行为，也有权终止本合同，并要求许可方支付违约金_____。

对被许可方：

1. 被许可方拒付使用费的，许可方有权解除合同，要求返回全部技术资料，并要求赔偿其实际损失，并支付违约金_____。

2. 被许可方延期支付使用费的，每逾期_____（具体时间）要支付给许可方违约金_____；逾期超过_____（具体时间），许可方有权终止合同，并要求支付违约金_____。

3. 被许可方违反合同规定，扩大对被许可技术的许可范围，许可方有权要求被许可方停止侵害行为，并赔偿损失，支付违约金_____；并有权终止合同。

4. 被许可方违反合同的保密义务，致使许可方的技术秘密泄露，许可方有权要求被许可方立即停止违约行为，并支付违约金_____。

第十一条 侵权的处理

1. 对合同有效期内，如有第三方指控被许可方实施的技术侵权，许可方应负一切法律责任。

2. 合同双方任何一方发现第三方侵犯许可方的专利权时，应及时通知对方，由许可方与侵权方进行交涉，或负责向专利管理机关提出请求或向人民法院提起诉讼，被许可方协助。

第十二条 专利权被撤销和被宣告无效的处理

1. 在合同有效期内，许可方的专利权被撤销或被宣告无效时，如无明显违反公平原则，且许可方无恶意给被许可方造成损失，则许可方不必向被许可方返还专利使用费。

2. 在合同有效期内，许可方的专利权被撤销或被宣告无效时，因许可方有意给被许可方造成损失，或明显违反公平原则，许可方应返还全部专利使用费，合同终止。

第十三条　不可抗力

1. 发生不以双方意志为转移的不可抗力事件（如火灾，水灾，地震，战争等）妨碍履行本合同义务时，双方当事人应做到：

(1) 采取适当措施减轻损失；

(2) 及时通知对方当事人；

(3) 在_____（某种事件）期间，出具合同不能履行的证明。

2. 发生不可抗力事件在_____（合理时间）内，合同延期履行。

3. 发生不可抗力事件在_____情况下，合同只能履行某一部分（具体条款）。

4. 发生不可抗力事件，持续时间超过_____（具体时间），本合同即告终止。

第十四条　税费

1. 对许可方和被许可方均为中国公民或法人的，本合同所涉及的使用费应纳的税，按中华人民共和国税法，由许可方纳税。

2. 对许可方是境外居民或单位的，按中华人民共和国税法及《中华人民共和国外商投资企业和外国企业所得税法》，由许可方纳税。

3. 对许可方是中国公民或法人，而被许可方是境外单位或个人的，则按对方国家或地区税法纳税。

第十五条　争议的解决方法

1. 双方在履行合同中发生争议的，应按合同条款，友好协商，自行解决。

2. 双方不能协商解决争议的，提请_____专利管理机关调处，对调处决定不服的，向人民法院起诉。

3. 双方发生争议，不能和解的，向人民法院起诉。

4. 双方发生争议，不能和解的提请_____仲裁委员会仲裁。

注：2、3、4只能选其一。

第十六条　合同的生效、变更与终止

1. 本合同自双方签字、盖章之日起生效，合同的有效期为_____年。（不

得超过专利的有效期)

2. (对独占实施许可合同) 被许可方无正当理由不实施该专利技术的, 在合同生效日后_____ (时间), 本合同自行变更为普通实施许可合同。

3. 由于被许可方的原因, 致使本合同不能正常履行的, 本合同即告终止, 或双方另行约定变更本合同的有关条款。

第十七条　其他

前十六条没有包含, 但需要特殊约定的内容, 如:

其他特殊约定, 包括出现不可预见的技术问题如何解决, 出现不可预见的法律问题如何解决等。

许可方签章　　　　　　　　　　　　被许可方签章

许可方法人代表签章　　　　　　　　被许可方法人代表签章

　年　　月　　日　　　　　　　　　　年　　月　　日

表 8-1　专利实施许可合同基本信息表

许可方	名称(或姓名)				(签章)
	法人代表		(签章)	委托代理人	(签章)
	联系人				(签章)
	住所(通讯地址)				
	电话			电挂	
	开户银行				
	账号			邮政编码	
被许可方	名称(或姓名)				(签章)
	法人代表		(签章)	委托代理人	(签章)
	联系人				(签章)
	住所(通讯地址)				
	电话			电挂	
	开户银行				
	账号			邮政编码	

（续）

中介方	单位名称			（公章） 年　月　日	
	法人代表		（签章）	委托代理人	（签章）
	联系人				（签章）
	住所（通讯地址）				
	电话			电挂	
	开户银行				
	账号			邮政编码	

印 花 税 票 粘 贴 处

登记机关审查登记栏：

　　　　　　　　　　　　　　　　技术合同登记机关（专用章）
　　　　　　　　　　　　经办人：　　　（签章）　　年　月　日

8.2.2　专利申请技术实施许可合同

专利申请技术实施许可合同与上文合同大同小异，但是毕竟许可方还未获得专利授权，他还可能握有与之相关的技术，以及专利申请可能被驳回。为了控制风险，专利申请技术实施许可合同在以下方面有所不同：

第一条　名词和术语（定义条款）中，"专利"一款变为：

"专利申请技术——本合同中所指的专利申请技术是许可方许可被许可方实施的由中国专利局受理的发明专利申请（或实用新型专利申请或外观设计专利申请）专利申请号：＿＿＿＿＿＿＿发明创造名称：＿＿＿＿＿＿＿。"

添加："其他技术——指许可方拥有的与实施该专利申请技术有关的未申请专利的或已宣布专利无效的或已放弃专利权、已过期的专利或已申请未被批准、已视为撤回的专利申请的技术。"

添加：第七条"5、以上各款适用于该专利申请被驳回和被视为撤回。"

修改第十一条为"专利申请被驳回的责任

1. 对许可方不是该专利申请的合法申请人，或因未充分公开请求保护的申请主题的专利申请被专利局驳回，许可方应向被许可方返还全部或部分使用费。

2. 对许可方侵害他人专利权或专利申请权的，专利申请被专利局驳回，未给被许可方造成损失的，许可方应向被许可方返还全部使用费；

已经给被许可方造成损失的，除返还使用费外，许可方还应赔偿被许可方的损失，金额为_____元。

3. 因其他原因，该专利申请被驳回的，一般不返还使用费。若给被许可方造成较大损失的，可视情况约定给予赔偿。

4. 还可以对其他情况给予约定。"

考虑到专利申请可能获得授权或被驳回的情况，为了防止约定不明的纠纷，专利实施许可合同范本中"专利权被撤销和被宣告无效的处理"内容也予以删除，变为"第十五条：合同的生效、变更与终止

1. 本合同自双方签字、盖章之日起生效，合同的有效期为_____年。

2. 该专利申请被授予专利权后，自授权日开始，本合同自行变更为专利实施许可合同，该专利技术的使用费在本合同涉及的使用费基础上增加_____元；

或增加_____%；

或提成增加_____%；

或股份增加_____%；

或增加_____倍。

3. 该专利申请被驳回后，本合同自行变更为普通非专利技术转让合同，该技术转让费在本合同涉及的使用费基础上减少_____元；

或减少_____%；

或提成减少_____%；

或股份减少_____%；

或该技术转让费等同于本合同使用费。

4. （对独占实施许可合同）被许可方无正当理由不实施该专利申请技术的，在合同生效日后_____（时间），本合同自行变更为普通许可合同。

5. 在本合同其他条款中规定的合同终止情况以外，许可方应维持专利申请权的有效性，若因许可方过失而造成专利申请权终止的，本合同即遭终止。

6. 由于被许可方的原因，致使本合同不能正常履行。"

8.2.3 其他注意事项

国家知识产权局提供的范本合同，对专利及专利申请实施许可中最基本的内容进行了明确，但现实情况通常较为复杂，双方当事人为了保护自己的合法利益，还应当注意以下事项：

第一，为了防止在专利权益保护上的懈怠，双方应当积极合作，以任何合理的方式共同保护合同所涉及的专利权益。

具体方式可以包括：向对方提供侵权第三方的相关信息、数据，积极进行维权，积极采取措施减少损失，及时交流其他必要的文件和材料。

第二，由于被许可方在实施专利的过程中，掌握了由此产生的大量数据，包括设备数据、技术数据、销售数据等，这些数据对许可方也很有价值，双方可在合同中约定对这些数据进行记录。

具体条款可以是：在协议有效期及有效期满后＿＿＿年内，被许可方应该保存合同所涉及的专利、技术、产品等相关的设备数据、技术数据、销售数据、会计账目等。

第三，在使用费和支付方式方面，若采用销售额提成或利润提成的方式，许可方需要对被许可方的会计账目进行审计，以确保自己的利益。

具体条款可以是：许可方或其指定代表可以在发出通知的＿＿＿工作日之后，以合理的方式在被许可方的办公时间、办公场所，对被许可方的会计账目及相关记录进行审计，被许可方应当予以提供和配合，费用由许可方承担。许可方的审计行为在一个会计年内不得超过＿＿＿次，但发现被许可方欺骗、作假、差错等情况除外。

第四，为了防止许可方隐瞒、欺骗、利用信息不对称等方式，对被许可方的利益造成损害，许可方还应对其专利权益的有效性、完整性、安全性进行保证。

具体条款可以是：许可方对以下内容进行保证，许可方具备签署、履行、完成本合同所必需的所有权利。合同所涉及的专利、技术不存在任何质押、担保或其他负担、限制；也没有涉及任何调查、诉讼、索赔及以上威胁等，可能对本合同造成影响的情况；许可方未收到来自任何主体的通知，表明合同所涉

第 8 章 专利许可中的相关文件参考范本和重点法律法规

及的专利权无效、侵权（或专利申请被驳回）；许可方所许可的专利、技术没有侵犯任何第三方的知识产权；许可方积极采取行动维持专利权有效，如由于许可方过错致使本项专利权终止的，应支付被许可方违约金或赔偿损失。

第五，考虑到电子邮件、即时通讯等非常发达，双方可能会通过多种方式进行磋商，而为了协议内容的稳定性，避免纠纷，合同还可以明确通知条款。通知的方式可采用书面形式、传真、快递等较为稳定的方式。

第六，专利实施许可合同中，不得出现涉及非法垄断技术或妨碍技术进步的条款。《合同法》第 329 条规定：非法垄断技术、妨碍技术进步或侵害他人技术成果的技术合同无效。《最高人民法院关于审理技术合同纠纷案件适用法律若干问题的解释》第 10 条规定"非法垄断技术、妨碍技术进步"的情形包括：限制再研发、强制回授、限制获得替代技术、阻碍实施、非法搭售、限制交易、禁止有效性质疑。专利实施许可合同如果包含前述内容，将面临无效的法律风险。

除此之外，合同中还可以包括：效力瑕疵/可分割条款、累积补救条款、适用法律、转让条款、协议解释规则、律师费用、副本、交易费用、声明与保证的限制[1]、约定管辖、分许可等。

8.3 专利许可合同备案文本

专利实施许可合同备案，是指国家知识产权局专利局或者专利局代办处对当事人已经缔结并生效的专利实施许可合同加以留存，并对外公示的行为[2]。（可扫描本书第 178 页的二维码查看相关内容）

对专利实施许可合同进行备案，有以下好处：专利实施信息公开、诉前禁令证据效力、侵权赔偿参照标准、被许可人向外付汇凭证、参评高新技术企业、对抗善意第三人。

---

[1] 埃里克·亚当斯、罗威尔·克雷格、玛莎·莱斯曼·卡兹等著：《知识产权许可策略：美国顶尖律师知识产权动态分析及如何草拟有效协议》，王永生、殷亚敏，译，北京：知识产权出版社，2014 年版，第 131-132 页。

[2] 专利许可合同备案和质押登记常见问题，http：//www.docin.com/p_1810199024.html，最后访问日期：2018 年 9 月 7 日。

8.3.1 备案程序

根据《中华人民共和国专利法》《中华人民共和国专利法实施细则》《专利实施许可合同备案办法》规定，当事人应当自专利实施许可合同生效之日起3个月内办理备案手续。知识产权局自收到备案申请之日起7个工作日内进行审查并决定是否予以备案。由于尚在审查阶段的专利也能够进行许可，所以当事人以专利申请实施许可合同申请备案的，也按照相同程序进行，申请备案时，专利申请被驳回、撤回或者视为撤回的，不予备案。

国家知识产权局专利局初审流程管理部代办业务管理处负责全国专利实施许可合同的备案工作。值得一提的是，我国当前已有30多家代办处，可以办理专利实施许可合同备案，但是代办处只受理双方皆为中国大陆当事人的专利实施许可合同备案、变更、注销申请，并不受理任意一方当事人是国外、港澳台地区的，这类当事人需要到国家知识产权局专利局专利事务服务处进行办理。

申请专利实施许可合同备案的，应当提交下列文件：

（1）许可人或者其委托的专利代理机构签字或者盖章的专利实施许可合同备案申请表。

（2）专利实施许可合同。

（3）双方当事人的身份证明。

（4）委托专利代理机构的，注明委托权限的委托书。

（5）其他需要提供的材料。

备案申请经审查合格的，国家知识产权局向当事人出具《专利实施许可合同备案证明》。备案的有关内容由国家知识产权局在专利登记簿上登记，并在专利公报上公告以下内容：许可人、被许可人、主分类号、专利号、申请日、授权公告日、实施许可的种类和期限、备案日期。

备案申请有下列情形之一的，不予备案，并向当事人发送《专利实施许可合同不予备案通知书》：

（1）专利权已经终止或者被宣告无效的。

（2）许可人不是专利登记簿记载的专利权人或者有权授予许可的其他权利人的。

（3）专利实施许可合同不符合本办法第9条规定的。

(4) 实施许可的期限超过专利权有效期的。

(5) 共有专利权人违反法律规定或者约定订立专利实施许可合同的。

(6) 专利权处于年费缴纳滞纳期的。

(7) 因专利权的归属发生纠纷或者人民法院裁定对专利权采取保全措施,专利权的有关程序被中止的。

(8) 同一专利实施许可合同重复申请备案的。

(9) 专利权被质押的,但经质权人同意的除外。

(10) 与已经备案的专利实施许可合同冲突的。

(11) 其他不应当予以备案的情形。

实施许可的期限届满或者提前解除专利实施许可合同的,当事人应当在期限届满或者订立解除协议后30日内持备案证明、解除协议和其他有关文件向国家知识产权局办理备案注销手续。经备案的专利实施许可合同涉及的专利权被宣告无效或者在期限届满前终止的,当事人也应当及时办理备案注销手续。

8.3.2 备案文本

专利许可合同备案文本包括:专利实施许可合同备案申请表(表8-2)、专利实施许可合同备案变更申请表(表8-3)、专利实施许可合同备案注销申请表(表8-4)。这些文本都可以在国家知识产权局的官方网站下载。

表8-2 专利实施许可合同备案申请表[①]

许可专利	专利名称		专利(申请)号	
许可方	名称		电话	
	地址		邮编	
被许可方	名称		电话	
	地址		邮编	

① 专利实施许可合同备案申请表,国家知识产权局网站:http://www.sipo.gov.cn/bgxz/zlglbg/f2_htbab.doc,最后访问日期:2017年4月6日。

(续)

代理人	机构名称				姓名		电话	
	地址						邮编	
合同信息	许可种类	□独占许可 □交叉许可	□排他许可 □分许可	□普通许可		专利许可地域范围		
	使用费用	□人民币 □美元			支付方式			
	生效日期				终止日期			
许可方声明	□专利实施许可合同符合《专利实施许可合同备案办法》相关规定						
	□不存在违反专利法第15条相关规定的情形						
许可方签章： 年 月 日	代理机构签章： 年 月 日				审查意见： 年 月 日			

表8-3 专利实施许可合同备案变更申请表①

合同备案号		
代理人 机构名称		电话
姓名		邮编
地址		

变更内容	变更前	变更后
□专利项目 □许可方 □被许可方 □许可种类 □合同终止日期		
许可方签章 年 月 日	代理机构签章 年 月 日	审查意见 年 月 日

---

① 专利实施许可合同备案变更申请表，国家知识产权局网站：http://www.sipo.gov.cn/bgxz/zlglbg/f6_babgsqb.doc，最后访问日期：2017年4月6日。

表8-4 专利实施许可合同备案注销申请表①

合同备案号				
代理人	机构名称		电话	
	姓名		邮编	
	地址			
注销事由				
许可方签章 年　月　日	代理机构签章 年　月　日		审查意见 年　月　日	

当事人依照合同填写相关信息,申请表一般由许可方签章;许可方或被许可方为外国人的,可由其委托的代理机构签章。许可方为多人以及许可专利为多项的,当事人可自行制作申请表附页,将完整信息填入。

办理专利实施许可合同备案变更手续需要提交的文件:

(1) 专利实施许可合同备案变更申请表。

(2) 专利实施许可合同变更协议。

(3) 许可方、被许可方共同委托代理人办理相关手续的委托书。

(4) 代理人身份证复印件。

(5) 专利实施许可合同备案证明原件。

(6) 许可方、被许可方增加的需提交新增申请人的身份证明(个人需提交身份证复印件,企业需提交加盖公章的营业执照复印件、组织机构代码证复印件,事业单位需提交加盖公章的事业单位法人证书复印件、组织机构代码证复印件)。

---

① 专利实施许可合同备案注销申请表,国家知识产权局网站:http://www.sipo.gov.cn/bgxz/zlglbg/htbazxsqb.doc,最后访问日期:2017年4月8日。

办理专利实施许可合同备案注销手续需要提交的文件：

（1）专利实施许可合同备案注销申请表。

（2）专利实施许可合同履行完毕或提前解除的协议。

（3）许可方、被许可方共同委托代理人办理相关手续的委托书。

（4）代理人身份证复印件。

（5）专利实施许可合同备案证明原件。

8.4 专利许可合同违约起诉状文本

起 诉 状

原告：×××，

法定代表人：

住址：××××

委托代理人：×××，律师事务所律师

联系电话：××××××

被告：×××科技有限公司

地址：××××

电话：××××××

法定代表人：×××，该公司总经理

诉讼请求：

1. 请求解除合同；

2. 请求判令被告支付尚欠的使用费××万元，相应逾期付款利息××万元；

3. 请求判令被告支付违约金××万元；

4. 请求判令被告赔偿原告因为调查、制止被告违约行为支付的律师费人民币××元；

5. 请求判令被告承担本案诉讼费。

第8章　专利许可中的相关文件参考范本和重点法律法规

事实与理由

200×年××月××日，国家知识产权局授予原告"×××"发明专利权，专利号200××××，专利申请日：×年×月×日，授权公告日：×年×月×日，该专利处于有效状态。

200×年××月××日，原告与被告签订"×××"发明专利实施许可合同，约定：一、该专利的许可方式为独占/排他/普通许可，在××省范围内使用其专利方法以及使用、许诺销售、销售依照该专利方法直接获得的产品。二、使用费及支付方式按照×××办法。三、技术资料的交付与验收，×××。四、×××××等。

被告仅支付了×年×月×日——×年×月×日之间的使用费，此后拒不按照合同支付费用。原告多次交涉无果。×××××。

根据《中华人民共和国民事诉讼法》《中华人民共和国专利法》等有关法律法规规定，特向贵院提起诉讼，请求依法裁判，维护原告的合法权益。

此致
×××人民法院
　　具状人：××
　　　　年　　月　　日

附：1. 本诉状副本 2 份；
　　2. 书证×× 份；
　　3. ×××公司营业执照复印件 1 份；
　　4. 法定代表人身份证明 1 份；
　　5. 授权委托书 1 份；
　　6. ×××科技有限公司工商登记资料 1 份。

8.5　专利许可相关的重点法律法规

8.5.1　《中华人民共和国民法总则》(节选)

第123条　民事主体依法享有知识产权。

知识产权是权利人依法就下列客体享有的专有的权利：

(1) 作品。

(2) 发明、实用新型、外观设计。

(3) 商标。

(4) 地理标志。

(5) 商业秘密。

(6) 集成电路布图设计。

(7) 植物新品种。

(8) 法律规定的其他客体。

8.5.2 《中华人民共和国专利法》(节选)

第12条 任何单位或者个人实施他人专利的,应当与专利权人订立实施许可合同,向专利权人支付专利使用费。被许可人无权允许合同规定以外的任何单位或者个人实施该专利。

第15条 专利申请权或者专利权的共有人对权利的行使有约定的,从其约定。没有约定的,共有人可以单独实施或者以普通许可方式许可他人实施该专利;许可他人实施该专利的,收取的使用费应当在共有人之间分配。

除前款规定的情形外,行使共有的专利申请权或者专利权应当取得全体共有人的同意。

第47条 宣告无效的专利权视为自始即不存在。

宣告专利权无效的决定,对在宣告专利权无效前人民法院作出并已执行的专利侵权的判决、调解书,已经履行或者强制执行的专利侵权纠纷处理决定,以及已经履行的专利实施许可合同和专利权转让合同,不具有追溯力。但是因专利权人的恶意给他人造成的损失,应当给予赔偿。

依照前款规定不返还专利侵权赔偿金、专利使用费、专利权转让费,明显违反公平原则的,应当全部或者部分返还。

第48条 有下列情形之一的,国务院专利行政部门根据具备实施条件的单位或者个人的申请,可以给予实施发明专利或者实用新型专利的强制许可:

(1) 专利权人自专利权被授予之日起满三年,且自提出专利申请之日起满四年,无正当理由未实施或者未充分实施其专利的。

(2) 专利权人行使专利权的行为被依法认定为垄断行为,为消除或者减少该行为对竞争产生的不利影响的。

第49条　在国家出现紧急状态或者非常情况时，或者为了公共利益的目的，国务院专利行政部门可以给予实施发明专利或者实用新型专利的强制许可。

第50条　为了公共健康目的，对取得专利权的药品，国务院专利行政部门可以给予制造并将其出口到符合中华人民共和国参加的有关国际条约规定的国家或者地区的强制许可。

第51条　一项取得专利权的发明或者实用新型比已经取得专利权的发明或者实用新型具有显著经济意义的重大技术进步，其实施又有赖于前一发明或者实用新型的实施的，国务院专利行政部门根据后一专利权人的申请，可以给予实施前一发明或者实用新型的强制许可。

在依照前款规定给予实施强制许可的情形下，国务院专利行政部门根据前一专利权人的申请，也可以给予实施后一发明或者实用新型的强制许可。

第52条　强制许可涉及的发明创造为半导体技术的，其实施限于公共利益的目的和本法第48条第（2）项规定的情形。

第53条　除依照本法第48条第（2）项、第五十条规定给予的强制许可外，强制许可的实施应当主要为了供应国内市场。

第54条　依照本法第48条第（1）项、第51条规定申请强制许可的单位或者个人应当提供证据，证明其以合理的条件请求专利权人许可其实施专利，但未能在合理的时间内获得许可。

第55条　国务院专利行政部门作出的给予实施强制许可的决定，应当及时通知专利权人，并予以登记和公告。

给予实施强制许可的决定，应当根据强制许可的理由规定实施的范围和时间。强制许可的理由消除并不再发生时，国务院专利行政部门应当根据专利权人的请求，经审查后作出终止实施强制许可的决定。

第56条　取得实施强制许可的单位或者个人不享有独占的实施权，并且无权允许他人实施。

第57条　取得实施强制许可的单位或者个人应当付给专利权人合理的使用费，或者依照中华人民共和国参加的有关国际条约的规定处理使用费问题。付给使用费的，其数额由双方协商；双方不能达成协议的，由国务院专利行政部门裁决。

第58条 专利权人对国务院专利行政部门关于实施强制许可的决定不服的，专利权人和取得实施强制许可的单位或者个人对国务院专利行政部门关于实施强制许可的使用费的裁决不服的，可以自收到通知之日起三个月内向人民法院起诉。

第60条 未经专利权人许可，实施其专利，即侵犯其专利权，引起纠纷的，由当事人协商解决；不愿协商或者协商不成的，专利权人或者利害关系人可以向人民法院起诉，也可以请求管理专利工作的部门处理。管理专利工作的部门处理时，认定侵权行为成立的，可以责令侵权人立即停止侵权行为，当事人不服的，可以自收到处理通知之日起十五日内依照《中华人民共和国行政诉讼法》向人民法院起诉；侵权人期满不起诉又不停止侵权行为的，管理专利工作的部门可以申请人民法院强制执行。进行处理的管理专利工作的部门应当事人的请求，可以就侵犯专利权的赔偿数额进行调解；调解不成的，当事人可以依照《中华人民共和国民事诉讼法》向人民法院起诉。

第65条 侵犯专利权的赔偿数额按照权利人因被侵权所受到的实际损失确定；实际损失难以确定的，可以按照侵权人因侵权所获得的利益确定。权利人的损失或者侵权人获得的利益难以确定的，参照该专利许可使用费的倍数合理确定。赔偿数额还应当包括权利人为制止侵权行为所支付的合理开支。

权利人的损失、侵权人获得的利益和专利许可使用费均难以确定的，人民法院可以根据专利权的类型、侵权行为的性质和情节等因素，确定给予一万元以上一百万元以下的赔偿。

第69条 有下列情形之一的，不视为侵犯专利权：

（1）专利产品或者依照专利方法直接获得的产品，由专利权人或者经其许可的单位、个人售出后，使用、许诺销售、销售、进口该产品的。

（2）在专利申请日前已经制造相同产品、使用相同方法或者已经作好制造、使用的必要准备，并且仅在原有范围内继续制造、使用的。

（3）临时通过中国领陆、领水、领空的外国运输工具，依照其所属国同中国签订的协议或者共同参加的国际条约，或者依照互惠原则，为运输工具自身需要而在其装置和设备中使用有关专利的。

（4）专为科学研究和实验而使用有关专利的。

（5）为提供行政审批所需要的信息，制造、使用、进口专利药品或者专利医疗器械的，以及专门为其制造、进口专利药品或者专利医疗器械的。

8.5.3 《中华人民共和国专利法实施细则》(节选)

第14条　除依照专利法第10条规定转让专利权外，专利权因其他事由发生转移的，当事人应当凭有关证明文件或者法律文书向国务院专利行政部门办理专利权转移手续。

专利权人与他人订立的专利实施许可合同，应当自合同生效之日起3个月内向国务院专利行政部门备案。

以专利权出质的，由出质人和质权人共同向国务院专利行政部门办理出质登记。

第73条　专利法第48条第（1）项所称未充分实施其专利，是指专利权人及其被许可人实施其专利的方式或者规模不能满足国内对专利产品或者专利方法的需求。

专利法第50条所称取得专利权的药品，是指解决公共健康问题所需的医药领域中的任何专利产品或者依照专利方法直接获得的产品，包括取得专利权的制造该产品所需的活性成分以及使用该产品所需的诊断用品。

第74条　请求给予强制许可的，应当向国务院专利行政部门提交强制许可请求书，说明理由并附具有关证明文件。

国务院专利行政部门应当将强制许可请求书的副本送交专利权人，专利权人应当在国务院专利行政部门指定的期限内陈述意见；期满未答复的，不影响国务院专利行政部门作出决定。

国务院专利行政部门在作出驳回强制许可请求的决定或者给予强制许可的决定前，应当通知请求人和专利权人拟作出的决定及其理由。

国务院专利行政部门依照专利法第50条的规定作出给予强制许可的决定，应当同时符合中国缔结或者参加的有关国际条约关于为了解决公共健康问题而给予强制许可的规定，但中国作出保留的除外。

第75条　依照专利法第57条的规定，请求国务院专利行政部门裁决使用费数额的，当事人应当提出裁决请求书，并附具双方不能达成协议的证明文件。国务院专利行政部门应当自收到请求书之日起3个月内作出裁决，并通知当事人。

第 78 条　被授予专利权的单位未与发明人、设计人约定也未在其依法制定的规章制度中规定专利法第十六条规定的报酬的方式和数额的，在专利权有效期限内，实施发明创造专利后，每年应当从实施该项发明或者实用新型专利的营业利润中提取不低于 2%或者从实施该项外观设计专利的营业利润中提取不低于 0.2%，作为报酬给予发明人或者设计人，或者参照上述比例，给予发明人或者设计人一次性报酬；被授予专利权的单位许可其他单位或者个人实施其专利的，应当从收取的使用费中提取不低于 10%，作为报酬给予发明人或者设计人。

第 89 条　国务院专利行政部门设置专利登记簿，登记下列与专利申请和专利权有关的事项：

（1）专利权的授予；

（2）专利申请权、专利权的转移；

（3）专利权的质押、保全及其解除；

（4）专利实施许可合同的备案；

（5）专利权的无效宣告；

（6）专利权的终止；

（7）专利权的恢复；

（8）专利实施的强制许可；

（9）专利权人的姓名或者名称、国籍和地址的变更。

第 90 条　国务院专利行政部门定期出版专利公报，公布或者公告下列内容：

（1）发明专利申请的著录事项和说明书摘要；

（2）发明专利申请的实质审查请求和国务院专利行政部门对发明专利申请自行进行实质审查的决定；

（3）发明专利申请公布后的驳回、撤回、视为撤回、视为放弃、恢复和转移；

（4）专利权的授予以及专利权的著录事项；

（5）发明或者实用新型专利的说明书摘要，外观设计专利的一幅图片或者照片；

（6）国防专利、保密专利的解密；

（7）专利权的无效宣告；

(8) 专利权的终止、恢复；

(9) 专利权的转移；

(10) 专利实施许可合同的备案；

(11) 专利权的质押、保全及其解除；

(12) 专利实施的强制许可的给予；

(13) 专利权人的姓名或者名称、地址的变更；

(14) 文件的公告送达；

(15) 国务院专利行政部门作出的更正；

(16) 其他有关事项。

8.5.4 《专利实施许可合同备案办法》(全文)

第1条　为了切实保护专利权，规范专利实施许可行为，促进专利权的运用，根据《中华人民共和国专利法》《中华人民共和国合同法》和相关法律法规，制定本办法。

第2条　国家知识产权局负责全国专利实施许可合同的备案工作。

第3条　专利实施许可的许可人应当是合法的专利权人或者其他权利人。

以共有的专利权订立专利实施许可合同的，除全体共有人另有约定或者《中华人民共和国专利法》另有规定的外，应当取得其他共有人的同意。

第4条　申请备案的专利实施许可合同应当以书面形式订立。

订立专利实施许可合同可以使用国家知识产权局统一制订的合同范本；采用其他合同文本的，应当符合《中华人民共和国合同法》的规定。

第5条　当事人应当自专利实施许可合同生效之日起3个月内办理备案手续。

第6条　在中国没有经常居所或者营业所的外国人、外国企业或者外国其他组织办理备案相关手续的，应当委托依法设立的专利代理机构办理。

中国单位或者个人办理备案相关手续的，可以委托依法设立的专利代理机构办理。

第7条　当事人可以通过邮寄、直接送交或者国家知识产权局规定的其他方式办理专利实施许可合同备案相关手续。

第8条　申请专利实施许可合同备案的，应当提交下列文件：

（1）许可人或者其委托的专利代理机构签字或者盖章的专利实施许可合同备案申请表；

（2）专利实施许可合同；

（3）双方当事人的身份证明；

（4）委托专利代理机构的，注明委托权限的委托书；

（5）其他需要提供的材料。

第9条 当事人提交的专利实施许可合同应当包括以下内容：

（1）当事人的姓名或者名称、地址；

（2）专利权项数以及每项专利权的名称、专利号、申请日、授权公告日；

（3）实施许可的种类和期限。

第10条 除身份证明外，当事人提交的其他各种文件应当使用中文。身份证明是外文的，当事人应当附送中文译文；未附送的，视为未提交。

第11条 国家知识产权局自收到备案申请之日起7个工作日内进行审查并决定是否予以备案。

第12条 备案申请经审查合格的，国家知识产权局应当向当事人出具《专利实施许可合同备案证明》。

备案申请有下列情形之一的，不予备案，并向当事人发送《专利实施许可合同不予备案通知书》：

（1）专利权已经终止或者被宣告无效的；

（2）许可人不是专利登记簿记载的专利权人或者有权授予许可的其他权利人的；

（3）专利实施许可合同不符合本办法第9条规定的；

（4）实施许可的期限超过专利权有效期的；

（5）共有专利权人违反法律规定或者约定订立专利实施许可合同的；

（6）专利权处于年费缴纳滞纳期的；

（7）因专利权的归属发生纠纷或者人民法院裁定对专利权采取保全措施，专利权的有关程序被中止的；

（8）同一专利实施许可合同重复申请备案的；

（9）专利权被质押的，但经质权人同意的除外；

（10）与已经备案的专利实施许可合同冲突的；

(11) 其他不应当予以备案的情形。

第13条　专利实施许可合同备案后，国家知识产权局发现备案申请存在本办法第12条第2款所列情形并且尚未消除的，应当撤销专利实施许可合同备案，并向当事人发出《撤销专利实施许可合同备案通知书》。

第14条　专利实施许可合同备案的有关内容由国家知识产权局在专利登记簿上登记，并在专利公报上公告以下内容：许可人、被许可人、主分类号、专利号、申请日、授权公告日、实施许可的种类和期限、备案日期。

专利实施许可合同备案后变更、注销以及撤销的，国家知识产权局予以相应登记和公告。

第15条　国家知识产权局建立专利实施许可合同备案数据库。公众可以查询专利实施许可合同备案的法律状态。

第16条　当事人延长实施许可的期限的，应当在原实施许可的期限届满前2个月内，持变更协议、备案证明和其他有关文件向国家知识产权局办理备案变更手续。

变更专利实施许可合同其他内容的，参照前款规定办理。

第17条　实施许可的期限届满或者提前解除专利实施许可合同的，当事人应当在期限届满或者订立解除协议后30日内持备案证明、解除协议和其他有关文件向国家知识产权局办理备案注销手续。

第18条　经备案的专利实施许可合同涉及的专利权被宣告无效或者在期限届满前终止的，当事人应当及时办理备案注销手续。

第19条　经备案的专利实施许可合同的种类、期限、许可使用费计算方法或者数额等，可以作为管理专利工作的部门对侵权赔偿数额进行调解的参照。

第20条　当事人以专利申请实施许可合同申请备案的，参照本办法执行。

申请备案时，专利申请被驳回、撤回或者视为撤回的，不予备案。

第21条　当事人以专利申请实施许可合同申请备案的，专利申请被批准授予专利权后，当事人应当及时将专利申请实施许可合同名称及有关条款作相应变更；专利申请被驳回、撤回或者视为撤回的，当事人应当及时办理备案注销手续。

第22条　本办法自2011年8月1日起施行。2001年12月17日国家知识产权局令第18号发布的《专利实施许可合同备案管理办法》同时废止。

8.5.5 《中华人民共和国合同法》(节选)

第342条 技术转让合同包括专利权转让、专利申请权转让、技术秘密转让、专利实施许可合同。

技术转让合同应当采用书面形式。

第344条 专利实施许可合同只在该专利权的存续期间内有效。专利权有效期限届满或者专利权被宣布无效的，专利权人不得就该专利与他人订立专利实施许可合同。

第345条 专利实施许可合同的让与人应当按照约定许可受让人实施专利，交付实施专利有关的技术资料，提供必要的技术指导。

第346条 专利实施许可合同的受让人应当按照约定实施专利，不得许可约定以外的第三人实施该专利；并按照约定支付使用费。

第351条 让与人未按照约定转让技术的，应当返还部分或者全部使用费，并应当承担违约责任；实施专利或者使用技术秘密超越约定的范围的，违反约定擅自许可第三人实施该项专利或者使用该项技术秘密的，应当停止违约行为，承担违约责任；违反约定的保密义务的，应当承担违约责任。

第352条 受让人未按照约定支付使用费的，应当补交使用费并按照约定支付违约金；不补交使用费或者支付违约金的，应当停止实施专利或者使用技术秘密，交还技术资料，承担违约责任；实施专利或者使用技术秘密超越约定的范围的，未经让与人同意擅自许可第三人实施该专利或者使用该技术秘密的，应当停止违约行为，承担违约责任；违反约定的保密义务的，应当承担违约责任。

8.5.6 《专利审查指南》(节选)

1.3.2.6 专利实施许可合同备案的生效、变更及注销

专利实施许可合同备案生效公布的项目包括：主分类号、专利号、备案号、让与人、受让人、发明名称、申请日、发明公布日、授权公告日、许可种类（独占、排他、普通）、备案日。

专利实施许可合同备案变更公布的项目包括：主分类号、专利号、备案号、变更日、变更项（许可种类、让与人、受让人）及变更前后内容。

专利实施许可合同备案注销公布的项目包括：主分类号、专利号、备案号、让与人、受让人、许可合同备案解除日。

2.2 请求人资格

根据专利法实施细则第56条第1款的规定，专利权人或者利害关系人可以请求国家知识产权局作出专利权评价报告。其中，利害关系人是指有权根据专利法第60条的规定就专利侵权纠纷向人民法院起诉或者请求管理专利工作的部门处理的人，例如专利实施独占许可合同的被许可人和由专利权人授予起诉权的专利实施普通许可合同的被许可人。

2.3 专利权评价报告请求书

（3）请求人是利害关系人的，在提出专利权评价报告请求的同时应当提交相关证明文件。例如，请求人是专利实施独占许可合同的被许可人的，应当提交与专利权人订立的专利实施独占许可合同或其复印件；请求人是专利权人授予起诉权的专利实施普通许可合同的被许可人的，应当提交与专利权人订立的专利实施普通许可合同或其复印件，以及专利权人授予起诉权的证明文件。如果所述专利实施许可合同已在国家知识产权局备案，请求人可以不提交专利实施许可合同，但应在请求书中注明。

8.5.7 《最高人民法院关于审理技术合同纠纷案件适用法律若干问题的解释》(2004)（节选）

第22条 合同法第342条规定的"技术转让合同"，是指合法拥有技术的权利人，包括其他有权对外转让技术的人，将现有特定的专利、专利申请、技术秘密的相关权利让与他人，或者许可他人实施、使用所订立的合同。但就尚待研究开发的技术成果或者不涉及专利、专利申请或者技术秘密的知识、技术、经验和信息所订立的合同除外。

第25条 专利实施许可包括以下方式：

（1）独占实施许可，是指让与人在约定许可实施专利的范围内，将该专利仅许可一个受让人实施，让与人依约定不得实施该专利；

（2）排他实施许可，是指让与人在约定许可实施专利的范围内，将该专利仅许可一个受让人实施，但让与人依约定可以自行实施该专利；

（3）普通实施许可，是指让与人在约定许可实施专利的范围内许可他人实施该专利，并且可以自行实施该专利。

当事人对专利实施许可方式没有约定或者约定不明确的，认定为普通实施许可。专利实施许可合同约定受让人可以再许可他人实施专利的，认定该再许可为普通实施许可，但当事人另有约定的除外。

技术秘密的许可使用方式，参照本条第1、2款的规定确定。

第26条　专利实施许可合同让与人负有在合同有效期内维持专利权有效的义务，包括依法缴纳专利年费和积极应对他人提出宣告专利权无效的请求，但当事人另有约定的除外。

第27条　排他实施许可合同让与人不具备独立实施其专利的条件，以一个普通许可的方式许可他人实施专利的，人民法院可以认定为让与人自己实施专利，但当事人另有约定的除外。

第29条　合同法第347条规定技术秘密转让合同让与人承担的"保密义务"，不限制其申请专利，但当事人约定让与人不得申请专利的除外。

当事人之间就申请专利的技术成果所订立的许可使用合同，专利申请公开以前，适用技术秘密转让合同的有关规定；发明专利申请公开以后、授权以前，参照适用专利实施许可合同的有关规定；授权以后，原合同即为专利实施许可合同，适用专利实施许可合同的有关规定。

人民法院不以当事人就已经申请专利但尚未授权的技术订立专利实施许可合同为由，认定合同无效。

第45条　第三人向受理技术合同纠纷案件的人民法院就合同标的技术提出权属或者侵权请求时，受诉人民法院对此也有管辖权的，可以将权属或者侵权纠纷与合同纠纷合并审理；受诉人民法院对此没有管辖权的，应当告知其向有管辖权的人民法院另行起诉或者将已经受理的权属或者侵权纠纷案件移送有管辖权的人民法院。权属或者侵权纠纷另案受理后，合同纠纷应当中止诉讼。

专利实施许可合同诉讼中，受让人或者第三人向专利复审委员会请求宣告专利权无效的，人民法院可以不中止诉讼。在案件审理过程中专利权被宣告无效的，按照专利法第47条第2款和第3款的规定处理。

第46条　集成电路布图设计、植物新品种许可使用和转让等合同争议，相关行政法规另有规定的，适用其规定；没有规定的，适用合同法总则的规定，并可以参照合同法第十八章和本解释的有关规定处理。

计算机软件开发、许可使用和转让等合同争议,著作权法以及其他法律、行政法规另有规定的,依照其规定;没有规定的,适用合同法总则的规定,并可以参照合同法第18章和本解释的有关规定处理。

8.5.8 《最高人民法院关于审理侵犯专利权纠纷案件应用法律若干问题的解释二》(2016)(节选)

第24条 推荐性国家、行业或者地方标准明示所涉必要专利的信息,被诉侵权人以实施该标准无需专利权人许可为由抗辩不侵犯该专利权的,人民法院一般不予支持。

推荐性国家、行业或者地方标准明示所涉必要专利的信息,专利权人、被诉侵权人协商该专利的实施许可条件时,专利权人故意违反其在标准制定中承诺的公平、合理、无歧视的许可义务,导致无法达成专利实施许可合同,且被诉侵权人在协商中无明显过错的,对于权利人请求停止标准实施行为的主张,人民法院一般不予支持。

本条第2款所称实施许可条件,应当由专利权人、被诉侵权人协商确定。经充分协商,仍无法达成一致的,可以请求人民法院确定。人民法院在确定上述实施许可条件时,应当根据公平、合理、无歧视的原则,综合考虑专利的创新程度及其在标准中的作用、标准所属的技术领域、标准的性质、标准实施的范围和相关的许可条件等因素。

8.5.9 《最高人民法院关于审理专利纠纷案件适用法律问题的若干规定》(2015修正)(节选)

第13条 人民法院对专利权进行财产保全,应当向国务院专利行政部门发出协助执行通知书,载明要求协助执行的事项,以及对专利权保全的期限,并附人民法院作出的裁定书。

对专利权保全的期限一次不得超过六个月,自国务院专利行政部门收到协助执行通知书之日起计算。如果仍然需要对该专利权继续采取保全措施的,人民法院应当在保全期限届满前向国务院专利行政部门另行送达继续保全的协助执行通知书。保全期限届满前未送达的,视为自动解除对该专利权的财产保全。

人民法院对出质的专利权可以采取财产保全措施，质权人的优先受偿权不受保全措施的影响；专利权人与被许可人已经签订的独占实施许可合同，不影响人民法院对该专利权进行财产保全。

人民法院对已经进行保全的专利权，不得重复进行保全。

第21条　权利人的损失或者侵权人获得的利益难以确定，有专利许可使用费可以参照的，人民法院可以根据专利权的类型、侵权行为的性质和情节专利许可的性质、范围、时间等因素，参照该专利许可使用费的倍数合理确定赔偿数额；没有专利许可使用费可以参照或者专利许可使用费明显不合理的，人民法院可以根据专利权的类型、侵权行为的性质和情节等因素，依照专利法第65条第2款的规定确定赔偿数额。

8.5.10 《中华人民共和国技术进出口管理条例》(节选)

第2条　本条例所称技术进出口，是指从中华人民共和国境外向中华人民共和国境内，或者从中华人民共和国境内向中华人民共和国境外，通过贸易、投资或者经济技术合作的方式转移技术的行为。

前款规定的行为包括专利权转让、专利申请权转让、专利实施许可、技术秘密转让、技术服务和其他方式的技术转移。

第13条　技术进口申请经批准的，由国务院外经贸主管部门发给技术进口许可意向书。

进口经营者取得技术进口许可意向书后，可以对外签订技术进口合同。

第14条　进口经营者签订技术进口合同后，应当向国务院外经贸主管部门提交技术进口合同副本及有关文件，申请技术进口许可证。

国务院外经贸主管部门对技术进口合同的真实性进行审查，并自收到前款规定的文件之日起10个工作日内，对技术进口作出许可或者不许可的决定。

第15条　申请人依照本条例第11条的规定向国务院外经贸主管部门提出技术进口申请时，可以一并提交已经签订的技术进口合同副本。

国务院外经贸主管部门应当依照本条例第12条和第14条的规定对申请及其技术进口合同的真实性一并进行审查，并自收到前款规定的文件之日起40个工作日内，对技术进口作出许可或者不许可的决定。

第16条　技术进口经许可的，由国务院外经贸主管部门颁发技术进口许可证。技术进口合同自技术进口许可证颁发之日起生效。

第21条 依照本条例的规定，经许可或者登记的技术进口合同，合同的主要内容发生变更的，应当重新办理许可或者登记手续。

经许可或者登记的技术进口合同终止的，应当及时向国务院外经贸主管部门备案。

第46条 进口或者出口属于禁止进出口的技术的，或者未经许可擅自进口或者出口属于限制进出口的技术的，依照刑法关于走私罪、非法经营罪、泄露国家秘密罪或者其他罪的规定，依法追究刑事责任；尚不够刑事处罚的，区别不同情况，依照海关法的有关规定处罚，或者由国务院外经贸主管部门给予警告，没收违法所得，处违法所得1倍以上5倍以下的罚款；国务院外经贸主管部门并可以撤销其对外贸易经营许可。

第47条 擅自超出许可的范围进口或者出口属于限制进出口的技术的，依照刑法关于非法经营罪或者其他罪的规定，依法追究刑事责任；尚不够刑事处罚的，区别不同情况，依照海关法的有关规定处罚，或者由国务院外经贸主管部门给予警告，没收违法所得，处违法所得1倍以上3倍以下的罚款；国务院外经贸主管部门并可以暂停直至撤销其对外贸易经营许可。

8.5.11 《技术进出口合同登记管理办法》(节选)

第6条 技术进出口经营者应在合同生效后60天内办理合同登记手续，支付方式为提成的合同除外。

第7条 支付方式为提成的合同，技术进出口经营者应在首次提成基准金额形成后60天内，履行合同登记手续，并在以后每次提成基准金额形成后，办理合同变更手续。

技术进出口经营者在办理登记和变更手续时，应提供提成基准金额的相关证明文件。

第12条 已登记的自由进出口技术合同若变更本办法第10条规定合同登记内容的，技术进出口经营者应当办理合同登记变更手续。

办理合同变更手续时，技术进出口经营者应登录"技术进出口合同信息管理系统"，填写合同数据变更记录表，持合同变更协议和合同数据变更记录表，到商务主管部门办理手续。商务主管部门自收到完备的变更申请材料之日起3

日内办理合同变更手续。

按本办法第 7 条办理变更手续的,应持变更申请和合同数据变更记录表办理。

8.6 典型案例及分析

8.6.1 大洋公司诉黄河公司专利实施许可合同纠纷案[①]

1. 案情简介

1999 年 11 月 19 日,厦门市黄河贸易有限公司(甲方)与大洋公司(乙方)签订"专利技术合作及专利技术实施许可合同"一份,约定:乙方实施甲方拥有的专利技术项目是石材切压成型机,机器品牌为"黄河"牌 NEW-668 型石板材一次压制成型机;技术实施许可范围为甲方许可乙方在福建省范围内与甲方共同实施,并许可乙方同时独家在上海地区及日本国开发、生产、销售甲方拥有的专利项目及产品,乙方可以在日本国申请专利,独家生产销售;签订本合同后,乙方派员到甲方工厂由甲方负责对其进行技术培训,有关费用由甲方负责;合同签订后的 10 天内,乙方向甲方支付定金人民币 50 万元,甲方在收到定金后 100 天内,分批负责制造出本合同应供给乙方的生产线,并运抵乙方指定的工厂。机械设备在乙方所在地安装调试前支付 30 万元,安装调试合格后支付 20 万元;除上款规定付清 100 万元货款外,其余人民币 400 万元由乙方用厦门市湖滨北路建业西路阳明楼房产折人民币 3724050 元整。甲方同意上述款项抵本合同货款,但乙方应在本合同签订的两天内与甲方签订上述单元的购房合同并办理公证及产权变更手续。

合同签订后,大洋公司按合同约定将阳明楼房产交付给厦门市黄河贸易有限公司抵合同款,但未按照合同约定支付定金。

1999 年 11 月 25 日,厦门市黄河贸易有限公司与泉州市丰泽区北峰液压机械厂签订"委托加工合同",委托其生产黄河牌 NEW-668A 型石板材一次压制成型机 50 台及黄河牌特种模具 250 付,并已支付合同款项。1999 年 12 月 23

[①] 参见福建省高级人民法院(2003)闽知初字第 2 号民事判决,最高人民法院(2003)民三终字第 8 号民事判决。

日，厦门市黄河贸易有限公司与厦门阳兴兴业输送机有限公司签订"产品制造协议书"，订制重型悬挂输送机3条，当挂物输送线运抵大洋公司的生产基地安装时，遭到大洋公司项目负责人王冠的阻拦，导致输送线无法安装，后来依大洋公司通知，厦门阳兴兴业输送机有限公司又将输送线运回。因大洋公司不允许安装设备，时任厦门市黄河贸易有限公司法定代表人吴达新只好通知泉州市丰泽区北峰液压机械厂暂停生产机器及模具等。双方签订的专利技术合作及专利技术实施许可合同停止履行。

2000年1月21日，厦门市黄河贸易有限公司致函大洋公司，认为其已经按合同约定履行了相关义务，要求大洋公司支付定金50万元。2000年1月26日，针对厦门市黄河贸易有限公司的来函，大洋公司复函，提出对方的产品没有专利权保障，且由于市场其他供货商每一平方米的产品市价仅为25元等因素，将导致其无法实现合同目的，要求厦门市黄河贸易有限公司提出解决方案，否则将依合同法规定申请法院予以撤销或变更合同。2000年1月28日，针对大洋公司1月26日来函，厦门市黄河贸易有限公司又函告大洋公司，辩驳大洋公司终止或变更双方签订的合同无理。2000年3月1日，厦门市黄河贸易有限公司再次致函大洋公司，要求大洋公司立即履行双方所签的合同。此后，双方没有再为履行合同等问题进行过接触或协商，厦门市黄河贸易有限公司也没有向法院申请撤销或变更讼争的合同。

2. 法院判决

一审法院审理认为，1999年11月19日，大洋公司与厦门市黄河贸易有限公司签订的"专利技术合作及专利技术实施许可合同"系双方自愿签订的专利技术实施许可合同，合同内容没有违反法律、行政法规的强制性规定，是有效合同，应受法律保护。合同签订后，大洋公司虽然已将厦门阳明房地产开发有限公司的房产抵作合同款项履行合同部分义务，但其未依合同规定交付定金并继续履行完付款义务，已构成违约，而厦门市黄河贸易有限公司在履行合同部分义务后，因遭到大洋公司的无理阻拦而被迫停止合同的继续履行。现大洋公司以黄河公司没有履行合同等为理由要求解除合同没有事实依据，讼争合同尚不具备《中华人民共和国合同法》规定的解除合同的条件，双方签订的"专利技术合作及专利技术实施许可合同"也没有特别约定合同解除的条件，据此，在厦门市黄河贸易有限公司不同意解除合同的情况下，大洋公司单方解除合同及返还款项的请求不应得到支持。合同双方停止履行合同至本案起诉时期间虽已达三年多，但《中华人民共和国合同法》并没有规定提出解除合同应受诉讼时效的限制，因此，厦门市黄河贸易有限公司答辩认为本诉已经超过诉讼时效缺乏依据，其主张不予采纳，但其认为大洋公司要求解除合同无理应予驳回诉讼请求的答辩，应予支持。基于此，一审判决：驳回原告厦门大洋工艺品有限公司的诉讼请求。案件受理费35010元由原告厦门大洋工艺品有限公司负担。

最高人民法院认定一审法院所查明的事实属实，总结本案双方当事人争议焦点如下：①本案讼争合同是否存在《中华人民共和国合同法》第329条规定的"非法垄断技术、妨碍技术进步"的情形，该专利实施许可合同是否因此导致无效？②本案是否因被上诉人黄河公司的欺诈行为导致合同无效？③《中华人民共和国合同法》第110条第（3）项的规定是否适用于本案合同的解除？④本案被上诉人黄河公司是否全面履行合同约定的义务？

最高人民法院认为：根据已经查明的事实，被上诉人黄河公司已经履行了双方所订立合同约定的大部分义务，其尚未履行的部分也是由于上诉人大洋公司的阻拦而造成。上诉人大洋公司未支付50万元定金等行为违反合同约定，导致了本案专利实施许可合同未全面履行完毕。对此，上诉人大洋公司应当承担违约责任。最高人民法院判决：驳回上诉、维持原判。

3. 简要评析

（1）专利实施许可合同的根本目的，是要完成相关技术的再度应用。合同签订后，往往涉及许可方协助被许可方进行设备的调试、技术的培训等，让后者完全掌握并进行运用。"非法垄断技术、妨碍技术进步"的法律条款，是不可随意适用这种情况的。

（2）专利实施许可合同既然已经订立，双方就要履行合同义务，在商业活动中践行最基本的诚实信用原则。而不遵守诚实信用，反而意欲倒打一耙，得不到法律支持。

（3）法院在本案审理中，对双方当事人就专利实施许可合同成立的基础，以及继续合作的可能性等情况进行判断，在合同法的基础上，促成合同继续履行。

8.6.2 王兴华、王振中、吕文富、梅明宇与黑龙江无线电一厂专利实施许可合同纠纷案[①]

1. 案情简介

1990年11月1日，王兴华、王振中、梅明宇与黑龙江无线电一厂签订了专利实施许可合同，合同主要约定："王兴华将其所有的实用新型专利单人便携式浴箱有偿转让给无线电一厂使用（专利申请号为88202076.5，专利有效期为1988年3月19日至1996年3月19日），无线电一厂在全国范围内独家使用该专利并拥有销售权；王兴华提供该专利产品的全套图纸和设计资料；合同有效期内，由于工艺或生产等其他方面的需要，双方均可对专利进行技术改进设计，但不影响和改变专利的属性，不影响本合同的执行。"合同签订后，无线电一厂投入了生产。1991年3月20日，王兴华与无线电一厂签订终止合同协议书，以该合同涉及的单人便携式浴箱的结构形式在生产中无法实施为主要理由终止了合同。无线电一厂在1990年10月至1991年3月20日止，计销售S-400A型机4846台，销售额为246045元。根据动力区人民法院（96）动经初字第179号判决认定，无线电一厂已支出使用费170948.8元，入门费25128元。第三人王振中1991年10月两次在无线电一厂借款7000元。无线电一厂代交个人所得税43828.49元。另，王兴华与王振中、吕文富、梅明宇三位第三人之间的专利权属纠纷业经哈尔滨市中级人民法院（94）哈经初字第229号判决确认为，"单人便携式浴箱"实用新型非职务发明专利权属为王兴华、王振中、吕文富共有，效益分配比例为王兴华45%，王振中35%，吕文富15%，梅明宇5%，该判决已发生法律效力。本案诉讼中，王兴华对"终止合同协议书"提出异议，经一审法院委托公安部技术鉴定，结论为，除张世杰签字外，王兴华的签字是王兴华本人所写。

黑龙江省高级人民法院二审另查明如下。①王兴华、王振中、梅明宇与无线电一厂于1989年9月1日签订了专利技术转让合同，并于1989年10月14日向无线电一厂提交了全套图纸和设计资料，无线电一厂按合同支付了1.3万元

[①] 参见哈尔滨市中级人民法院（1993）哈经三初字第23号民事判决、黑龙江省高级人民法院（1997）黑经终字第68号民事判决、黑龙江省高级人民法院（2002）黑高监商再字第12号民事判决、最高人民法院（2006）民三提字第2号民事判决。

入门费。后进行了调试和试生产。在此合同基础上,根据无线电一厂的要求,王兴华、王振中、梅明宇与无线电一厂重新签订排他性专利实施许可合同。王兴华代表王振中、梅明宇在合同文本上签字。②无线电一厂从1990年10月至1996年3月对88202076.5号单人便携式浴箱专利技术进行了改进,先后生产出S-400A型浴箱、S-400B型浴箱。其中S-400B型浴箱于1994年3月11日被中国专利局授予93211464.8号实用新型专利。无线电一厂在王兴华专利有效期内共生产S-400 A、S-400 B浴箱291847台,销售270086台。自1989年10月至1993年7月10日,无线电一厂已支出使用费177948.80元,入门费25128元,并代交个人所得税43828.49元。1993年7月10日以后,无线电一厂停止支付专利使用费。

黑龙江省高级人民法院再审另查明如下。①"终止合同协议书"是由王兴华本人执笔起草签名,时任无线电一厂法定代表人张世杰签名并加盖公章。此前,王兴华、梅明宇已向国家专利局申请专利号为91204101.3的单人用电加热桑纳浴箱专利。王兴华与无线电一厂签订"终止合同协议书"的目的是,用91204101.3的单人用电加热桑纳浴箱专利保护无线电一厂当时生产的S-400A型产品。②原二审期间,黑龙江省高级人民法院曾就无线电一厂生产的S-400A型产品技术方案和S-400B型专利产品技术是否落入王兴华等88202076.5单人便携式浴箱专利的保护范围,委托国家科委知识产权事务中心进行技术鉴定。其鉴定结论为:"无线电一厂的北燕牌S-400A型单人便携式浴箱产品的技术特征和桑纳浴箱专利(专利号93211364.8)即S-400B型产品技术特征,没有全面覆盖单人便携式浴箱专利(专利号:88202076.5)的全部必要技术特征,没有落入该项专利的保护范围"。

最高人民法院查明,自二审判决后,无线电一厂向王兴华等支付了部分专利使用费247609元。

2. 法院判决

一审法院判决驳回原告王兴华以及第三人王振中、吕文富、梅明宇的诉讼请求并承担相应的诉讼费。二审法院判决撤销原一审判决,无线电一厂支付王兴华、王振中、吕文富、梅明宇专利使用3242844.52元。黑龙江高级人民法院再审时撤销(1997)黑经终字第68号民事判决,并维持了哈尔滨市中级人民法院(1994)哈经三初字第23号民事判决。最高人民法院再审判决:①撤销黑龙江省高级人民法院（2002）黑高监商再字第 12 号民事判决；②维持黑龙江省高级人民法院（1997）黑经终字第 68 号民事判决第（1）项、第（2）项，即（1）撤销哈尔滨市中级人民法院（1993）哈经三初字第 23 号民事判决，（2）黑龙江无线电一厂给付王兴华、王振中、梅明宇、吕文富专利使用费 3242844.52 元。此前已执行的专利使用费应予扣除。

3. 简要评析

（1）签订专利实施许可合同时，尽职调查应当包括许可方的所有当事人，避免埋下风险隐患。

（2）专利许可中的共有权保护。专利权人与其他非专利权人共同作为专利实施许可合同的一方，特别是合同对其他非专利权人也约定了权利义务的情况下，专利权人行使专利权应当受到合同的约束。不经过其他非专利权人的同意，专利权人无权独自解除所签订的专利实施许可合同，否则，就会损害合同其他当事人的合法权益。本案中，王兴华与无线电一厂签订终止协议书，目的是想撇开王振中等人。对于王兴华的用意以及王兴华与王振中等人的专利权属纠纷，无线电一厂是明知的。这些主观意图和行为是不能得到法律认可的。

参 考 文 献

[1]　郑成思．知识产权法通论［M］．北京：法律出版社，1986．

[2]　吴汉东．知识产权总论［M］．北京：中国人民大学出版社，2013．

[3]　吴汉东．知识产权法［M］．北京：北京大学出版社，2014．

[4]　张玉敏．知识产权法学［M］．北京：法律出版社，2011．

[5]　张玉敏．专利法［M］．厦门：厦门大学出版社，2017．

[6]　江伟．民事诉讼法专论［M］．北京：中国人民大学出版社，2005．

[7]　江伟．民事诉讼法学［M］．北京：北京大学出版社，2012．

[8]　李开国．民法总则研究［M］．北京：法律出版社，2003．

[9]　林毅夫．制度、技术与中国农业发展［M］．上海：上海三联书店，1994．

[10]　尹新天．中国专利法详解［M］．北京：知识产权出版社，2011．

[11]　王迁．知识产权法教程［M］．北京：中国人民大学出版社，2010．

[12]　齐爱民．知识产权法总论［M］．北京：北京大学出版社，2010．

[13]　崔国斌．专利法：原理与案例［M］．北京：北京大学出版社，2012．

[14]　苏平．专利法［M］．北京：法律出版社，2015．

[15]　范长军．德国专利法研究［M］．北京：科学出版社，2010．

[16]　赵汀阳．一个或所有问题［M］．南昌：江西教育出版社，1998．

[17]　国家知识产权局条约法规司．《专利法》第三次修改导读［M］．北京：知识产权出版社，2009．

[18]　杨铁军．企业专利工作实务手册［M］．北京：知识产权出版社，2013．

[19]　陈志刚．比较专利法［M］．兰州：兰州大学出版社，1993．

[20]　马海生．专利许可的原则——公平、合理、无歧视许可研究［M］．北京：法律出版社，2010．

[21]　赵东方．专利普通实施权人诉讼权利保护［M］．上海：华东政法大学出版，2013．

[22]　张士茜．专利交叉许可的反垄断法分析［M］．北京：中国政法大学出版社，2011．

[23]　汤维建．群体性纠纷诉讼解决机制论［M］．北京：北京大学出版社，2008．

[24]　刘伍堂．专利资产评估［M］．北京：知识产权出版社，2011．

[25]　韩世远．合同法总论［M］．北京：法律出版社，2011．

[26]　严桂珍．平行进口法律规制研究［M］．北京：北京大学出版社，2009．

[27]　李汉生．仲裁法释论［M］．北京：中国法制出版社，1995．

[28]　王泽鉴．债法原理（第1册）［M］．北京：中国政法大学出版社，2001．

[29]　史尚宽．物权法论［M］．北京：中国政法大学出版社，2000．

[30] 曾世雄.民法总则之现在与未来[M].北京：中国政法大学出版社，2001.

[31] 孟德斯鸠.论法的精神（上）[M].张雁深，译.北京：商务印书馆，1961.

[32] 玛莎·莱斯曼·卡兹.知识产权许可策略[M].王永生，等，译.北京：知识产权出版社，2014.

[33] 罗森堡 P D.专利法基础[M].郑成思，译.北京：对外贸易出版社，1982.

[34] 埃里克·亚当斯，罗威尔·克雷格，玛莎·莱斯曼·卡兹，等.知识产权许可策略：美国顶尖律师知识产权动态分析及如何草拟有效协议[M].王永生，殷亚敏，译.北京：知识产权出版社，2014.

[35] Daumas M. A History of Technology and Invention：Progress Through the Ages，vol. 2，The first Stages of Mechanization 1450-1725 [M]. London：E. B. Hennessy，John Maurray，1980.

[36] 尹新天.TRIPS 协议与制止知识产权的滥用[J].科技与法律，2000，2（2）：39-52。

[37] 齐爱民.论二元知识产权体系[J].法商研究，2010（2）：93-100.

[38] 李琛.关于"中国古代因何无版权"研究的几点反思[J].法学家，2010，1（1）：54-62.

[39] 温世杨.财产支配权要论[J].中国法学，2005（5）：66-76.

[40] 张平.涉及技术标准 FRAND 专利许可使用费率的计算[J].人民司法·案例，2014（4）：14-16.

[41] 杜蓓蕾，吴寒青.专利权质押制度的现状及完善[J].中国专利与商标，2009（2）：54-56.

[42] 刘筠筠.专利制度的合理选择与利益分享的法律经济学思考[J].北方论丛，2005（2）：148-151.

[43] 杨巧兰.浅谈我国的专利实施许可制度[J].中央政法管理干部学院学报，1996（5）：7-9.

[44] 李显锋，彭夫.论专利普通许可权的法律性质[J].广西大学学报（哲学社会科学版），2016，38（3）：62-67.

[45] 杨阿丽.浅谈专利实施许可对竞争的双重作用[J].福建政法管理干部学院学报，2007（3）：93-95.

[46] 董美根.论专利许可使用权之债权属性[J].电子知识产权，2008（8）：14-19.

[47] 康佑发.论知识产权独占许可与拒绝许可[J].科技与法律，2009，1（2）：22-26.

[48] 张占江，容浼，张建升，等.苹果与 HTC 专利交叉许可引发的思考[J].中国发明与专利，2013（2）：6-8.

[49] 孟海燕.LED 跨国公司的专利策略及台湾 LED 产业的应对策略[J].电子知识产权，2005（9）：30-35.

[50] 于海东.专利许可合同主要条款的起草与审核[J].中国发明与专利，2016（11）：76-81.

[51] 马远超.专利许可中的五大法律风险与防范[J].中国律师，2013（5）：66-68.

[52] 孙新强.知识产权——民法学之殇[J].人大法律评论，2016（2）：180-211.

[53] 张佳鑫.协商解纷机制的现状考察与理论透视[J].东北师大学报（哲学社会科学版），2011（3）：230-232.

[54] 唐力.论协商性司法的理论基础［J］.现代法学,2008,30(6):112-120.

[55] 徐晓明.行政调解制度基本原则研究［J］.天津行政学院学报,2015,17(5):82-88.

[56] 倪静.论专利纠纷的可仲裁性［J］.南昌大学学报(人文社会科学版),2011,42(4):76-80.

[57] 李晓桃,袁晓东.知识产权纠纷的可仲裁性研究［J］.科技管理研究,2012,32(16):179-183.

[58] 郑素丽,胡小伟,赵剑男,等.标准必要专利申请行为新动向及其对我国的启示［J］.标准科学,2017(6):6-12.

[59] 张联珍,邰志雄.技术标准中的专利许可模式研究［J］.特区经济,2014(6):185-186.

[60] 张俊燕.标准必要专利的FRAND许可定价——基于判决书的多案例研究［J］.管理案例研究与评论,2016,9(5):457-471.

[61] 张吉豫.标准必要专利"合理无歧视"许可费的计算原则与方法［J］.知识产权,2013(8):25-33.

[62] 孔繁文,彭晓明.标准必要专利许可费计算基数之初步法律研究［J］.中国发明与专利,2017,14(3):94-98.

[63] 叶若思,祝建军,陈文全.标准必要专利使用费纠纷中FRAND规则的司法适用［J］.电子知识产权,2013(4):54-61.

[64] 段然.印度颁布首个药品强制许可［J］.中国发明与专利,2012(5):110.

[65] 宋瑞霖,桑国卫,程音齐.印度专利案件裁决对中国的启示［J］.中国新药杂志,2014(15):1726-1733.

[66] 张佳鑫.协商解纷机制研究［R］.长春:吉林大学,2011.

[67] 康添雄.专利法的公共政策研究［R］.重庆:西南政法大学,2011.

[68] David P A.知识产权制度和熊猫的拇指——经济理论和历史中的专利、版权和商业秘密［J］.谷彦芳,译.科技与法律,1998(4):60-76.